Pais FORTES,
filhas FORTES

Conheça
nossos clubes

Conheça
nosso site

@editoraquadrante
@editoraquadrante
@quadranteeditora
Quadrante

Meg Meeker

Pais FORTES, filhas FORTES

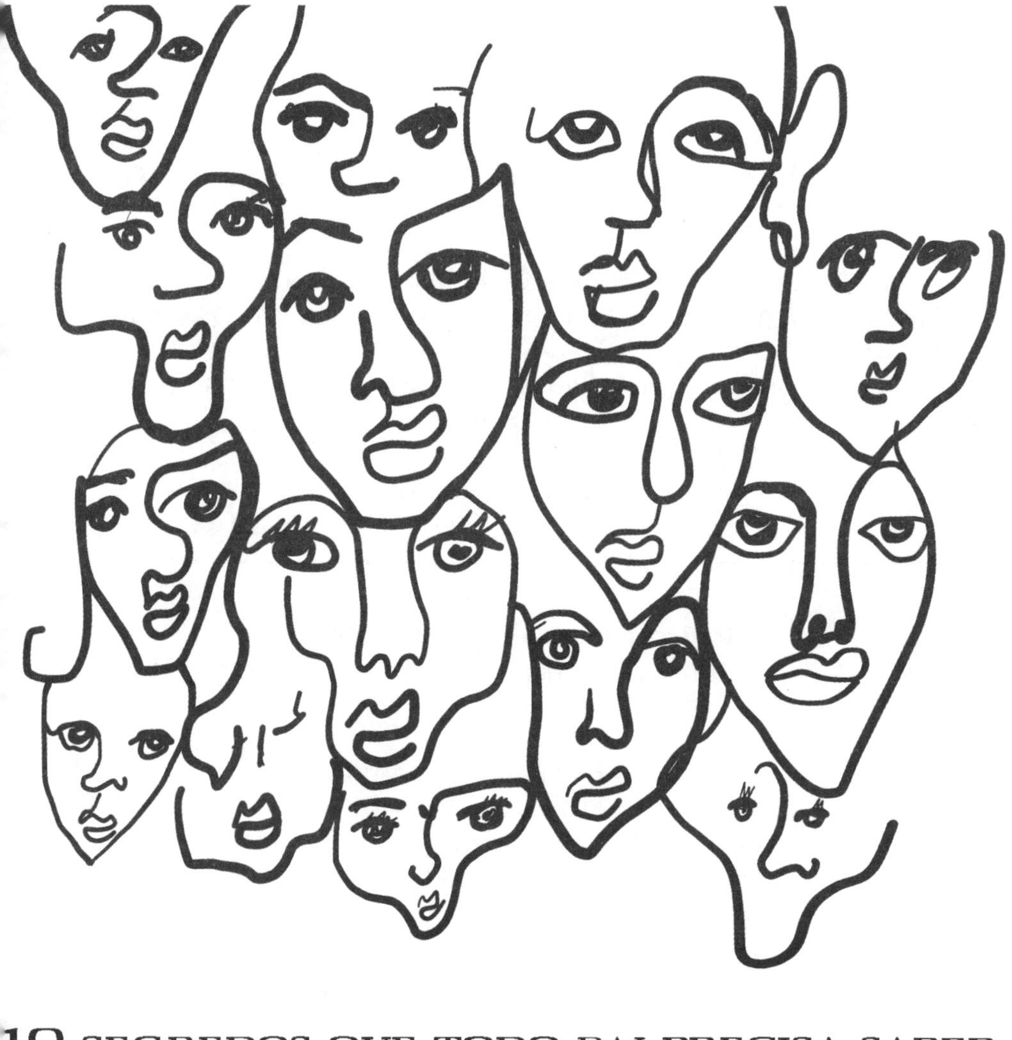

10 SEGREDOS QUE TODO PAI PRECISA SABER

Tradução de Daniel Araújo

Pais fortes, filhas fortes:
10 segredos que todo pai precisa saber
Meg Meeker
1ª edição — 2024
Título original:
*Strong Fathers, Strong Daughters —
10 Secrets Every Father Should Know*
Copyright © 2006 by Meg Meeker.
Publicado em acordo com a Regnery Publishing.

Dados Internacionais de Catalogação na Publicação (CIP)

Meeker, Meg.
  Pais fortes, filhas fortes: 10 segredos que todo pais precisa saber / Meg Meeker; tradução de Daniel Araújo - São Paulo, SP: Quadrante Editora, 2024.
    Título original: Strong Fathers, Strong Daughters: 10 Secrets Every Father Should Know
  ISBN 978-85-7465-731-8
  1. Pais e meninas: Educação I. Autor II. Título
                                                CDD 649.13

Índices para catálogo sistemático:
1. Pais e meninas: Educação - 649.13

Todos os direitos reservados a
QUADRANTE EDITORA
Rua Bernardo da Veiga, 47 - Tel.: 3873-2270
CEP 001252-020 - São Paulo-SP
www.quadrante.com.br / atendimento@quadrante.com.br

Reservados todos os direitos desta obra. Proibida toda e qualquer reprodução desta edição por qualquer meio ou forma, seja ela eletrônica ou mecânica, fotocópia, gravação ou qualquer outro meio de reprodução, sem permissão expressa do editor.

Sumário

Introdução 9

CAPÍTULO 1
Você é o homem mais importante da vida dela 15

CAPÍTULO 2
Ela precisa de um herói... 37

CAPÍTULO 3
Você é o primeiro amor dela 55

CAPÍTULO 4
Ensine-a a ser humilde.. 81

CAPÍTULO 5
Proteja sua filha (se necessário, use armas) 95

CAPÍTULO 6
Pragmatismo e coragem:
seus dois maiores recursos..123

CAPÍTULO 7
Seja o homem com quem
você quer que ela se case..147

CAPÍTULO 8
Mostre a ela quem é Deus...171

CAPÍTULO 9
Ensine-a como lutar 191

CAPÍTULO 10
Mantenha a conexão 211

Posfácio 221

Bibliografia 227

Agradecimentos 235

*Dedico este livro a todos
os grandes homens da minha vida.*

A Walt e "T". Vocês são muito mais do que eu mereço.

*A meu pai, Wally. Obrigado por me dar a vida
e torná-la tal como ela é hoje.*

*A meus irmãos, Mike e Bob.
Vocês são homens extraordinários, e eu amo muito vocês.*

Introdução

Em setembro de 1979, meu pai disse uma única frase que mudou minha vida. Eu havia concluído o curso na Mount Holyoke[1] no início do ano e tinha sido rejeitada em várias faculdades de medicina, de forma que estava em casa considerando um plano B. Certa noite, ao subir as escadas, ouvi meu pai conversando com um amigo ao telefone. Isso não era comum, pois meu pai não era um homem muito sociável e uma conversa por telefone era coisa digna de nota. Parei perto da porta de seu escritório, que estava entreaberta, e escutei.

— Sim — dizia ele. — Eles crescem muito rápido, não é mesmo? Fico feliz que minha Meg irá para a faculdade de medicina no outono, embora ela ainda *não* saiba bem onde vai cursar.

Senti uma dor de cabeça tão forte que pensei que ia desmaiar. O que ele estava dizendo? Faculdade de medicina? Tinha acabado de receber uma leva de rejeições. Cursar medicina no outono? Como ele podia dizer isso? O que ele sabia que eu não sabia?

Não foram somente as palavras que mudaram o rumo da minha vida. O tom que ele usou, sua inflexão, e a confiança com que disse também tiveram um impacto surpreendente. Meu pai acreditava em mim de uma forma que eu mesma *não conseguia*. Não só acreditou,

---

[1] A Mount Holyoke é uma das várias faculdades de artes liberais norte-americanas. Tais faculdades enfatizam conhecimentos gerais de humanidades e uma educação não-especializada — NT.

mas ele mesmo, um médico, colocou sua reputação em jogo diante de um amigo.

Enquanto eu me afastava da porta, meus batimentos aceleravam. Estava entusiasmada, porque a confiança do meu pai me deu esperança. Cursar medicina era meu sonho desde a adolescência. É claro que, no outono de 1980, comecei a faculdade de medicina, tal como meu pai havia dito. Ele me ligava sempre para saber detalhes das aulas. Queria saber se eu compreendia anatomia, se dedicava tempo o suficiente a histologia, se precisava de imagens que ajudassem no estudo. Indiferente às minhas respostas, ele empacotou um punhado delas e mandou ao meu apartamento, para que eu tivesse algo interessante nas sextas-feiras à noite que, é claro, eram noites de estudo.

Não me entendam mal. Meu pai não era um homem que revivia sua juventude vivendo a vida dos filhos. Na verdade, ele me desencorajou a cursar medicina muitas vezes, pois previa, certeiro, o desastre que seria essa tendência à redução de custos e popularização de planos de saúde. Mas eu queria mesmo assim. Será que fazia isso para agradá-lo? Não, eu não precisava. Eu queria ser cirurgiã ortopedista, como o seu amigo. Uma vez esse homem me deixou entrar na sala de cirurgia e assistir a uma por várias horas. Era a coisa mais legal que eu já tinha visto, e eu queria ser capaz de fazer o mesmo.

O que meu pai me deu foi confiança. Eu o venerava como um gigante, tanto na medicina quanto em nossa casa, e sabia que o que quer que ele acreditasse estava certo. Não importa o que dissesse, para mim, ele tinha razão.

E ele fez com que eu acreditasse em mim. Não lembro exatamente como fez, mas comunicou que eu poderia fazer qualquer coisa que quisesse. Dizia que não havia muitas mulheres em sua classe na faculdade de medicina, mas elas eram boas, e eu também poderia ser.

Meu pai sempre garantiu que eu soubesse que ele me amava. Era um homem excêntrico, quieto, antissocial e extremamente inteligente. Publicou artigos científicos em diferentes idiomas, e dizia brincando que só pessoas "peculiares" se tornavam patologistas como ele. Mas ele me amava. Eu era sua filha, e era isso que importava. Ele dizia isso com frequência? Não. Ele não falava muito. Mas então, como eu sabia? Sabia porque via-o preocupado comigo, conversando com minha mãe. Eu o vi chorar quando meu irmão e eu saímos de casa para a faculdade. Ele esteve em muitos dos meus campeonatos esportivos, mas faltou a tantos outros. Isso não importava. Eu sabia que ele me achava excelente nos esportes (até melhor do que eu realmente era, mas eu não queria deixá-lo sem graça com isso). Sabia que ele me amava porque fazia nossa família inteira sair de férias junta. Na maioria das vezes eu odiava, principalmente durante a adolescência, mas ele me obrigava assim mesmo. Ele sabia de algo que eu ignorava, sabia que precisávamos de tempo juntos. No mesmo acampamento. Na mesma sala de jantar. Nas mesmas trilhas, caminhando, ou na mesma canoa.

Meu pai era um protetor cuidadoso, a ponto de me deixar quase envergonhada demais para namorar. Era caçador, e fazia questão que meus namorados soubessem disso: eles viam a cabeça de alce na parede quando entravam em nossa casa e meu pai dava um jeito de dizer quem colocou aquilo lá em cima. Ele achava engraçado; eu morria de vergonha. Ele me protegeu — não de predadores ou monstros, mas de mim mesma. Eu era jovem e confiava demais nas pessoas, e ele sabia disso mesmo antes que eu soubesse.

Meu pai não era bom de conversa, e muitas vezes também não era bom ouvinte. Às vezes, era distraído e distante. Costumávamos correr juntos quando eu estava na faculdade de medicina, e ele me fazia as mesmas perguntas várias vezes enquanto corríamos. Nunca ouvia as respostas, sempre estava pensando em outra coisa. Mas eu não me importava, apenas repetia a resposta de novo.

Minha mãe ouvia nossos problemas muito melhor que meu pai, mas eu sabia a quem pediria ajuda se minha saúde ou vida estivessem em risco: ao meu pai. Ele era sério, durão, amava intensamente a família, e o trabalho que julgava mais importante era garantir nosso cuidado. Éramos, de fato, muito bem cuidados.

Agora meu pai é idoso, e hoje passo mais tempo cuidando dele do que ele de mim. Mas aprendi com quem sabia muito bem. Não corremos mais juntos, sua escoliose não deixa e sua coluna parece uma letra "C" maiúscula. Ele ainda repete as mesmas perguntas, não mais por estar distraído pensando em outra coisa, mas porque sua memória está caducando. Restam-lhe ainda alguns cabelos brancos, mas sua excentricidade, seu jeito antissocial e seu amor por mim continuam os mesmos. É um bom homem.

Lá fora, a maioria é de bons homens, mas são bons homens ridicularizados por uma cultura que não lhes dá valor, que, em assuntos de família, tirou sua autoridade, negou sua importância e tentou deixá-los confusos a respeito de seu papel. Mas posso lhes garantir que pais mudam vidas, como o meu pai mudou a minha. Vocês homens são os líderes naturais e sua família procura em vocês qualidades que só os pais têm. Foram feitos homens por uma razão, e sua filha procura em vocês uma orientação que a mãe não pode dar.

Uma coisa que você disser, um sorriso, ou algo que você deixar transparecer em uma regra da família, tem uma importância infinita para sua filha.

Quero que você se enxergue pelos olhos dela. E não apenas para o bem dela, mas para o seu, porque se você pudesse se ver como ela o vê, ainda que por dez minutos, sua vida nunca mais seria a mesma. Quando somos crianças, os pais são o centro do mundo. Se a mãe está feliz, o dia é bom. Se o pai está estressado, sentimos um aperto no estômago durante o dia todo na escola.

O mundo de sua filha é menor do que o seu, e não apenas fisicamente, mas também na ordem emocional. É mais frágil e sensível, porque seu caráter está sendo moldado como massa de pão na tábua de madeira. Todos os dias ela acorda, e são as suas mãos que a pegam e colocam-na na tábua para recomeçar a sova. O jeito que você moldar essa massa, todo dia, vai determinar o que ela é.

Você e eu já fomos para o forno. A vida nos feriu, nos alegrou e quase nos matou, mas sobrevivemos. Não porque nossos pais nos amam, mas porque temos alguém (um amigo, o cônjuge ou um filho) que continua a se importar conosco. Existe alguém que se importa conosco, e por isso podemos nos levantar da cama de manhã.

Sua filha se levanta pela manhã porque você existe. Você chegou aqui primeiro, e ela veio a este mundo por sua causa. O epicentro do pequeno mundinho dela é você. Amigos, familiares, professores, diretores pedagógicos ou treinadores serão uma influência de alguma forma, mas não serão eles a moldar seu caráter. Você o fará, porque é o pai dela.

Pais, vocês são muito mais poderosos do que imaginam. Meu objetivo com este livro é mostrar-lhes como usar esse poder para melhorar a vida com sua filha e, ao fazê-lo, enriquecer muito mais os seus dias, torná-los mais satisfatórios e benéficos para aqueles que você ama. Os conceitos apresentados nas páginas seguintes são muito simples, mas todos nós sabemos como é difícil praticar a simplicidade. Sabemos que devemos amar mais, ou ser mais pacientes, ou mais corajosos, diligentes e fiéis. Mas somos capazes?

Em parte, é uma questão de perspectiva. Amar sua filha pode parecer complicado para você, mas para ela a coisa é muito simples. Ser um herói para ela parece assustador, mas pode ser bem fácil. Protegê-la e ensiná-la a respeito de Deus, sexo e humildade não requer um diploma em psicologia — apenas a paternidade.

Não escolhi aspectos da paternidade para discutir aleatoriamente. Observei e escutei as filhas por muitos anos e ouvi o que elas falaram de vocês. Também tenho conversado com inúmeros pais, tratado filhas e aconselhado famílias. Li textos de psiquiatria, pesquisas científicas, revistas de psicologia, estudos religiosos e artigos de pediatria. Esse tem sido meu trabalho. Mas digo que nenhum trabalho de pesquisa, diagnóstico ou livro didático, nenhuma instrução desencadeia a mudança na vida de uma jovem de forma tão dramática quanto um punhado de interações com seu pai. Nada se compara.

Para sua filha, nunca é tarde demais para vocês fortalecerem o relacionamento. Portanto, ouse! Ela quer sua orientação e seu apoio; ela quer, e precisa, de um vínculo forte com você. E, como todos os pais bem-sucedidos sabem, você também precisa desse vínculo. Este livro mostrará como fortalecer esse vínculo, ou reconstruí-lo, e usá-lo para moldar a vida de sua filha (e a sua!) para melhor.

CAPÍTULO 1

Você é o homem mais importante da vida dela

Homens, meus bons homens: nós precisamos de vocês! Nós (mães, filhas e irmãs) precisamos da sua ajuda para criar mulheres alegres e saudáveis. Precisamos de cada grama de coragem e astúcia masculina que você porventura carregue consigo, porque os pais, mais do que qualquer um, estabelecem o rumo da vida de suas filhas. Sua filha precisa do seu melhor: sua força, sua coragem, sua inteligência e bravura. Precisa de sua empatia, assertividade e autoconfiança. Precisa de *você*. Nossas filhas precisam do apoio que somente os pais podem oferecer. E, se você estiver disposto a orientá--la, a protegê-la de uma cultura tóxica e guiá-la a um ambiente mais saudável, sua recompensa será inigualável. Você terá o amor e devoção que só podem vir de uma filha; terá o orgulho, a satisfação e a alegria que não se encontram em nenhum outro lugar.

Após mais de vinte anos ouvindo as filhas (e receitando antibióticos, antidepressivos e estimulantes às meninas que não tiveram o amor de um pai) conheço a importância dos pais. Toda hora escuto as meninas descreverem como vomitam no banheiro do colégio para manter o peso. Ouvi meninas de catorze anos dizendo que precisam praticar sexo oral (o que lhes dá nojo) para manter o namoro. Já vi meninas largarem o time da faculdade, serem expulsas da escola e tatuarem iniciais e símbolos de seitas no próprio corpo, tudo isso para conseguir a atenção do pai.

Também vejo as meninas conversando com os pais. Quando ele entra no consultório, elas mudam. Tudo nelas muda: os olhos, a boca, os gestos, a linguagem corporal. As filhas nunca são indiferentes na presença dos pais. Elas podem tratar a mãe como parte da paisagem, mas o pai, não — ou se iluminam, ou desabam. Observam os pais intensamente, se apegam às suas palavras. Esperam sua atenção, frustradas ou desesperadas. Necessitam de um gesto de aprovação, um aceno de incentivo, ou mesmo um simples contato visual para terem certeza de que o pai se importa e está disposto a ajudar.

Em companhia do pai, a filha se esforça mais para se destacar. Quando ele ensina, ela aprende mais rápido. Quando ele guia, ela segue confiante. Se você pudesse entender o quanto pode influenciar a vida de sua filha, ficaria aterrorizado, oprimido, ou as duas coisas. Namorados, irmãos e mesmo maridos não podem moldar o caráter dela da maneira como você é capaz. É você quem influenciará toda a vida dela, pois ela lhe confere uma autoridade que não dará a nenhum outro homem.

Muitos pais (particularmente pais de meninas adolescentes) presumem que têm pouca influência sobre suas filhas — certamente menos do que os colegas ou a cultura *pop* —, e pensam que elas precisam explorar a vida por conta própria. Mas sua filha enfrenta um mundo muito diferente daquele em que você cresceu: menos amigável, moralmente volátil e francamente perigoso. Depois dos seis anos, roupas de "menina" são difíceis de encontrar, pois muitas são produzidas para deixá-la parecida com uma moça de treze ou catorze anos atrás de meninos mais velhos para seduzir. Ela chegará à puberdade mais cedo do que as meninas há uma ou duas gerações (e os meninos estarão observando à medida que os seios crescem, mesmo aos nove anos de idade). Terá acesso a insinuações sexuais ou mesmo cenas explícitas em revistas e na televisão antes dos dez anos de idade, quer você queira, quer não. Irá aprender sobre HIV e AIDS na escola, e provavelmente ensinarão como a doença se transmite.

Quando meu filho estava na quarta série, em uma pequena escola católica, a professora passou um trabalho para a turma. Cada aluno faria uma pesquisa a respeito de alguma das doenças infecciosas em uma lista que ela lhes deu. Meu filho escolheu falar sobre a AIDS (escolha popular, por ser uma doença muito falada). Ele aprendeu sobre o vírus e as injeções e medicamentos usados para combatê-la. Depois da aula, no caminho de volta, paramos na mercearia. Quando entrei no estacionamento, ele estava me contando as suas descobertas, e disse: "Mãe, eu não entendo. Eu sei que é o HIV é perigoso e que as pessoas que contraem AIDS morrem. E eu entendi como os homens e as mulheres transmitem entre si. Mas o que é isso de homens transmitindo para outros homens? Eu não sei como isso é possível!".

Respirei fundo. Não sou uma pessoa escrupulosa. Sou médica, estou acostumada a falar com os pacientes sobre os riscos à saúde relacionados ao sexo. E sou a favor do tratamento de todos os pacientes da mesma forma, sejam eles heterossexuais ou homossexuais. Mas aquilo me entristeceu: eu sei, pela psicologia infantil, que era muito cedo para detalhar os atos sexuais específicos (além do simples ato conjugal) para meu filho. Uma coisa era ensiná-lo a respeito da concepção de bebês. Outra coisa era falar de atos sexuais que ele não conseguia entender e com os quais não deveria ser confrontado. Sentia como se seu direito à inocência fosse invadido. Nunca retive informações, porque o conhecimento é importante, mas o tempo oportuno é crucial. Chocar crianças menores quebra seu senso saudável de modéstia, modéstia que tem uma função protetora. Lá, no estacionamento da mercearia, falei da forma mais delicada que pude, mais meu filho estava incomodado — e com razão. Esse conhecimento, e as imagens mentais que ele trouxe, ensinaram algo que ele não desejava, não estava e nem poderia estar pronto para aprender naquela idade. No mundo de hoje, nós, adultos, *não conseguimos deixar que as crianças sejam crianças...* fazemos um péssimo trabalho em relação a isso. Nossos filhos são forçados a entrar, antes do tempo, num mundo adulto que mesmo nossos próprios pais ou avós considerariam pornográfico.

Quando sua filha estiver no sexto ou sétimo ano, irá aprender o que é sexo oral, e em pouco tempo terá uma boa chance de ver alguém envolvido no ato, já que a nova tendência entre os adolescentes é a exibição pública. Ficará à vontade na conversa sobre preservativos e estará apta a reconhecê-los, pois, a essa altura, já os viu na televisão ou na escola. Muitos professores com boas intenções terão orgulho de falar com ela de maneira franca e aberta sobre sexo, determinados a quebrar o tabu de adultos e crianças. O problema é que muitos educadores de saúde (sexual) estão terrivelmente atrasados nas informações que ajudam a divulgar. E as celebridades não ajudam. Sharon Stone, por exemplo, disse recentemente aos adolescentes norte-americanos que eles deveriam fazer sexo oral ao invés de relações sexuais tradicionais porque ela crê que tem menos riscos. Será que ela entende que *qualquer* doença sexualmente transmissível que uma criança pode contrair é transmissível via sexo oral? Duvido. É claro: ela provavelmente achou que estava na vanguarda da educação sexual, mas o problema é que suas suposições estão desatualizadas e ela não dedicou o tempo necessário para adquirir dados científicos, por isso não vê o que nós, médicos, vemos. No entanto, ela e outras celebridades atingem milhões de adolescentes com suas mensagens de "sexo seguro" — que infelizmente não são seguras. Na maior parte das escolas, os professores não estão em situação muito melhor. Eles sabem que um grande número de crianças é sexualmente ativo e que muitos pais não sabem o que os filhos fazem. Mas os professores confiam no currículo exigido pelo governo, e a burocracia governamental é mais lenta do que nosso conhecimento de medicina. Além disso, os padrões estatais não são inteiramente embasados na ciência, mas em princípios dos quais muitos pais talvez não compartilhem.

Os currículos de educação sexual geralmente seguem as diretrizes do Conselho de Informação e Educação Sexual dos Estados Unidos, um grupo sem fins lucrativos cuja proposta é "ajudar as crianças a terem uma compreensão positiva da sexualidade, promover informações e capacitações sobre o cuidado de sua saúde sexual e ajudá-las a adquirir habilidades para tomar decisões agora e no futuro". Vamos ver apenas algumas das diretrizes presentes no manual deles para que você tome sua própria decisão a respeito do que sua filha está aprendendo na escola.

Para crianças de cinco a oito anos de idade (jardim de infância até terceiro ano):

- Tocar e esfregar os próprias genitais para sentir-se bem é chamado masturbação.
- Alguns homens e mulheres são homossexuais, o que significa que se sentem atraídos e se apaixonam por pessoas do mesmo sexo (isso está no manual para crianças mais velhas).

Para crianças de nove a doze anos (do quarto ao sétimo ano):

- Muitas vezes a masturbação é a primeira forma de prazer sexual que a pessoa experimenta.
- O exercício da sexualidade com outra pessoa normalmente envolve mais do que relações sexuais.
- O aborto é legal nos Estados Unidos até um certo ponto da gravidez.
- As relações homossexuais podem ser tão prazerosas quando as heterossexuais (isso está no manual para crianças mais velhas).

Para as crianças de treze a quinze anos (oitavo ano a ensino médio):

- A masturbação, sozinha ou assistida, é uma forma de se desfrutar e expressar a sexualidade sem os riscos de uma gravidez ou DST.
- O exercício da sexualidade com outra pessoa normalmente envolve diferentes comportamentos sexuais.
- Fazer um aborto legal raramente interfere na capacidade da mulher de engravidar ou dar à luz no futuro.
- Pessoas de todos os sexos e orientações sexuais podem experimentar disfunções sexuais.
- Alguns comportamentos sexuais compartilhados pelos parceiros incluem beijos, toques, carícias, massagens e relações sexuais orais, vaginais ou anais.

- Métodos contraceptivos que não necessitam de receita médica incluem preservativos masculinos e femininos, esponjas, géis e supositórios.
- Os jovens podem adquirir contraceptivos sem necessidade de receita médica em uma farmácia, mercearia, mercado ou loja de conveniência.
- Na maioria dos estados, os jovens podem obter receita médica para contraceptivos sem a permissão de seus pais.
- Tanto homens quanto mulheres podem dar e receber prazer sexual.

Para adolescentes de quinze a dezoito anos (ensino médio):

- Alguns comportamentos sexuais compartilhados pelos parceiros incluem beijar, tocar, conversar, acariciar, massagear, compartilhar literatura e outras formas de artes eróticas, tomar banho juntos, e sexo oral, vaginal ou anal.
- Algumas pessoas usam fotos, filmes ou literatura erótica para melhorar as fantasias sexuais quando estão sozinhas ou com um parceiro.
- Algumas fantasias sexuais envolvem coisas estranhas ou proibidas.
- As pessoas podem encontrar formas criativas e sensuais de integrar a contracepção em sua relação sexual.[1]

Agora deixe-me ser bem clara aqui: não me interessa o que os adultos fazem com relação ao próprio comportamento sexual. Mas sou uma defensora das crianças e essas diretrizes me incomodam, como espero que incomodem você. Primeiro, elas são puro analfabetismo científico. As crianças podem contrair DSTs através de masturbação mútua e sexo oral. A herpes e o papilomavírus humano (HPV), por exemplo, são transmissíveis pelo toque. Em segundo lugar, tais diretrizes normalizam o bizarro. Fantasias sexuais com coisas estranhas? O que é isso, brinquedos de *sex shop*? Terceiro, elas induzem as crianças. Perceba que a forma das afirmações posteriores implica em um raciocínio que diz que, se você quiser desfrutar o prazer, aqui está a maneira de obtê-lo.

---

[1] "Guidelines for comprehensive sexuality education", Conselho de Informação e Educação Sexual dos Estados Unidos, 2004. Disponível em: www.siecus.org/pubs/guidelines/guidelines.pdf, 51-66. Acesso em 28 de agosto de 2024.

Em quarto lugar, elas encorajam comportamentos intrinsecamente perigosos (como o sexo anal). Quinto: o que quer que pensemos a respeito de temas controversos como o aborto, é no mínimo suspeito reduzir a seriedade do procedimento, não apenas no corpo da menina, mas em seu psicológico e emocional.

No ensino fundamental, sua filha aprenderá sobre drogas: o perigo de cheirar cola, por que ela não deve fumar maconha e como os cigarros fazem mal. Irá conhecer os namorados das mães de suas colegas, alguns simpáticos, outros não. Será ensinada a avisar alguém (professor, pai ou policial) se um homem adulto tocar em sua região genital ou em seus seios (ainda que eles não tenham se desenvolvido totalmente). Aprenderá por que sua amiga Sara tem duas mães, ou dois pais, ou duas mães e um pai, ou nenhuma mãe ou pai e apenas avós ou pais adotivos. Ela terá aprendido a maior parte disso antes do sétimo ano, enquanto você está no trabalho lutando as próprias batalhas.

No fim do dia, você chega em casa e lá está ela. Doze anos, importunando o irmão de nove, gritando porque ele pegou seu iPhone. Então ela te vê e para de gritar, ou esconde, porque não quer que você presencie esse comportamento.

Ou você chega em casa e a encontra assistindo televisão. Pode ser que, assim que o veja entrar na sala, ela pegue o controle remoto e passeie por vários canais. Por quê? Porque não quer que você saiba o que ela está assistindo — tem medo de que você fique bravo ou desapontado com ela. Por que está com medo? Porque os programas não são mais como *A feiticeira* e *Cosby Show*. Não são como aqueles que você assistia na infância. Os programas de TV mudaram, bem debaixo do seu nariz. Estudos indicam que a quantidade de conteúdo sexual aumentou de 67%, em 1998, para 77%, em 2005.[2] Se você cresceu nos anos 60 ou 70, a quantidade de conteúdo sexual em relação a isso era praticamente inexistente. Analisaremos isso com calma mais para frente, mas imagine: três quartos dos programas que sua filhinha assiste têm conteúdo sexual (a menos que ela assista *Dora, a aventureira* aos

---

2 "Sex on TV", Kaiser Family Foundation (2005).

doze anos de idade, o que eu duvido). Além disso, a intensidade desse conteúdo se agravou.³ Nos anos 60, conteúdo sexual era Barbara Eden mostrando o umbigo em *Jeannie é um gênio*. Nos anos 80, o horário nobre da televisão exibia beijos quentes e carícias sugestivas. Mas isso ficou tedioso. Agora, o horário nobre oferece inúmeras alusões ao sexo.

Para as crianças menores, especialmente pré-adolescentes, tais imagens e conversas sexualizadas não são nada menos que traumatizantes. Lembre-se: sua filha muito provavelmente começará a puberdade antes de seus colegas meninos. Isso significa que a partir do quarto ano você precisa ter muito cuidado com aquilo a que ela está exposta. Embora para nós uma cena de duas pessoas indo para baixo dos lençóis passe despercebida, tenha certeza de que isso levanta todo tipo de dúvidas na mente de sua filha. Ela está formando suas impressões a respeito do sexo e do comportamento de adolescentes e adultos. Se for levada a formar essas impressões muito jovem, na maioria das vezes, essas impressões serão extremamente negativas.

Quando Anna tinha dez anos e estava na metade do quinto ano, sua mãe a trouxe para o exame físico anual. Era uma excelente aluna, jogava futebol e estava muito bem adaptada. Sua mãe disse, no entanto, que recentemente ela vinha adotando uma postura muito negativa com o pai, e que não fazia ideia do porquê. O pai de Anna havia tido longas conversas com ela e se esforçou para ser gentil e atencioso. Não adiantou. Nem a mãe dela nem eu descobrimos o que estava acontecendo. Anna apenas encolheu os ombros quando perguntei por que ela andava tão zangada com o pai. Talvez estivesse passando por uma "rebeldia" adolescente precoce, concluímos. (Tenha cuidado quando ouvir esse termo, porque nove em cada dez vezes isto não é normal. Há mais coisas por trás desse comportamento).

---

3   Ibid.

Dois meses depois, Anna e sua mãe reapareceram no consultório. As coisas haviam piorado em casa. Anna não queria ter nenhum tipo de aproximação com o pai, e sua mãe estava enlouquecendo. Estaria deixando passar alguma coisa? Será que ele estava abusando da menina? Tal pensamento a fazia sentir-se culpada e enojada, mas estava tão preocupada com o comportamento da filha que mesmo essas possibilidades terríveis passavam pela sua cabeça. Depois de conversarmos as três, falei com Anna a sós. Relembramos os acontecimentos recentes em sua vida para tentarmos encontrar quando essa raiva havia começado. Na escola, tudo bem. Até então, vinha se dando bem com o pai e o irmão. Não tinha se metido em confusão com ninguém. Com delicadeza, busquei evidências de abuso físico ou sexual da parte de qualquer pessoa. Ela negou e eu acreditei nela. Por fim ela caiu para a frente, inclinando a cabeça na altura dos ombros. "Eu assisti a um filme", começou a falar. Meus ouvidos ficaram atentos.

— Veja, eu não queria que meus pais soubessem, porque eles ficariam muito zangados comigo.

— Que tipo de filme, Anna? — perguntei.

— Não sei o nome, nem nada. Estava apenas esperando o jantar. Tinha terminado a lição de casa e mamãe disse que eu podia ver TV, então eu vi. Enquanto passava pelos canais, apareceu de repente. Sabia que não devia assistir, mas não pude evitar.

Ela parou, na esperança de que eu permitisse que não falasse mais. Estava claramente chateada. Sentia-se culpada, zangada e com nojo.

Esperei, e, como ela não ia falar, eu disse:

— Anna, quem estava nesse filme?

— Não sei, um cara e uma moça. Eca! Ela estava, tipo, pelada.

— Entendo. O que eles estavam fazendo?

— Eu não tenho certeza, mas não gostei nem um pouco. Ela tinha peitos muito grandes aparecendo, e esse cara estava em cima dela. Eu sei sobre essas coisas porque minha mãe me contou, mas foi muito estranho. Quer dizer, o cara arrancou a camisa dela e deixou ela presa. Ela queria se levantar e ele não deixava! Era muito forte e estava segurando as mãos dela com força.

— Anna, sinto muito que você tenha visto isso. Deve ter te deixado muito abalada.

— Não sei, acho que sim. É apenas televisão, e tudo mais. Você não vai contar para meus pais, vai? Eles iriam me deixar muito tempo sem poder assistir TV.

Mudei de assunto, levando em conta que seus pais precisariam saber para poder ajudá-la.

— Anna, por que você ficou tão brava com seu pai? Tem alguma coisa a ver com esse filme? — eu já sabia a resposta, mas queria que ela percebesse a relação.

— Acho que não havia pensado por esse lado. Quer dizer, eu sei que meus pais já fizeram sexo alguma vez, sabe? Para eu nascer. Acha que meu pai tratou minha mãe assim? Fiquei pensando que ela precisou aguentar ele sendo mau e tal, e que isso foi culpa minha. Porque, se não me tivessem, ele não precisaria fazer isso com minha mãe. Acha que ele a machuca dessa maneira?

A menina parecia terrivelmente preocupada.

— Não! Seu pai nunca faria algo assim com sua mãe. Querida, isso não é normal, isso é televisão. O sexo é algo maravilhoso e não é nada parecido com isso. Tenho certeza de que seu pai jamais faria algo assim.

Precisei repetir muitas vezes para ela acreditar. Anna estava passando por um momento difícil, mas pense no seu pobre pai. Durante os últimos dois meses, na mente da menina ele era visto como um molestador sexual e abusador de mulheres. E não fazia ideia do que estava acontecendo. Será que a televisão tem algum efeito sobre sua filhinha? Pode apostar que sim, mas você detém todo o poder.

Talvez um dia você volte para casa e perceba que ela está no quarto. Você está exausto, e mesmo que imagine que ela esteja assistindo a programas que você não aprova, ainda assim fica aliviado por ela estar segura em casa. Além do mais, você está muito cansado para intervir.

(Um conselho para facilitar sua vida: não deixe sua filha ter uma TV ou um computador no quarto. Guarde o momento da TV para a família, quando você ou sua esposa podem decidir o que assistir.)

Você está cansado. Se está lendo isto, sei que é um pai motivado, sensível e atencioso. Um bom homem, mas provavelmente está exausto. Então tenho boas e más notícias para você.

A boa notícia é que, para ter uma vida mais próspera e criar uma filha fantástica você não precisa mudar o seu jeito. Só precisa entregar-se ao que há de melhor nele. Você já tem o necessário para criar um relacionamento melhor com sua filha. Não precisa encontrar seu "lado feminino", parar de assistir futebol ou de beber cerveja, ou começar a falar de sexo, controle de natalidade e contraceptivos com sua filha. Claro, sua filha precisa de sua orientação, atenção e instrução, mas falar com ela sobre as coisas importantes da vida é mais fácil do que você pensa.

A má notícia é que você precisa parar um pouco, abrir mais os olhos e ver de perto o que sua filha enfrenta hoje, amanhã e em dez anos. É difícil e assustador, mas as coisas são assim. Enquanto você quer que ela seja tratada com cautela e delicadeza, o mundo é mais cruel do que imaginamos — mesmo antes da adolescência. Ainda que ela não participe de nada, está tudo ao seu redor: promiscuidade, álcool, linguagem chula, drogas e predadores sexuais.

Não me importa se você é dentista, caminhoneiro, CEO ou professor; se vive em uma casa de 3 mil metros quadrados na região rural de Connecticut ou em um apartamento de 30 metros quadrados em Pittsburgh — a decadência está em toda parte. Foi-se o tempo em que ela estava "contida", quando as gangues, o tráfico de drogas e os maus elementos concentravam-se em bolsões bem definidos, em certos bairros e escolas. Isso acabou. A decadência está em toda parte.

Acredite se quiser, não sou uma médica pessimista. Sempre espero que as crianças escapem da decadência ou tenham "aguentado firme" o suficiente para não sofrerem seus malefícios. Muitas vezes, especialmente nos últimos dez anos, estive com alguma linda menina de treze ou catorze anos em meu consultório e me perguntei se deveria questioná-la a respeito de atividade sexual. Não quero fazer isso pois sei que, se descobrir que ela é sexualmente ativa, meu coração vai se partir. Ela é muito jovem, os riscos são muito altos.

Mas, por fim, vence a parte mais sábia do meu cérebro, o lado clínico geral. Pergunto: "Seus amigos são sexualmente ativos?" (Esse é o jeito mais fácil de descobrir se ela é.) "Você tem namorado?" "E a respeito do sexo, já pensou nisso?" É aqui que entra a parte mais complicada. "Sexo", para as crianças, significa relação sexual. Por isso, não posso parar por aí. Infelizmente, preciso fazer perguntas muito específicas a respeito de sua conduta sexual.

Eis aonde quero chegar. Nos últimos dez anos, tive centenas de entrevistas assim, e não sou capaz de dizer quantas vezes vi "boas meninas" olhando para o chão e acenando positivamente com a cabeça.

Por mais triste que seja, faz sentido, e explicaremos detalhadamente os motivos em um capítulo posterior. Mas, pais, vocês precisam saber que suas filhas estão crescendo em uma cultura que anula o melhor delas. Estou exagerando a respeito do cenário que suas filhas enfrentam? É você quem decide. Vejamos alguns dados sobre meninas norte-americanas, e alguns sobre meninos também.

ATIVIDADE SEXUAL

- Um em cada cinco americanos acima dos doze anos testa positivo para herpes genital.[4]
- As infecções por herpes tipo 2 aumentaram 500% durante a década de 1980.[5]
- 11,9% das mulheres terão relações sexuais forçadas.[6]
- 40,9% das meninas de 14 a 17 anos experimentam sexo contra a vontade, principalmente por temor de irritar os namorados.[7]

---

4   D. T. Fleming et al., "Herpes Virus Type 2 in the United States, 1976 to 1994", *New England Journal of Medicine* 337 (1997): 1105-60.
5   Ibid., 5.
6   Surveillance Summary, *Morbidity Mortality Weekly Review* 53 (May 21, 2004).
7   Margaret J. Blythe et al., "Incidence and Correlates of Unwanted Sex in Relationships of Middle & Late Adolescent Women", *Archives of Pediatric & Adolescent Medicine* 160 (2006): 591-95.

- Se uma adolescente teve quatro parceiros sexuais e seu namorado teve quatro parceiras, ela está exposta a quinze parceiros sexuais.[8]
- Se o número anterior chegar a oito parceiros (o que não é raro, especialmente na faculdade), sua filha está exposta a 255 parceiros.[9]
- 46,7% dos estudantes (meninos e meninas) serão sexualmente ativos antes do fim do ensino médio.[10]
- Há entre cinco e seis milhões de novos casos de infecções por papilomavírus humanos (HPV) anualmente.[11]
- O HPV é disseminado através do contato sexual. Algumas cepas do HPV causam câncer, outras não. O HPV é responsável por aproximadamente 99% de todos os casos de câncer de colo do útero.[12]
- Uma adolescente corre maior risco de doenças sexualmente transmissíveis perigosas porque a pele que cobre seu colo uterino (epitélio) é imatura. Enquanto ela é adolescente, seu colo uterino é coberto por uma camada chamada epitélio colunar. Até os vinte anos, à medida que ela amadurece, ele é substituído pelo epitélio escamoso, mais resistente a vírus e bactérias.
- Se uma menina toma contraceptivos por mais de cinco anos, ela tem quatro vezes mais chances de desenvolver câncer de colo do útero.[13] As probabilidades são ainda maiores por conta de um maior número de parceiros e do mau uso de preservativos.
- 90% das pessoas infectadas com herpes tipo 2 não sabem que estão infectadas.[14]
- 45 milhões de pessoas estão infectadas com herpes tipo 2 nos Estados Unidos, e um milhão se infecta a cada ano.[15]

---

8   Meg Meeker, *Epidemic: How Teen Sex Is Killing Our Kids* (Washington, DC: LifeLine Press, 2002), 154-55.
9   Ibid.
10 Surveillance Summary, *Morbidity Mortality Weekly Review* 53: 17.
11 American Social Health Association, *Sexually Transmitted Diseases in America: How Many Cases and at What Cost?* (Menlo Park, CA: Kaiser Family Foundation, 1998).
12 J. M. Walboomers et al., "Human Papillomavirus Is a Necessary Cause of Invasive Cervical Cancer Worldwide", *Journal of Pathology* 189 (1999): 12-19.
13 Bosch et al., "Effect of oral contraceptives on risk of cervical cancer in women with the human papillomavirus infection: the IARC multicentric case-control study", International Agency of Research on Cancer.
14 Fleming et al., "Herpes Virus Type 2 in the United States, 1976 to 1994."
15 http://medinstitute.org/includes/downloads/herpes.pdf.

Depressão

- 35,5% de todas as meninas do ensino médio têm sentimentos de tristeza e desesperança por mais de duas semanas. Muitos médicos classificam isso como depressão clínica. 12,4% das mulheres afro-americanas, 18,6% das caucasianas e 20,7% das hispânicas tiveram ideias suicidas no último ano.[16]
- A atividade sexual coloca as meninas em maior risco de depressão.[17]
- 11,5% das mulheres tentaram suicídio no último ano.[18]

Álcool

- 27,8% dos estudantes do ensino médio (meninos e meninas) bebiam antes dos treze anos de idade.[19]
- No último ano, 74,9% dos estudantes de ensino médio (meninos e meninas) bebiam uma ou mais bebidas alcoólicas diariamente, durante vários dias seguidos.[20]
- No último mês, 44,6% das meninas do ensino médio beberam uma ou mais bebidas alcoólicas por dia.[21]
- 28,3% dos estudantes do ensino médio (meninos e meninas) beberam mais de cinco vezes ao dia por mais de um dia seguido durante o último mês.[22]

---

16 Surveillance Summary, *Morbidity Mortality Weekly Review* 53: 8-16.
17 Denise Halfors, "Which Comes First in Adolescence: Sex and Drugs or Depression?" *American Journal of Preventive Medicine* 29 (2005): 3.
18 Surveillance Summary, *Morbidity Mortality Weekly Review* 53: 9.
19 Ibid., 16.
20 Ibid., 12.
21 Ibid.
22 Ibid.

Drogas

- 8,7% dos estudantes de ensino médio usaram cocaína de diversas formas.[23]
- 12,1% dos estudantes do ensino médio usaram drogas inalantes pelo menos uma vez.[24]

Uso de mídia
(TV, computadores, DVD, videogames, música)

- As crianças passam, em média, seis horas e meia do dia usando mídias.[25]
- Em 26% do tempo estão usando mais de um dispositivo.[26] Isso significa oito horas e meia de exposição midiática diária "embaladas" em seis horas e meia (o equivalente a um emprego de horário comercial).
- As crianças passam mais de três horas por dia assistindo TV.[27]
- Leem, em média, quarenta e cinco minutos por dia.[28]
- Crianças que têm televisão nos quartos assistem, em média, uma hora e meia a mais de TV por dia do que as crianças sem televisão nos quartos.[29]
- 55% dos lares têm acesso a canais de televisão à cabo *premium*, como a HBO.[30]
- Os canais HBO e *Showtime* têm 85% (a maior quantidade) de programação violenta.[31]

Os dados perturbadores vão longe, mas algumas tendências parecem estar se invertendo. Muitas escolas têm programas de prevenção às

---

23   Ibid.
24   Ibid.
25   "Generation M: Media in the Lives of 8-18 Year-Olds", Kaiser Family Foundation, March 2005. Em: www.kaiserfamilyfoundation.org/entmedia/upload/Executive-Summary-Generation-M-Media-in-the-lives-of-8-18-Year-olds.pdf.
26   Ibid., 23
27   Ibid., 12
28   Ibid., 25.
29   Ibid.
30   Ibid.
31   Ibid.

gangues, assim como programas de prevenção ao consumo de álcool por menores de idade e programas antifumo ou contra o uso de drogas. O número de gravidez na adolescência (e a taxa de atividade sexual na adolescência) pode estar diminuindo, mas, quaisquer que sejam os indicativos de progresso que possamos ter, eles não chegam nem perto do ideal. Sua filha ainda corre um risco terrível, e os pais são o que existe entre as filhas e esse mundo tóxico.

Não pense que você não pode combater os "pares" de sua filha, ou o poder da cultura pop. A verdade é exatamente o oposto. Sim, a MTV, a música, os filmes e as revistas são influências enormes que moldam como as meninas se veem, as roupas que elas usam e suas notas escolares. Mas tal influência não se aproxima da influência de um pai. Há muitas pesquisas sendo feitas a respeito — e os pais sempre se destacam. Os efeitos dos pais amorosos e dedicados podem ser mensurados em meninas de todas as idades.

Meninas mais novas

- Crianças com vínculo paterno mais forte são melhores na resolução de problemas. [32]
- Bebês de seis meses de idade obtêm pontuações mais altas nos testes de desenvolvimento cognitivo se os pais forem participativos em suas vidas.[33]
- Com pais presentes em casa, as crianças administram melhor o estresse escolar.[34]
- Meninas com pais carinhosos e protetores alcançam maior sucesso acadêmico.[35]

---

32 M. Esterbrooks e Wendy A. Goldberg, "Toddler Development in the Family: Impact of Father Involvement and Parenting Characteristics", *Child Development* 55 (1984): 740-52.

33 F. A. Pedersen et al., "Parent-Infant and Husband-Wife Interactions Observed at Five Months", em *The Father-Infant Relationship* (New York: ed. F. Pedersen, 1980), 65-91.

34 Ibid.; Rebekah Levine Coley, "Children's Socialization Experiences and Functioning in Single-Mother Households: The Importance of Fathers and Other Men", *Child Development* 69 (February 1998): 219-30.

35 Coley, "Children's Socialization Experiences and Functioning in Single-Mother Households".

- Meninas mais próximas aos pais manifestam menos ansiedade e maior tendência a perseverar.[36]

Meninas mais velhas

- O vínculo com os pais é o principal fator para as meninas não se envolverem com sexo antes do casamento e vício em drogas e álcool.[37]
- Meninas com pais afetuosos são mais assertivas.[38]
- Filhas de pais que demonstram preocupação em um bom vínculo paterno têm consideravelmente menos tentativas de suicídio, casos de insatisfação corporal, depressão, baixa autoestima, consumo de substâncias e problemas de peso.[39]
- Meninas com pais participativos são duas vezes menos propensas ao abandono escolar.[40]
- Demonstrações físicas de afeto paternal são a melhor fonte de autoestima nas meninas.[41]
- Meninas com figura paterna presente sentem-se mais protegidas, têm maior autoestima, são mais propensas a tentar faculdade e menos propensas a abandoná-la.[42]
- Meninas com pais participativos têm maiores aptidões matemáticas e verbais, e maior capacidade cognitiva.[43]
- 21% das crianças de doze a quinze anos disseram que sua preocupação número um era não ter tempo o bastante com seus pais. 8% dos pais

---

36   A. Morcoen and K. Verschuren, "Representation of self and socioemotional competence in kindergartners: differential and combined effects of attachment to mother and father", *Child Development* 70 (1999): 183-201.

37   *Journal of the American Medical Association* 10 (September 10, 1997): 823-32.

38   Ibid.

39   *American Journal of Preventive Medicine* 1 (January 30, 2006): 59-66.

40   U.S. Department of Health and Human Services, National Center for Health Statistics, Survey on Child Health (Washington, D.C.: GPO, 1993).

41   Greg J. Duncan, Martha Hill e W. Jean Yeung, "Fathers' Activities and Children's Attainments", estudo apresentado em uma conferência sobre envolvimento parental, October 10-11, Washington, D.C., acessado em: Wade F. Horn e Tom Sylvester, *Father Facts* 4th, www.fatherhood.org.

42   Ibid.

43   Harris Goldstein, "Fathers' absence and cognitive development of 12-17 year-olds", *Psychological Reports* 51 (1982): 843-8.

- disseram que sua preocupação número era não ter tempo o bastante com seus filhos.[44]
- Meninas cujos pais se divorciam antes de elas completarem 21 anos tendem a diminuir a expectativa de vida em quatro anos.[45]
- Meninas com bons pais são menos propensas a precisar de atenção masculina.[46]
- Pais ajudam as filhas a se tornarem mais competentes, mais focadas nos objetivos e mais bem-sucedidas.[47]
- As meninas adiam sua atividade sexual se seus pais se opõem, e têm menos probabilidade de iniciar a vida sexual precocemente se os pais desaprovam o controle de natalidade.[48]
- Meninas com pais participativos esperam mais tempo para iniciar a vida sexual e apresentam taxas menores de gravidez na adolescência.
- Adolescentes que vivem com ambos os pais têm três vezes menos chances de perderem a virgindade antes dos dezesseis anos.[49]
- 76% das adolescentes disseram que seus pais tiveram influência em sua decisão de iniciarem ou não a vida sexual.[50]
- 97% das meninas que alegaram ter um bom diálogo com os pais tinham taxas mais baixas de gravidez na adolescência.[51]
- 93% das adolescentes com pais amorosos tinham um risco reduzido de gravidez na adolescência.[52]

---

44 "Strong Families' Survey". Pesquisa realizada por telefone entre 7 e 8 de dezembro de 1999, pelo Grupo de Estratégias Globais da Associação Cristã de Moços nos EUA.

45 Joseph E. Schwartz et al., "Sociodemographic and psychosocial factors in childhood as predictors of adult mortality", *American Journal of Public Health* 85 (1995): 1237-45.

46 Claudette Wassil-Grimm, *Where's Daddy? How divorced, single and widowed mothers can provide what's missing when dad's missing.* Nova York: Overlook Press, 1994.

47 Henry Biller, *Fathers and Families: Paternal factors in child development.* Westport, CT: Greenwood Publishing Group, Inc., 1993.

48 R. P. Lederman, W. Chan, C. Roberts-Gray, "Sexual risk attitudes and intentions of youth aged 12-14 years: Survey comparisons of parent-teen prevention and control groups", *Behavioral Medicine* 29 (2004): 155-63.49. Lee Smith, "The new welfare of illegitimacy", *Fortune*, April 1994, 81-94.

49 Lee Smith, "The new welfare of illegitimacy", *Fortune*, April 1994, 81-94.

50 Mark Clemens, *Parade*, February 2, 1997; E. M. Hetherington and B. Martin, "Family Interaction", *Psychopathological Disorders of Childhood*. Nova York: John Wiley & Sons, 1979: 247-302.

51 Hetherington & Martin, "Family Interaction."

52 Ibid.

- Uma menina de classe média tem cinco vezes menos chances de gravidez na adolescência se seu pai mora com ela.[53]
- Meninas que vivem com o pai e a mãe em casa (ao contrário das que moram apenas com a mãe) têm consideravelmente menos atrasos no crescimento e desenvolvimento, menos distúrbios de aprendizagem, deficiências emocionais e problemas de comportamento.[54]
- Meninas que vivem apenas com a mãe têm uma capacidade consideravelmente menor de controlar os impulsos, retardar gratificações e apresentam uma consciência mais fraca de certo e errado.[55]
- Quando um pai participa das atividades cotidianas de seus filhos, é mais provável que eles depositem confiança e procurem nele seu apoio emocional.[56]
- O controle e o olhar atento dos pais são um meio eficaz contra a delinquência juvenil.[57]
- As crianças têm um melhor desempenho acadêmico se seus pais estabelecem regras e demonstram carinho.[58]

Sua filha recebe opiniões suas a respeito de tudo: uso de drogas, bebida, delinquência, cigarros e sexo, até autoestima, mau humor, e busca pela atenção dos meninos.

Quando vocês estão juntos, seja jantando ou fazendo as lições de casa dela, ou mesmo quando você está presente e não fala muito, a qualidade e a estabilidade da vida dela (e, você vai descobrir, também a sua própria) tem uma melhora infinita. Mesmo que você ache que estão em planos diferentes, mesmo que o tempo passado com ela não apresente resultados perceptíveis, mesmo que você tenha dúvidas a

---

[53] Barbara Dafoe Whitehead, "Facing the Challenges of Fragmented Families", *Philanthropy Roundtable* 9.1 (1995): 21.

[54] N. Zill, Carol Schoenborn, "Child development, learning and emotional problems: Health of our nation's children", U.S. Department of Health and Human Services, National Center for Health Statistics, Advance Data 1990, Washington, D.C.: GPO, 1990.

[55] Hetherington and Martin, "Family Interaction".

[56] Richard Koestner, Carol Franz, Joel Weinberger, "The family origins of empathic concern: A twenty-six-year longitudinal study", *Journal of Personality and Social Psychology* 58 (1990): 709-17.

[57] Wade F. Horn and Tom Sylvester, *Father Facts*. Gaithersburg, MD: National Fatherhood Initiative, 2002.

[58] Ibid.

respeito do seu impacto sobre ela, o fato é que você está dando a sua filha o maior dos presentes. E também está se ajudando — pesquisas mostram que o exercício da paternidade pode aumentar o crescimento emocional de um homem e aumentar seu sentimento de importância.[59] Sua filha perceberá esse tempo gasto com você de forma muito diferente da sua. Ao longo dos anos, em picos intensos e no simples cotidiano, ela irá absorver sua influência. Verá cada movimento seu. Ela talvez não entenda por que você está feliz ou zangado, por que foi desleal ou afetuoso, mas você sempre será o homem mais importante da vida dela.

Quando ela tiver vinte e cinco anos de idade, você será o paradigma mental pelo qual ela irá avaliar seu namorado ou marido. Quando ela tiver trinta e cinco, o número de filhos dela será influenciado pela vida com você. As roupas que vestir refletirão algo sobre você. Mesmo quando ela tiver setenta e cinco anos, a forma dela enfrentar o futuro dependerá de alguma lembrança distante do tempo que vocês passaram juntos. Seja um prazer ou um sofrimento, as horas e os anos que vocês passam (ou não passam) juntos mudam quem ela é.

Quando tinha dezoito anos, Ainsley deixou sua pequena cidade natal do meio-oeste americano e começou a vida em uma faculdade da Ivy League.[60] Aproveitou bem o primeiro ano, mas durante o segundo, algo dentro dela mudou. Hoje, aos 51 anos de idade, ela ainda não consegue explicar o motivo da mudança.

Em seu segundo ano, Ainsley começou a ter um comportamento rebelde. Bebia demais, e acabou sendo expulsa da faculdade. Precisou

---

59   C. D. Ryff and M. M. Seltzer, *The Parental Experience in Midlife*. Chicago: University of Chicago Press, 1996.

60   Conjunto de oito antigas universidades norte-americanas de prestígio, que inclui Harvard, Yale e Princeton — NT.

ligar para os pais e dizer-lhes que estava voltando para casa. Empacotou seus pôsteres, livros e frustrações e seguiu, sozinha, o caminho de volta.

Ainsley passou as vinte e quatro horas seguintes no volante do jipe, assustada, ansiosa e tentando se acalmar. O que os pais diriam dela? Chorariam, gritariam, ou ambas as coisas? Em meio às dúvidas, havia alguma coisa estranhamente boa. Não sabia como nem por quê, mas desejava que seus pais lhe ajudassem a compreender a vida nos próximos seis meses.

Quando finalmente estacionou o carro na casa de seus pais, avistou o Chevy do pai na garagem. Ninguém a viu chegando lá fora. Subiu as escadas e espreitou pela janela para vê-los antes que eles a vissem. Estavam tomando café na cozinha. De alguma forma, isso a fez sentir-se mais no controle da situação.

A porta não estava trancada. Ainsley disse que os minutos que se seguiram mudaram sua vida para sempre. Ao empurrar a porta, ela viu primeiro a mãe, com o rosto inchado e vermelho de tanto chorar. Parecia cansada, brava e triste. Ainsley foi até ela e a abraçou.

E então viu o olhar de seu pai. Como previa raiva e desapontamento, ela ficou confusa com a expressão dele. Era estranho, mas ele parecia calmo e bondoso. Ela o abraçou e queria chorar, mas não conseguia.

A mãe gritou dizendo que Ainsley havia sido insensata. Tinha jogado fora o próprio futuro e envergonhado a família. Ainsley ficou quieta, ouvindo. Então, no meio do discurso de sua mãe, seu pai aproximou-se dela e sussurrou: "Você está bem?". Ela explodiu aos prantos.

Naquele momento, Ainsley percebeu que seu pai a conhecia melhor do que ela mesma. Mesmo confusa, compreendeu que ele enxergava através dela; ele percebeu, como ninguém mais seria capaz, que algo havia se quebrado dentro de sua menina querida. Seu pai não a fez trabalhar no turno da noite do McDonald's ou no posto de gasolina da cidade. Ele esperou, ouviu e guardou sua mágoa para si próprio. Não estava preocupado com o que a família e os amigos iriam pensar, nem como aquela expulsão afetava o futuro dela. Estava preocupado *com ela*.

"Não dá para imaginar como eu me senti", disse-me Ainsley. "Foi há mais de trinta anos, e o amor que senti dele parece ainda tão fresco e novo como foi na ocasião. Sabia que ele me amava. Claro, ele tinha ficado orgulhoso de mim, mas isso era secundário em nosso relacionamento. Não deixou que seu desapontamento ou sua raiva apagassem o seu amor. Nos momentos depois que entrei por aquela porta, pude vislumbrar quem eu era perante o seu olhar. Então soube que ele estimava a mim, e não meus feitos". Ela parou bruscamente, seu nariz e bochechas enrubescendo. Deu um sorriso através de algumas lágrimas e balançou a cabeça, ainda maravilhada e sem conseguir acreditar nesse homem que amava e de quem sentia tanta falta. O pai de Ainsley fez diferença em sua vida, e você fará diferença na vida de sua filha.

Você precisa fazê-lo, porque, infelizmente, vivemos em uma cultura prejudicial para meninas e jovens mulheres, e existe apenas uma coisa entre ela e sua filha: você.

É inevitável que os pais mudem o rumo da vida de suas filhas, e podem até mesmo salvá-las. Do momento em que você contempla aquela pequena criatura enrugada que acaba de sair do útero materno até a hora em que ela deixa sua casa, há uma contagem regressiva. É o relógio marcando suas horas com ela, suas oportunidades de influenciá-la, de moldar seu caráter e de ajudá-la a encontrar a si mesma e a amar a vida. Nos próximos capítulos, veremos como os pais podem ajudar as filhas fisicamente, emocionalmente, intelectualmente e espiritualmente.

CAPÍTULO 2

Ela precisa de um herói

"Oque você vai ser quando crescer?". Provavelmente, você começou a ouvir isso aos oito anos de idade.

É provável que, de primeira, tenha pensado no Super-Homem. Ou você queria ser um caubói, um bombeiro, cavaleiro, ou craque do futebol. O que você queria ser de verdade era um herói.

Bem, trago novidades para você: sua filha também quer um herói, e ela *já* o escolheu.

Pense nos heróis: eles protegem as pessoas, perseveram, demonstram um amor altruísta, são fiéis a suas convicções pessoais, sabem discernir o certo do errado e agem de acordo com o certo. Nenhum bombeiro pondera as circunstâncias quando atravessa labaredas e pilhas de concreto para salvar uma pessoa em perigo.

Heróis são humildes, mas, para os que foram resgatados por eles, são maiores do que a própria vida.

Como tornar-se um herói para sua filha? Primeiro, você deve saber que ela não pode viver sem um. Ela precisa de um herói que seja seu guia através de uma cultura *pop* traiçoeira. E você também precisa saber que ser um herói no século XXI é uma tarefa difícil. Demanda fortaleza emocional, autocontrole psicológico e sobriedade. Significa entrar em situações embaraçosas, desconfortáveis, ou mesmo ameaçadoras para resgatar sua filha.

Você talvez precise aparecer em uma festa onde os amigos de sua filha (e talvez sua filha) tenham bebido, e levá-la para casa. Talvez você precise conversar com ela a respeito das roupas que veste e da música de que ela gosta. E, sim, você pode até precisar pegar o carro à uma da manhã, ir até a casa do namorado dela e insistir para que ela volte para casa.

É isso que sua filha precisa que você faça.

Liderança

Quando sua filha nasce, ela reconhece sua voz com mais exatidão do que a da própria mãe. Bebezinha, ela olha para sua estrutura física enorme e percebe que você é grande, inteligente e resistente. Em seus anos escolares, ela instintivamente se volta para você em busca de orientação.

Qualquer que seja a impressão que ela passe, vida dela gira em torno de descobrir o que você gosta nela e o que você quer dela. Ela sabe que você é mais esperto do que ela. Respeita-o, porque precisa ser amada e querida por você. Não é capaz de estar bem consigo mesma até saber que você está bem com ela. Portanto, você precisa usar sua autoridade com prudência e sabedoria. Sua filha não quer você como um igual, quer que você seja o herói dela, alguém mais sábio, firme e forte do que ela.

O caminho para confundir sua filha a longo prazo é perdendo o respeito dela, não assumindo a liderança, ou não sendo seu protetor. Se você não suprir essas necessidades, ela encontrará outra pessoa que o fará — e é aí que começam os problemas. Não permita que isso aconteça.

Hoje em dia, a ideia de assumir a autoridade deixa muitos homens inquietos. Soa politicamente incorreta. Psicólogos e educadores *pop* nos disseram que a autoridade sufoca, é invasiva e esmaga o espírito das crianças. Os pais se preocupam acreditando que, se pressionarem seus filhos ou estabelecerem muitas regras, eles irão simplesmente se rebelar. Mas o maior perigo vem dos pais que desistem da liderança, ainda mais durante a adolescência de seus filhos. A autoridade não é uma ameaça ao relacionamento com sua filha. É justamente o que irá aproximá-los e fará com que ela o respeite mais.

A verdade é que as meninas que lotam as terapias, centros de detenção ou casas de reabilitação *não são* as que tiveram pais autoritativos. Muito pelo contrário. As jovens perturbadas passam a maior parte do tempo de terapia descrevendo a dor que sentiram dos pais que as abandonaram, se afastaram de suas vidas ou as ignoraram. Contam de pais que falharam em estabelecer regras ou tiveram medo. Descrevem pais centrados em suas próprias lutas emocionais, e não nas de suas filhas. Pais que queriam evitar qualquer conflito, e assim não se envolveram em conversas com suas filhas, nem as questionaram quando elas tomavam decisões ruins.

Seu instinto natural é proteger sua filha. Esqueça o que a cultura *pop* e os psicólogos famosos dizem. Proteja-a.

E esteja pronto. Sua filha quer que você seja uma figura de autoridade, mas, à medida que ela amadurecer, provavelmente irá testá-lo para ver se você está falando sério. Os pais, via de regra, sabem que meninos adolescentes irão desafiá-los cedo ou tarde. O basquete ficará mais competitivo, e o filho começará a desafiar a autoridade do pai.

Vou contar um segredo: muitas filhas também desafiam os pais. Elas entram de cabeça em uma luta com você não para ver o quanto você é duro, mas para ver o quanto você realmente se importa. Portanto, lembre-se de que, quando ela teima contra suas regras, te acusando de malvado e injusto, na verdade ela está fazendo uma pergunta: eu mereço a sua luta, pai? Você é forte o bastante para lidar comigo? Certifique-se de que ela saiba que a resposta é "sim".

Quando eu estava na faculdade, meu pai era tão protetor que eu pensava que ele era psicótico. Estive em uma faculdade só de mulheres (por decisão própria) e não dei muito trabalho a meus pais, na verdade. Eu era a filha mais velha da família e tinha o senso de responsabilidade da primogênita. Certa noite de verão, antes do meu último ano, um sujeito bonito, que havia se formado recentemente e tinha um emprego respeitável, convidou-me para jantar. Quando veio à minha casa para me buscar, meu pai se apresentou. Infelizmente (ou felizmente), para mim, algo em meu acompanhante inquietou meu pai. Eu não conseguia ver o quê, francamente, pois o sujeito era muito bonito. Meu pai perguntou a que horas eu estaria em casa. Ele me recordou que, sim, eu estava morando em sua casa durante o verão e isso incluía um toque de recolher. Disse que estaria em casa à meia-noite.

Fomos a um restaurante chique e depois a outro para uma sobremesa e bebidas. Não preciso dizer que eu estava tão encantada com a companhia que me esqueci da hora. Eram meia noite e meia. De repente, naquele restaurante adorável e tranquilo, ouvi meu nome ser chamado pelo sistema de som, informando que havia um telefonema para mim. Quase morri. Sabia exatamente quem estava telefonando. Fiquei tão envergonhada que simplesmente pedi ao meu acompanhante para me levar para casa. Estava furiosa com meu pai. Ele estava esperando na porta da frente com as luzes da entrada acesas. Meu acompanhante foi comigo até em casa. O pobre rapaz precisava usar o banheiro, mas, antes que ele pudesse chegar lá, meu pai lhe disse que ele não havia se portado de forma cuidadosa comigo, me deixando longe de casa até tão tarde, especialmente quando ele sabia que eu deveria estar em casa uma hora antes. Então ele disse ao pobre rapaz que não era mais bem-vindo em nossa casa, pois havia sido desrespeitoso. Meu acompanhante ficou tão chateado que saiu sem usar o banheiro.

Estava louca de raiva, pronta para bater boca com meu pai. Disse a ele que já tinha vinte anos e era totalmente capaz de decidir quando eu deveria estar em casa. Me recusei a ser tratada como uma adolescente descontrolada. Gritei com ele. Ele gritou de volta e me disse com todas as letras que eu estava em *sua* casa e ele tinha todo o direito de me dizer o horário em que eu deveria estar de volta. Fiquei sem falar com ele por dois dias. As regras não me chatearam tanto quanto a vergonha por ter sido chamado no restaurante e, pior, ter meu par expulso de casa!

Fui a mais alguns encontros com o rapaz (ele nunca voltou a minha casa; eu me encontrava com ele) e realmente o achei maravilhoso. Ele era engraçado, inteligente e divertido. Além disso, era muito educado, e, o que quer que meu pai dissesse, eu achava que ele me tratava com respeito, e gostava disso. Certo dia, passei em sua casa sem avisar. Sentia-me muito à vontade com ele e só queria cumprimentá-lo.

Quando bati na porta, fui recebida por uma loira linda de vinte e poucos anos. Fiquei enojada, ainda mais quando descobri que o safado não estava se divertindo *só* com ela, mas com outras mulheres também.

Percebi então que meu pai viu nele algo que eu não via. O sujeito durão lá em casa, que insistiu no toque de recolher mesmo eu sendo adulta e que me disse exatamente o que pensava sobre o meu acompanhante, estava certo, como já havia estado muitas outras vezes. Ele nunca abriu mão da autoridade que tinha como pai, e agora posso afirmar que não há nada melhor para uma jovem ou adolescente do que sentir-se protegida no abraço forte do seu pai. Sua autoridade me manteve longe de problemas, fez com que eu me sentisse amada e, mais que tudo, me deixou orgulhosa de ser sua filha.

Sua filha precisa de sua orientação sobre o certo e o errado, sobre comportamentos adequados e impróprios. Quando ela chegar ao quarto ano, ou ao ensino médio, ou ao casamento (qualquer nova experiência em sua vida), ela precisará saber sua opinião a respeito do melhor para ela. Você já passou por isso. Ela confia na sua opinião, então, avise-a. Não tenha medo. E não se afaste das grandes questões da vida. Ela vai querer saber qual é o propósito de sua vida: se você acredita que ela deve satisfazer suas próprias paixões ou dedicar-se a ajudar os outros.

Aos quinze anos, Ellie chegou para uma consulta de rotina. Ela estava empolgada e, após alguns minutos de conversa, me disse o motivo:

— Meu pai e eu acabamos de voltar do Peru — ela disse. — Foi tão legal! Inacreditável como as montanhas eram lindas, e as pessoas, incríveis.

— Que legal, Ellie. Quem viajou com vocês?

— Apenas meu pai e eu.

— E sua mãe e seus irmãos? Não quiseram sair de férias com vocês?

— Não estávamos de férias — ela disse. — Fomos levar socorro médico para as pessoas carentes nos Andes. Meu pai e eu planejamos essa viagem há um ano e era algo que ele queria fazer só comigo, eu acho.

— Dever ter sido divertido!

— Não sei se diria "divertido". Foi superdifícil. Subimos cerca de três mil metros de montanha todos os dias e instalamos clínicas em cômodos vazios, às vezes do lado de fora. Eu media a pressão e fazia tratamentos com flúor nas crianças e adultos e meu pai tratava as doenças.

Parei o exame, imaginando essa pequena jovem caminhando pelas montanhas, enfiando pasta de flúor na boca de estranhos e dormindo ao relento.

— Mas como é possível que seu pai tenha pensado em levar *você* para essa viagem?

— Olha, eu não sei. Ele sempre foi esse tipo de pessoa que cuida dos pobres e doentes. Mesmo aqui, desde pequena, me levava com ele para darmos comida aos pobres na cidade. Lembro que uma vez minha mãe ficou muito brava com ele porque fomos buscar comida chinesa para o jantar. No caminho para casa, ele viu um cara revirando a lata de lixo em um parque. Meu pai parou o carro, desceu com toda a nossa comida e perguntou ao homem o que ele gostaria de comer. O homem escolheu os rolinhos primavera, favoritos da minha mãe. Foi por isso que ela ficou brava. Ele nunca lhe contou sobre o cara no parque, e ela achou que ele os tinha esquecido. Então, acho que ir ao Peru era algo natural para ele. Ele adora cuidar dos outros.

— E você? — perguntei. — Gostou do que fizeram lá?

— Ah, sim, adorei! Foi incrível. Eu realmente queria ir. Sabe, ver meu pai, que é um médico muito, muito inteligente, sair para ajudar as pessoas que não têm o que comer, que morrem de coisas nojentas, como verminoses, me dá vontade de fazer isso também. Sei que vários pais de amigos meus não fazem coisas como essa. Mas o meu pai é incrível. Ele está sempre pensando no que os outros precisam, mais do que o que ele quer. Acho isso legal e quero ser como ele. É por isso que eu fui.

Ao pôr em prática suas crenças, o pai de Ellie atraiu a filha. Examine suas próprias crenças e pense no tipo de mulher que você quer que sua filha seja. Ela aprenderá não só com o que você diz, mas também com o que você faz.

Uma das melhores coisas que os pais podem fazer é proporcionar às suas filhas ideais mais elevados. Isso afetará diretamente a forma como ela fala, se veste, seu desempenho escolar, e até mesmo que esporte ou instrumentos musicais ela escolhe praticar. Você pode ajudá-la a estabelecer objetivos, a definir um propósito maior para sua vida e, como resultado, sua autoestima irá disparar. E isso os deixará próximos, porque ela o reconhecerá como um líder e um aliado, ajudando-a a traçar um bom rumo.

Meus pacientes adolescentes sabem que defendo com unhas e dentes que eles adiem ao máximo o começo da vida sexual. Eles sabem que vou falar com eles sobre sexo e sabem o que vou dizer. E, mesmo que não queiram ouvir, quase sempre respondem positivamente porque sabem que estou do lado deles e me preocupo com o futuro deles.

Os pais precisam ser rigorosos, mas também precisam ser gentis, abertos e amorosos. É uma questão de equilíbrio. O não é fácil. Não deixe que sua filha pense em você como o inimigo. Não use sua autoridade de forma cruel ou danosa. Não tente viver sua vida através da dela. Não tente fazer dela um robô. Mas assuma a liderança.

Se você não assumir a autoridade que é naturalmente sua, se não estabelecer padrões altos, não agir para proteger sua filha nem viver uma vida amparada em princípios morais, sua filha irá sofrer, como minha paciente Leah.

※

Conheci Leah quando ela tinha dezesseis anos de idade. Quando abri a porta da sala, eu a vi sentada com sua mãe. Pareciam muito sérias. Não estavam lendo revistas, conversando ou sequer olhando os quadros nas paredes.

— Olá, Leah, sou a Dra. Meeker. Prazer em conhecê-la — eu disse, estendendo a mão.

— Olá.

Ela não olhou para mim. Esperei, e mesmo assim ela não olhou.

Sua mãe quebrou o silêncio constrangedor:

— Sou a mãe de Leah, Dra. Meeker. Ela realmente não queria vir. Eu a obriguei porque há algo errado. Estou muito preocupada que ela esteja deprimida.

Enquanto a mãe de Leah falava, eu observava a menina. Tudo o que vi foi o alto de sua cabeça. Ela sentou encurvada, cada mão enfiada na manga oposta de sua camisa, e as pernas cruzadas por baixo da cadeira de metal.

A mãe terminou de falar, mas Leah não mudou a postura.

— Quando você acha que a depressão começou?

— Bem, veja, Dra. Meeker... isto é um pouco constrangedor — Leah olhou para sua mãe e balançou a cabeça, tentando impedi-la.

— Leah, temos de falar sobre isto. Eu sei que é difícil, mas é muito importante.

O olhar de Leah voltou para o tapete.

— Há alguns meses, Leah foi para a casa de um amigo. Ele era o melhor amigo dela. Eles se conheciam desde o quinto ano e passavam muito tempo juntos. Não era um namoro nem nada do tipo. Na verdade, Leah tinha começado a namorar um outro rapaz, chamado Jeremy.

Sua mãe fez uma pausa, e Leah começou a se mexer em seu lugar.

— Bem, de qualquer forma, este amigo (seu "amigo", não Jeremy) pediu a Leah que o ajudasse com um trabalho que ele estava fazendo. Dra. Meeker, eles estudavam juntos o tempo todo. Este dia, em particular, acho que foi uma terça-feira... ou não, Leah, foi uma quinta-feira?

Estava ficando impaciente, mas esperei.

— Bem, não importa. Ela disse que sim, que o ajudaria, e eles foram para a casa dele depois da aula. Aparentemente (Leah, me corrija se eu estiver errada), eles estavam sentados no sofá estudando e, do nada, ele se atirou para cima dela.

A mãe de Leah parou por um momento. Leah começou a soluçar.

— Leah — eu disse. — Foi isso que aconteceu?

Leah acenou com a cabeça. A mãe dela continuou.

— Eu não sei o exato teor sexual de tudo o que aconteceu. Mas, o que quer que tenha sido, a deixou realmente abalada.

Leah chorou mais forte.

Nos quarenta e cinco minutos seguintes, ouvi da hesitante menina de dezesseis anos e sua mãe que o amigo de confiança de Leah tinha de repente "se jogado em cima dela" e a obrigado a participar de muitos atos sexuais.

— Leah, você percebe que o que este menino fez com você foi um crime? Ele deveria estar na cadeia agora mesmo. O que seu pai fez?

Com voz monótona, ela contou a reação de seu pai:

— Meu pai disse: "Os meninos são assim mesmo", e saiu para jogar golfe.

A agressão foi terrível para Leah, mas o golpe de misericórdia foi seu pai não se importar, nem a defender. Ele poderia ter sido o herói de Leah, poderia ter invadido a casa do jovem e exigido uma reparação pela sua filha; poderia mesmo ter exigido que o jovem se entregasse à polícia. Mas, ao invés disso, ele foi jogar golfe.

Se seu pai tivesse feito alguma coisa para defendê-la (mesmo um simples telefonema furioso para o jovem), poderia tê-la poupado de meses de agonia. Em vez disso, foram necessários dezoito meses de terapia para ajudá-la com a depressão.

Que a presença de uma autoridade nos proporcione bem-estar, isso é um princípio fundamental do comportamento humano. Sim, todos nós. Embora instintivamente queiramos derrubá-la, quando tudo desaba, corremos para ela. Diante de qualquer problema, qualquer desafio, qualquer confusão da qual não conseguimos sair, queremos alguém que tenha as respostas, que possa oferecer apoio — alguém ofereça uma mão amiga e saiba o que fazer.

Pai, é isso que sua filha espera de você. Ela não precisa gostar do seu jeito, suas regras, suas roupas ou preferências políticas, mas você não quer perder o respeito dela. E você não perderá, se for coerente com seus princípios e agir com autoridade. Se fizer isso, será um herói aos olhos dela, justamente o que ela quer que você seja. E posso dizer, como pediatra: não desista, por favor, não desista. Ela precisa de você, talvez mais do que você possa imaginar.

Muitos psiquiatras acreditam que a reação do pai é o fator mais decisivo em quão rápido o psicológico de uma menina se recupera de uma violência sexual. Na verdade, a reação do pai pode ser uma virada tão significativa em sua vida quanto a própria agressão. Pense um pouco nisso. Um estupro é, possivelmente, o acontecimento mais traumático que uma menina pode vivenciar. Agora, considere que muitos psicólogos e psiquiatras dizem que sua reação a essa agressão é tão importante para o futuro da saúde emocional dela quanto o próprio evento em si. E faz sentido que seja assim. Explico.

Quando uma criança (ou mesmo um adulto) é humilhada ou ferida, seu instinto natural é vingar-se do agressor, lutar, defender-se. Cada pedacinho dela implora por arranhar, correr, fazer alguma coisa; mas ela é fisicamente mais fraca do que seu agressor. E então ela percebe. Aos olhos dela, você é grande, forte e inteligente. Seu instinto lhe diz: "Ele pode ajudar, ele é a resposta. Meu pai vai resolver isso porque ele me ama. Meu pai vai acabar com ele. Ele vai me defender". Antes mesmo que você saiba o que aconteceu, ela já imaginou sua reação heroica. A mãe é incapaz de fazer isso, mas você pode.

Se você ouvir o seu instinto, se ficar com raiva e agir, ela se sentirá afirmada. Amada. Protegida. Ela verá a justiça sendo feita, e sentirá que o terrível incidente encontrou uma resolução. Quando você agir como herói, ambos vencerão.

Mas, se você agir como o pai de Leah, causará a impressão exatamente oposta. Sua filha se sentirá desacreditada, negligenciada e indefesa. Verá no pai alguém com quem ela *não* pode contar. O episódio não terá resolução, a justiça não será feita, e chegará a pensar que deve esperar esse tipo de agressão dos meninos. O resultado será uma depressão profunda e duradoura.

Leah foi traída pelo amigo, decepcionada pelo pai e sofreu depressão, trauma, além de uma sensação de impotência e ansiedade que o carinho materno não poderia sequer começar a aliviar sem dezoito meses de terapia. Será que Leah teria se recuperado mais cedo se seu pai tivesse agido como um herói? Sei que a resposta é "sim" porque já vi centenas de Leahs. E digo que, se ele tivesse agido como um homem, em vez de encolher os ombros com fraqueza, ele poderia ter evitado a depressão de Leah.

Pai, não é uma opção: sua filha *precisa* que você seja um herói.

Perseverança

Uma das maiores dificuldades em ser um herói para sua filha é que não basta decidir o bom e o correto para ela, mas também é necessário mantê-la no bom caminho. Pais podem ser muito exigentes consigo mesmos, mas podem descobrir que não é fácil manter a exigência com os filhos, pois isso cansa. As filhas podem desafiar, manipular e aos poucos vencer os pais pelo cansaço. É aqui que entra a perseverança.

Já vi isso acontecer na minha própria casa. Meu marido e eu trabalhamos juntos. Ele é claro e decidido com seus pacientes, e espera que seus conselhos sejam seguidos. Então ele volta para casa. Escuta com atenção quando nossa filha de 17 anos insiste em ir a uma festa na praia com os amigos até uma da manhã. São dez horas da noite e ambos estamos exaustos. Ela não está, então olha para seu pai e pede: "Por favor, papai". É aí que algo curioso acontece: suas convicções racionais pulam para fora do cérebro! Este homem, que poucas horas antes era claro e firme sobre o que era melhor para seus pacientes, vira geleia.

— Olha, querida, se você prometer estar em casa à uma, acho que pode ir.

— Você está doido? — deixo escapar. — Meninos e meninas de dezessete anos na praia até uma da manhã? Acho que não!

Muitas vezes os pais cedem e depois justificam: "Todo adolescente em algum momento experimenta álcool, sexo e alguma droga. Não posso impedi-la para sempre" ou "Ela já tem dezessete anos, é madura o bastante para se cuidar". Mas essa é a mesma filha que você se comprometeu a proteger quando ela estava com dez anos, e os perigos ainda não acabaram: estão ficando piores.

Claro, outros adolescentes estão experimentando sexo, drogas e álcool, mas os outros *não são sua filha*. Ela vai respeitá-lo mais se você não ceder. No momento em que você abre mão de suas convicções, você diminui aos olhos de sua filha. Ela acha que você é mais esperto que os outros pais, mais forte que o namorado dela e que se importa mais com ela (e com a forma como ela se comporta) do que os outros. Deixe-me contar um segredo sobre as meninas de todas as idades: elas adoram se vangloriar de como seus pais são durões. Não só fisicamente, mas como são rigorosos e exigentes. Por quê? Porque isso faz com que possam se "exibir" a respeito do quanto são amadas. Se você soubesse o conteúdo das conversas entre amigas...

Se fosse para lutar por ela apenas uma, duas, ou mesmo dez vezes, o processo não seria tão árduo. Mas talvez você precise lutar duzentas vezes. Você tem apenas dezoito anos, que passam rápido, antes que ela esteja por conta própria. Se você não lhe mostrar o caminho certo agora, ela não irá encontrá-lo depois. Ter perseverança para firmá-la nesse caminho não é fácil. Talvez ela tenha vergonha de suas intervenções. Talvez fique emburrada. Talvez até chegue a dizer que o odeia. Mas você é capaz de enxergar o que ela não consegue. Você sabe como os garotos de dezesseis anos reagem quando a veem de *top*. Você sabe como basta uma cerveja para que dirigir seja um perigo. Você sabe muito mais do que ela e, por mais difícil que seja perseverar em conduzi-la da maneira certa, você precisa fazer isso.

O que significa não apenas estabelecer e garantir o cumprimento de regras, mas liderar pelo exemplo. Quando você persevera, mesmo quando seus princípios lhe custam, ela aprende a lição. Você será visto como um herói, e, se ela admirar o que você faz, fará o mesmo.

Aqui devemos enfrentar uma questão espinhosa: o divórcio. É importante para todo bom pai saber o impacto do divórcio em sua filha. Só então você poderá ajudá-la.

Um grande número de pesquisas mostra de maneira consistente que o divórcio atinge as crianças. É assim mesmo. As meninas frequentemente se sentem abandonadas, culpadas, tristes e zangadas. Muitas vezes ficam deprimidas. Não importa quanto o pai tente convencer a filha de que a culpa não foi dela. Não importa. Até a adolescência, os jovens geralmente se veem como o centro do mundo, e, o que quer que aconteça, acontece em grande parte por causa deles. Assim, sua filha pode não só sentir-se responsável por seu divórcio, mas também se sentir destruída e culpada por não poder mudar a opinião da mãe sobre o assunto. Tais sentimentos existem independente do que você faça. Somente o tempo e a maturidade irão resolver isso.

Mas sua filha também se sentirá abandonada. Ela irá se perguntar: "O que há de errado comigo? Não sou motivo o bastante para você querer ficar? Se minha mãe realmente me amava, por que ela foi embora?" E aqui você deve começar a ajudá-la.

Ela espera que os pais continuem casados. Se ela vê você ou a mãe renegarem esse compromisso, fica confusa. Na sua cabeça, os heróis continuam lutando. Porém, na realidade, às vezes é impossível. Se a mãe vai embora, tem um caso, ou se entrega à bebida, há limites que não podem ser vencidos.

Mas, para o bem de sua filha, sempre que a luta for possível, você deve lutar. Sua maneira de lutar, perseverar, suas manifestações de bravura sempre influenciam sua filha. Às vezes isso significa permanecer com a mãe doida. Talvez, sacrificar sua própria felicidade pela de sua filha. É isso o que heróis fazem e é o que sua filha espera. Optar pelo heroísmo no trabalho, no casamento e ao longo de sua vida será decisivo para a pessoa que sua filha se tornará, e você precisa guiá-la com sabedoria, coerência e heroísmo.

E às vezes o heroísmo proporciona segundas chances.

Doug olhou pela janela. O objetivo da viagem era celebrar os vinte e cinco anos de casamento com sua esposa, Judy, fortalecer os laços com ela e renovar o relacionamento. A última coisa que queria era ouvir Judy reclamando de como os seus colegas a criticaram na volta da viagem.

De repente, tudo se apagou. Ouviu o estrondo de metal se rompendo. Estilhaços de vidro, pneus estourados queimando. Seu corpo foi arremessado. Não conseguia entender o que estava acontecendo. Uma bomba explodiu? Estava morrendo ou se afogando?

E então seguiu-se um silêncio terrível. Doug não se permitiu perder a calma, e a razão tomou conta. "Respire fundo, resolva o problema, encontre uma solução". Então, empurrou a porta de seu carro esmagado.

Doug fez uma pausa. Estava me contando a respeito do terrível acidente que acontecera há mais de dez anos. Disse que seu grande medo era abrir a porta do carro para resgatar Judy e não ouvir nada: nem choro, nem gritos, nada. Então ele viu o sapato de Judy. Enquanto falava, seu olhar desviou-se e ele chorou.

Em meio às lágrimas, Doug continuou. O acidente ocorrera na estrada da Flórida, em direção a Keys. Um carro tentando ultrapassar pela contramão acertou em cheio o lado de Judy. Ela caiu imediatamente em estado de coma. Foram semanas na UTI de um hospital em outro estado. Os médicos disseram que Judy iria morrer em breve. Mas ela não morreu.

Enquanto os dias passavam, Doug pediu a um amigo que revistasse os restos do carro, pois queria encontrar seu *planner* diário. Precisava restaurar a ordem em sua vida, afinal, era um engenheiro.

Seu amigou trouxe a agenda de volta. Quando a pegou, Doug teve uma epifania. Ele me disse: "Se Deus era capaz de recuperar meu *planner* daquele monte de metal arruinado, com certeza era capaz de recuperar minha mulher".

Doug rezou. Manteve firme a esperança de que, algum dia, Judy iria abrir os olhos, levantar-se da cama e andar.

E Judy abriu os olhos. Fixou o olhar em Doug e nos médicos, mas, por trás daqueles olhos, ela não estava lá. Não reconheceu ninguém, não se lembrava de nada.

A filha de Doug, Mindy, continuou a história.

"Quando meu pai trouxe minha mãe de volta da Flórida, eu tinha dezenove anos e estava assustada. A mãe que eu conheci estava morta e outra pessoa vestia suas roupas e calçava seus sapatos. Parecia magra e doente. Não conseguia se lembrar dos filmes que assistimos juntas, as noites sem fim em que havia me ajudado com a lição de casa. Eu estava triste e enlouquecendo.

A vida estava muito difícil, mesmo. A mãe que eu conhecera tinha partido. A mulher de meu pai havia mudado. Fiquei extremamente protetora em relação a minha irmãzinha e meu pai. Nosso relacionamento tornou-se bastante peculiar. Assumi muito do papel de mãe (o que, é claro, nem meu pai nem eu desejávamos) cuidando da casa e da minha irmã".

O corpo de Mindy, com sua linguagem corporal, revelava muito. Não estava dura nem desconfortável; era atenciosa e clara. Olhava diretamente nos meus olhos enquanto falava. Às vezes chorava, e chegou a rir vez ou outra. Antes do acidente, havia amado e respeitado profundamente seu pai. Após o acidente, seu amor e respeito apenas aumentou. Seu pai havia se tornado um herói.

"Quando ele trouxe mamãe de volta para a casa, ela não se lembrava de nada. Meu pai trouxe álbuns de fotos e contratou um professor para ajudar. Não era da natureza de meu pai ser paciente, mas, semana após semana, mês a mês, ele dedicava-se a ela. E ajudava a nós, seus filhos, a mim e meus irmãos mais novos.

Outros pais não conseguiriam aguentar isso. Acordar todos os dias ao lado de uma esposa que não te conhece; ensiná-la de novo vinte e cinco anos de vida juntos. Mas meu pai não desistiu. Claro que ele sabia que minha mãe nunca seria a mesma. Não sabia o que viria pela frente, e isso era o mais impressionante: ele sempre olhou para a frente.

Ele mudou a rotina de trabalho, se aposentou mais cedo e mudou para o norte com minha mãe, onde a vida poderia ser mais simples e calma. Eu sei que ele ainda se preocupa muito com ela".

Perguntei-lhe qual a maior lição que seu pai havia ensinado. "Fidelidade intransigente", respondeu, com um luminoso sorriso. "Ele jamais cedeu. Segurou a barra. Agarrou-se a Deus com tudo o que tinha e lutou por minha mãe".

Adulta, Mindy agora percebe que seu pai não estava apenas lutando por Judy. Também lutava por ela. Queria que Mindy tivesse estabilidade, que ela compartilhasse de sua grande fé. Queria que sua filha primogênita encontrasse a própria força interior. Ele era seu herói? "Com certeza", ela disse. Ninguém mais estava à altura.

Doug é um herói. Estou certa de que ele não se vê dessa forma, pois os heróis nunca admitem. Mas Doug é aquilo que todo pai deveria ser. Todos os homens são capazes do que ele foi. Você talvez não pense assim. Pode achar que a vida dele parece infeliz, ou até que ele é um tolo por ter seguido em frente com a situação.

Mas você não viu as feições de Doug enquanto ele fala. Não ouviu a calma de sua voz transmitindo a sabedoria adquirida com essa experiência. É extraordinário. Doug tem algo que todos nós queremos. Uma paz indescritível, uma alegria que somente a perseverança em fazer o que é certo, mesmo em meio a angústia, pode gerar.

Doug é um grande herói porque salvou sua família. É isso que os heróis fazem: respondem às mais profundas necessidades do coração.

Tudo isso é coisa séria, e não digo de forma leviana. É um golpe duro, mas é verdade, e alguém precisa dizer aos pais que deixem sua masculinidade agir. Em grande parte da cultura *pop* a masculinidade ou é depreciada (muitas vezes por feministas) ou é retratada de forma errada (como no *rap*). A verdadeira masculinidade é o exercício moral da autoridade, e sua filha precisa disso.

Abaixo, algumas dicas do que todo pai deveria ter.

1. Tenha um plano. Suas aspirações para sua filha são mais claras quando ela é jovem. Na infância dela você já sabe, com clareza cristalina, o que quer para ela: desde o que ela será autorizada a dizer e fazer, até com quem poderá namorar. Escreva isso agora, e deixe isso claro para você e para ela. Adolescentes adoram se envolver em suas ideias. Assim, tenha suas regras por escrito, como os Dez Mandamentos, e permaneça fiel a elas.

2. Tenha coragem sob o fogo. Sim, abrirão fogo contra você. Amigos, psicólogos-celebridade, programas de televisão, sua esposa, sua filha. Mantenha a calma, mas seja firme e coerente. A bondade, a força e a perseverança andam juntas nos melhores homens.

3. Seja o líder. Lembre-se de que você tem muito mais experiência do que sua filha. Mesmo que o QI dela seja maior que o seu, ela não é capaz de tomar decisões tão bem quanto você. Você é capaz de ver o todo e ponderar as consequências dos atos de uma forma que ela não consegue. Crianças, especialmente as inteligentes, são capazes de uma astúcia espantosa ao manipular os pais. Portanto, bom homem, tenha muito cuidado. Quando sua filha de dois anos fizer birra, coloque-a de castigo de ignore-a até que se acalme. Aos dezesseis, faça exatamente a mesma coisa. Se o castigo precisar de uma semana ou um mês, continue. E nunca leve para o lado pessoal o veneno despejado por sua amável língua. Ela ainda é uma criança. Então você lidera; não permita que ela o faça. Ela terá a vida toda pela frente para dirigir o espetáculo quando tiver sua própria casa.

4. Não ceda, persevere. Os heróis seguem lutando até o fim, nunca fogem. Então permaneça lutando. Continue se dedicando à sua filha e a toda sua família, passe tanto tempo em casa quanto for possível, seja coerente, amoroso, gentil e paciente, e lembre-se de que você é mais resiliente do que sua filha. Os pais com frequência dizem que as crianças são resilientes em crises, como o divórcio, mas não são. Elas apenas não têm escolha. Você tem. Você pode escolher não fugir quando as coisas pioram. Sua filha não pode te dizer isso, então eu digo: se há alguma forma de você seguir com seu casamento, continue.

Mesmo que o casamento pareça condenado, continue, permaneça na casa de seus filhos tanto quanto possível, pelo bem deles. Divorciar-se quando sua filha tem vinte anos é melhor para ela do quando ela tem catorze. E você talvez descubra que o melhor remédio para um casamento ruim é aguentar firme. As coisas podem mesmo melhorar.

Não ceda à pressão do ambiente. Você terá amigos (provavelmente a maioria deles) que serão muito mais liberais com suas filhas. E daí? Os perigos lá fora são muito reais. Vejo eles todo dia na minha sala de exames. E tanto eu quanto as demais filhas e esposas apreciamos pais que são heróis, pais que não descansam enquanto há batalha (e não relaxam nem mesmo depois).

É um convite exigente, mas já vi muitos pais heroicos e estou certa de que é um chamado ao qual cada bom homem pode responder se ele se propõe a isso. O requisito é que você seja um homem, um homem de verdade — um homem de coragem, perseverança e integridade. Você nasceu homem por um motivo, para ser um marido e pai forte e amoroso. Então siga seu coração e faça o que é certo: seja um herói.

CAPÍTULO 3

Você é o primeiro amor dela

São Tomás de Aquino considerava o amor como a raiz de todas as outras paixões (ódio, ciúmes e medo), e quando converso com as filhas sobre seus pais, quase sempre as conversas são carregadas de emoção. Elas amam ou odeiam seus pais — às vezes as duas coisas ao mesmo tempo. Sua filha clama pelo seu amor, e, ao longo da vida, ela irá precisar que você dê provas de seu amor por ela.

A filha se identifica facilmente com a mãe, mas você é um mistério para ela. Você é o primeiro amor, portanto, os primeiros anos de seu relacionamento com ela são cruciais. O amor que você lhe oferece será o ponto de partida dela. Você tem outros amores em sua vida, mas ela, não. Todo homem que entrar na vida dela será comparado a você, e cada relacionamento que ela tiver terá por crivo o relacionamento de vocês. Se vocês tiverem um bom relacionamento, ela saberá escolher namorados que a tratem bem. Se ela encontra abrigo em você, ela será confiante com outros homens, mas se você é frio e não demonstra afeto, ela terá dificuldades em expressar amor de forma saudável.

Quando sua filha nasceu, o oxigênio forçou entrada em seus pulmões para que ela pudesse respirar. Assim também o amor deve entrar à força para que ela se torne uma mulher emocionalmente sadia.

Você naturalmente sentirá amor por sua filha (especialmente nos primeiros anos de vida), mas isso não garante que ela se sinta amada por você. As formas como as filhas reagem às palavras, atos e situações são mais complexas, reflexivas e diferentes do que as de seus pais. Ela verá um leque de possibilidades em tudo o que você faz. Quando você lhe comprar uma pulseira de aniversário, pensará que é um simples presente, mas ela verá um gesto repleto de significados, bons ou ruins.

Uma pergunta padrão que faço quando examino uma menina é: "Me diga quem te ama". Mais ou menos metade delas responde: "Meus pais, eu acho. Sabe, eles *têm que* me amar". Um quarto delas me lança um olhar engraçado, e o outro quarto restante encolhe os ombros e diz: "eu não sei".

Minhas observações não são as únicas. Uma pesquisa de alcance nacional da Comissão Nacional da Criança revelou que, quando perguntadas se seus pais "se importavam de verdade" com eles, 97% das crianças entre dez e dezessete anos de famílias intactas disseram que seus pais se importavam. Para crianças de famílias em segundo casamento, 71% deram a mesma reposta. Em famílias monoparentais, o número era de 55%.

Se você tem um casamento estável, fez um enorme favor à sua filha, mas, com a cultura do jeito que está, é preciso ser vigilante. Para estar certo de que sua filha se sente amada por você, aqui estão algumas medidas práticas.

Palavras

Use as palavras. Uma das maiores diferenças entre homens e mulheres é o uso que fazem das palavras. As mulheres gostam de conversar, os homens, não, e é assim que as coisas são. Você consegue passar três horas assistindo a um jogo de futebol americano com seu filho sem dizer uma palavra, e vocês estão bem assim. Mas sua filha não se conecta dessa forma. Você precisa conversar com ela. Uma boa regra geral é usar o dobro de palavras que usaria normalmente, mesmo que isso signifique repetir a mesma coisa duas vezes. As filhas podem ter uma tendência a duvidar de si mesmas. Repita o mesmo elogio para que ela saiba que é sincero.

Quando ela fala, quer que você responda. Sua filha não é apenas sensível em relação a si mesma, mas aos outros, e está sempre se perguntando: "Ele gosta de ficar comigo? Ele está quieto por que está pensando em algo? Está com raiva? Está triste?". Ela quer você feliz porque assim a vida dela é melhor. Com frequência ela agirá como sua assistente pessoal, fazendo o que puder para tornar as coisas melhores para você. Você é o centro do mundo dela.

Em resposta, você precisa, antes de tudo, dizer que a ama. Não apenas em situações especiais, mas regularmente. Pode ser fácil quando ela tiver cinco anos, mas ela precisar ouvir isso ainda mais quando tiver quinze. Ela precisa te ouvir dizendo isso o tempo todo. Quando a filha escuta um "eu te amo" do pai, ela se sente completa.

Mas o seu trabalho não termina aqui, porque a próxima dúvida dela pode ser: "Também te amo, pai, mas por que você me ama?".

Você talvez ache isso irritante, mas ela precisa escutar. Ela quer saber por que você acha isso, para testar sua sinceridade. Os homens podem achar frustrante, mas eu estou avisando. Meninas de sete anos de idade ficam satisfeitas com "eu te amo", mas as meninas de dezessete querem explicações. A intenção dela não é te pressionar, ela quer genuinamente saber.

Por isso, você precisa estar pronto. Pense nas qualidades de sua filha, elogie o que ela tem de melhor, fale de sua sensibilidade, compaixão ou coragem. Sua filha terá uma imagem mental de como você a vê, e é essa pessoa que ela vai querer ser.

Seja muito cuidadoso. Muitas vezes os pais fazem comentários inocentes que são dolorosos para suas filhas. Se você comenta seu peso, aparência, proezas esportivas ou vitórias acadêmicas, ela dará ênfase ao seu "eu exterior" e estará preocupada em manter seu amor através de feitos e aparências. Sua filha quer ser admirada por suas qualidades intrínsecas, interiores. Faça comentários positivos, voltados para essas qualidades, e você não irá perdê-la.

Ao invés de dizer "eu te amo porque você é linda", diga que você a ama porque não há mais ninguém no mundo como ela.

Manifestar sentimentos pode ser difícil para os homens. Mas amar é difícil. Se você não se sente confortável verbalizando seu amor, pode escrever uma carta para ela. Meninas de todas as idades amam cartas e bilhetes. Você pode achar cafona, mas garanto que ela não pensa assim. demontre seu amor por ela, coloque por escrito de forma bem simples, e deixe a carta na cama dela, na mochila, em uma de suas gavetas etc. Isso não é tão importante. Ela ficará feliz com elogios em qualquer lugar, a qualquer hora. Se duvida do meu conselho, faça uma tentativa.

Escreva um bilhete elogiando-a de diversas formas. Deixe-o em algum lugar que ela encontre. Dali a seis meses, um ano, procure-o novamente. Você irá encontrá-lo escondido em algum lugar especial. Ela irá guardá-lo porque quer uma conexão com você, quer ser amada por você, sempre. Mesmo que os sentimentos entre vocês mudem conforme ela cresce, as palavras do papel não mudam, e ela precisa dessas palavras.

Limites

No geral, homens constroem cercas melhores do que as mulheres. Não digo literalmente, mas falo dos muros e limites de que sua filha precisa delimitando seu mundo.

Quando ela tem dois anos, você define o território dela: o que é seguro e o que não é. Você estabelece como ela deve se comportar. Você cria fronteiras em torno dos seus movimentos, linguagem e comportamento, pois não quer que ela se machuque.

À medida em que ela cresce, você derruba algumas cercas, ou as muda de lugar. Você oferece liberdade para ela ir e vir, mas está sempre de olho. Quando ela tem treze anos, algumas cercas precisam ser reforçadas, principalmente porque ela pode tentar derrubá-las. Você não pode deixar que ela o faça, pois ainda é uma criança. E também porque esses limites fazem com que ela se sinta amada.

Filhas sob toque de recolher sabem que alguém quer que elas voltem para casa e que provavelmente estará esperando por elas. As filhas sem um toque de recolher têm lá suas dúvidas. Meninas que aprendem que não podem falar de qualquer jeito sabem que seus pais desejam que elas se tornem mulheres de boa fama. As meninas que crescem falando palavrão na frente do pai não acham isso.

Muitas vezes as adolescentes tentam manipular os pais dizendo que eles não confiam nelas, e é comum que essa tática funcione. Diga aos seus adolescentes que os limites estabelecidos não dizem respeito à confiança, mas à segurança deles, e existem para mantê-los na direção certa. Todos nós temos nossos limites, e os respeitamos porque a vida é mais segura assim.

Recentemente, conversei com um oficial de polícia da Califórnia chamado Steve. Ele pode contar muitas histórias de adolescentes que se metem em encrencas porque os pais ou são ausentes ou não foram rígidos o bastante para impor os limites necessários.

Falamos de como é difícil para os pais serem realistas a respeito dos próprios filhos. Por desejarmos que eles tomem boas decisões, damos por certo que o farão. Queremos acreditar que nossos filhos são mais fortes, mais maduros e mais capazes de lidar com a situação do que as outras crianças. E é nesse ponto que cometemos erros.

Steve me disse que se lembrava de quando sua filha de dezesseis anos, Chelsea, queria ir ao cinema com o namorado de dezessete.

— Eu o conhecia — disse ele. — Era um grande garoto. Ambos eram.

Ele disse a Chelsea que ela poderia ir, mas somente de depois de conversarem.

— Ela revirou os olhos e resmungou — disse, rindo. — Sei que pensou que eu ia dar uma palestra ou sermão. Então disse que só queria fazer algumas perguntas.

Nos sentamos, e perguntei a ela o que faria se seu namorado de repente mudasse de ideia e decidisse ir ao *drive-in* em vez do cinema.

— Eu iria ao *drive-in* — ela disse.

Então continuei:

— Está bem. Digamos que você vá, que ele saia do carro, abra o porta-malas e tire dois fardos de *Budweiser*. O que você faria?

Chelsea respondeu que não iria beber. Começou a ficar agitada. Disse que eu a conhecia melhor do que isso e que já tinha provado ser digna de confiança. Fez que ia se levantar, mas intervi: — Espere um pouco, Chelsea. Só mais algumas perguntas. Você deixaria ele te levar para casa?

— Bem — ela disse — deixaria, se ele não estivesse bêbado. Se estivesse, ligaria para casa e pediria uma carona ao senhor.

Ela sorriu e pensou que era isso o que eu queria ouvir, mas eu disse:

— Ótimo. Espero que você sempre ligue quando precisar. Mas quantas cervejas você acha que seriam necessárias para Tom não poder dirigir?

— Qual é, pai! — ela disse. — Umas seis ou sete.

Ele admitiu que aquela resposta de Chelsea lhe pegou de surpresa. Ela sempre tinha dado as respostas certas. E então, *bingo!*, ele fora lembrado que ela tinha dezesseis anos, o que significa que ela precisava andar dentro dos limites. Amar Chelsea era sinônimo de nenhum *drive-in*, nada de cervejas, mas uma ida ao cinema e depois direto para casa.

Os pais com frequência superestimam a maturidade de suas filhas. Todos ouvimos que meninas amadurecem mais rápido que meninos, o que é parcialmente verdade. Mas os pesquisadores agora sabem que algumas meninas não desenvolvem habilidades cognitivas adultas até seus vinte e poucos anos. Isso é explicado em um artigo do Medical Institute:

> Dr. Jay Giedd, chefe de neuroimagem na psiquiatria infantil do Instituto Nacional de Saúde Mental, passou mais de treze anos fazendo ressonâncias magnéticas e estudando o cérebro de mais de 1.800 crianças. Através das ressonâncias magnéticas de alta potência, descobriu que o cérebro adolescente, embora esteja completamente crescido em tamanho, ainda está muito longe da maturidade.
>
> O cérebro continua a passar por alguns dos principais estágios de desenvolvimento por muito tempo após o tamanho se estabelecer. Uma das últimas regiões a amadurecer é o córtex pré-frontal, responsável pelas chamadas funções "executivas" do cérebro: planejamento, escolha de prioridades, organização do raciocínio, supressão de impulsos e avaliação das consequências de nossos atos. Isso quer dizer que a parte do cérebro que os jovens mais necessitam para emitir um bom juízo e tomar boas decisões se desenvolve por último.

> Segundo os novos estudos, o córtex pré-frontal não atinge um nível de maturidade genuína até os vinte e poucos anos. "É um pouco injusto esperar que [os adolescentes] tenham os níveis de organização ou de tomada de decisão de um adulto antes de seus cérebros estarem completos", diz Giedd.

Essa é outra razão para os pais protegerem suas filhas.

Muitos pais temem que a imposição de regras apenas fará que suas filhas se rebelem. Algumas filhas se rebelam, mas não por causa das regras. A rebeldia nasce porque as regras não possuem nenhum contrapeso. As regras não podem ser o centro do seu relacionamento. É aí que entra o amor.

Mas você precisa de regras. Vi meninas cujos pais não impunham limites terminarem em centros de detenção juvenil. E sei que a maioria dos pais (e mães) conscientes erram para o lado da negligência.

Os riscos para sua filha podem estar perto de casa. Por exemplo: nenhuma menina de dezessete anos, não importa o quão bem comportada seja, deve passar a noite sozinha em casa. Por quê? Porque outros jovens irão descobrir que ela está sozinha e irão até a casa. Há boas chances de que ela não chame nenhum adulto (muito menos a polícia) para pedir ajuda, e ninguém aos dezessete anos tem as habilidades cognitivas necessárias para emitir bons juízos. Isso não tem nada a ver com caráter ou intelecto, apenas é muito fácil para uma garota achar que não há nenhum problema em ter alguns amigos por perto. Claro, talvez nada aconteça, mas e se acontecer? Ela não deveria ser colocada nessa situação.

Silêncio

A maioria das meninas me diz que seus pais escutam melhor e dão menos sermão do que suas mães. Mas há um porém. É mais difícil conseguir a atenção do pai. As mães são melhores em ler o que os filhos sentem e mais propensas a fazer perguntas.

Mas é a *sua* atenção que ela quer, porque percebe a força e apreensão por trás do seu silêncio. Percebe que você está interessado de forma genuína no que ela tem a dizer, e isso faz a menina sentir-se importante, madura, confiante e amada.

Muitos pais se queixam de que suas filhas adolescentes não querem conversar com eles. Normalmente estão enganados. Acontece que esses pais desencorajam as filhas de conversar com eles. Filhas não conversam se sabem que o resultado será apenas censura e correção. O que elas querem é que seus pais apenas escutem enquanto elas desvendam seu próprio emaranhado de sentimentos e crenças. Se uma filha pode contar com seu pai para ouvir, ela voltará outra vez para conversar.

É difícil escutar, especialmente quando as palavras não fazem sentido e as ideias parecem superficiais. Mas escute assim mesmo. Sente-se, olhe ela nos olhos, não deixe sua mente vagar por aí. A recompensa será a confiança, o amor e o afeto de sua filha.

Tempo

Ser pai significa abrir mão do seu tempo sem ressentimentos. Eu sei que é difícil. Os homens gastam a maior parte do tempo trabalhando para os outros. Quando chega em casa e há ainda mais demanda pelo seu tempo, você pode querer distância de sua própria família.

Sua filha percebe isso e, como quer te agradar, talvez não diga o quanto ela precisa do seu tempo. Portanto, você precisa tomar a iniciativa de gastar um tempo a sós com ela.

Percebo que muitos bons pais se sentem pressionados a respeito do tempo. Não há muito dele, para nenhum de nós, e a falta ou mau uso do tempo é fonte de grande ansiedade. Nós separamos um tempo para nossos filhos e não queremos perder esse tempo, queremos garantir que seja produtivo e rico. E isso só aumenta a pressão.

Mas passar um tempo com sua filha não deve ser uma pressão, porque ela não precisa que você faça algo, apenas que fique com ela. Então não se preocupe com atividades para entretê-la. Ela não quer sair para jogar golfe (e certamente não quer dividi-lo com a tv). Tudo o que ela quer é sua atenção, e precisa dela com frequência.

Muitos pais ficam desconfortáveis quando estão a sós com as filhas. Esse tempo pessoal e exclusivo pode ser difícil. Mas, se você começar a ter esse tempo quando ela é criança, vocês serão mais próximos quando ela for adolescente. A recompensa é enorme. É comum ouvir filhas dizendo que as conversas mais importantes de suas vidas aconteceram em um momento a sós com seus pais.

Simplifique esses momentos com ela. Evite atividades que envolvam competição. Que esse tempo seja sempre de equilíbrio emocional, relaxado e divertido. Conflitos podem ser resolvidos mais tarde.

Se você pensa que isso é um desperdício de tempo, repense. Um dos principais tratamentos para meninas com distúrbios alimentares é passar um tempo desses com seus pais. Esses pais são orientados a não martelarem os problemas, mas darem prioridade ao divertimento com as filhas, o que ajuda essas meninas a darem ênfase a esse relacionamento saudável e desassociarem a doença que padecem da pessoa que realmente são. Distúrbios alimentares deixam as meninas agitadas, controladoras e voláteis; elas mentem, gritam, desabam em lágrimas e desobedecem. Em poucas palavras, é difícil de lidar. Por isso, dizer a um pai que passe mais tempo a sós com sua filha pode não ser exatamente o que ele quer ouvir. Mas passar um tempo feliz com a menina ensina a ambos que, por trás da doença e do mau comportamento que ela acarreta, ainda há uma menina a ser amada, e esse é o primeiro grande passo para a cura.

Como veremos em um capítulo posterior, o "tempo para a família" tem diminuído ao longo das décadas. Um dos resultados é que a comunicação entre os familiares está pior do que costumava ser. Ao longo dos últimos quarenta e cinco anos, a quantidade de tempo que as crianças passam com seus pais diminuiu de dez a vinte horas por semana. No fim das contas, são quase três horas por dia a menos com o filho.

Para os casais divorciados, os desafios são ainda maiores. E para os pais (que normalmente não detêm a guarda dos filhos) o tempo perdido pode ser enorme. Mas você precisa encontrar esses punhados de horas para estar com sua filha. Esse tempo pode fazer uma enorme diferença para ela. Basta sua presença física para ela sentir-se protegida.

Parte da melhor literatura médica sobre manter as crianças longe de problemas vem do estudo Add Health. O estudo mostra, com evidências esmagadoras, que as crianças que se sentem conectadas com seus pais (e que passam mais tempo com eles) dão muito mais certo do que as demais. Os pais afastam os filhos de problemas; a influência dos pais pode ser mais importante do que repressão; e, mais especificamente, as filhas que passam mais tempo com seus pais são menos propensas a beber, usar drogas e contrair relações sexuais na adolescência ou engravidar fora do casamento. O seu tempo gasto com ela é importante.

Força de vontade

"Se o amor humano não leva um homem a ir além de si mesmo, não é amor. Se o amor é sempre discreto, sempre prudente, sensato e calculista, sem nunca transpor os próprios limites, não é amor de forma alguma. Pode ser afeição, pode ser o calor de um bom sentimento, mas não possui em si a verdadeira natureza do amor".

Assim falou o grande professor Oswald Chambers, na virada para o século XX. O amor, assim ensinou, é um sentimento apaixonado que precisa inundar nossas relações com os demais. Não pode ser mensurado, não pode ser ligado ou desligado, e tem que estar sempre presente em seu relacionamento com sua filha. Mas, como pai, você sabe que o amor também requer o esforço e a cooperação da vontade. Sentimentos românticos perdem consistência e diminuem entre os amantes. Mesmo o amor mais perfeito requer um ato da vontade. Para sobreviver, precisa de alimento, cuidado, desenvolvimento e prática. E ele precisa viver no mundo real. O amor verdadeiro é grandioso. Demanda suor, paciência, faz com que você morda a língua quando está louco de raiva e quer gritar baixarias, e faz com que muitos homens realizem feitos extraordinários.

Por mais natural que possa ser o seu amor por sua filha, haverá desafios: dos choros de quando ela é bebê às birras da infância, até outros fatores estressantes da fase de crescimento como perturbações de sono, mau humor e palavreado grosseiro. A sua filha, qualquer que seja a idade, reage ao estresse de maneira diferente à sua. Se você está chateado, vai assistir a um jogo, correr ou ir pescar. Ela não. Ela quer cuspir as preocupações em você. Isso a faz sentir-se melhor. Por isso, prepare-se, e não fique surpreso se ela agir dessa forma desde cedo. Muitos pais me perguntam se as filhas podem experimentar a TPM desde cedo, e minha resposta é que sim. Do ponto de vista médico, não faz muito sentido, mas é algo que já vi repetidas vezes.

Também é inevitável que sua filha passe por fases. Ela será muito próxima de você, e então se afastará; vai adorá-lo, e depois não vai querer nada com você. Você precisa amá-la não apenas quando ela for sua menininha doce e carinhosa, mas também quando ela for uma dor de cabeça. Quando ela estiver mal-humorada, você ainda precisará falar com ela, e terá de se segurar para não explodir quando ela for desagradável.

Como fazer isso? Disciplina. Coragem. Força de vontade. Se precisar distanciar-se emocionalmente por um tempo, faça isso. Se precisar distanciar-se fisicamente um pouco, tudo bem. Mas sempre volte. Toda força de vontade, paciência, calma e persistência em seu relacionamento com ela vão valer a pena. Nada expressa melhor o verdadeiro amor do que esse conjunto de qualidades. Faça com que ela saiba que nada do que fizer (mesmo fugir, engravidar, tatuar o tornozelo ou pôr um piercing na língua) fará você deixar de amá-la. E diga isso, se preciso for.

O amor, como disser o Sr. Chambers, precisa nos levar para além de nós mesmos. Golpear cada uma de suas partes sensíveis e virá-lo do avesso. Ter filhos é assustador porque ser pai é como andar com o coração fora do peito — ele vai à escola e caçoam dele; ele dirige pela estrada acima do limite de velocidade. Ele se quebra, sangra.

Mas o amor é um ato da vontade. Sua filha não pode obrigá-lo a amá-la ou achá-la maravilhosa. Se pudesse, ela o faria, mas não pode. A forma como você a ama, quando você demonstra; tudo isso está sob seu controle.

A maioria dos pais se afasta de suas filhas adolescentes, achando que elas precisam de mais espaço e liberdade. Na verdade, é na adolescência que sua filha precisa de você mais do que nunca. Por isso, grude nela. Se não fizer isso, ela vai se perguntar por que você a deixou.

Eu sei que é difícil, mas vale a pena. Aqui segue a história de um pai que valeu-se da força de vontade para amar sua filha em um momento difícil e venceu.

Quando Allison ingressou o oitavo ano, trocou de escola. Sua família havia mudado recentemente, e ela detestava se mudar. Quando chegou à nova escola, encontrou colegas de classe que partilhavam da sua visão amarga da vida. O pai de um bebia demais, a mãe de outro foi embora. Ela e seus amigos arrumaram muito problema, bebendo e fumando maconha. Após vários meses de terapia e muito trabalho, os pais de Allison decidiram que ela precisava sair da escola — e mesmo de casa — e receber um tratamento em um abrigo para meninas. Ela ficou furiosa. Começou a mentir para seus pais e roubar. Isso foi particularmente difícil para seu pai, que era um novo, mas muito respeitado, homem de negócios da comunidade.

Ele me contou que se sentia terrivelmente culpado por ser ter se mudado com a família e se perguntava em voz alta onde tinha errado com Allison.

No final de semana anterior à saída de Allison para o tratamento, John fez algo brilhante. Doloroso, mas brilhante. Disse a Allison que os dois iriam acampar em uma ilha com muito pouca gente. Tenho certeza de que não era exatamente uma ideia divertida para nenhum deles, mas ele assumiu as rédeas. Milagrosamente, Allison fez as próprias malas (John achou que precisaria fazê-las ele mesmo). Ela mesma colocou os equipamentos que tinha no carro, e eles foram embora.

Nenhum deles falou durante quase quatro horas no carro. Navegaram até a ilha e montaram acampamento. Durante o final de semana, conversaram poucas vezes. Foram caminhar, fizeram panquecas e leram livros (aposto que John escolheu uma ilha porque sabia que ela não conseguiria fugir). Nenhuma conversa que abalasse as estruturas do relacionamento.

De fato, John disse que sequer tocou no assunto do mau comportamento de Allison ou do seu tratamento. Apenas acamparam.

Quando voltaram para casa, Allison partiu para o abrigo de meninas por uma temporada de oito meses. Ela melhorou, sua depressão passou, e com o tempo ela pôde se recompor. Mesmo assim, seus primeiros anos de ensino médio foram conturbados, e o relacionamento de John com ela permaneceu tenso. Mas, quando ela completou dezoito anos, o relacionamento já era outro. E quando ela se formou na faculdade, ele disse, seus colegas tinham inveja de seu relacionamento com Allison.

Quando ela tinha vinte e poucos anos, conversou com o pai sobre esses anos difíceis. Sentia-se culpada por causar tanta dor a seus pais. Disse que sentia muito e que não podia acreditar o quanto eles aturaram.

Perguntei a ela o que havia feito diferença em sua vida. Sem hesitar, ela me disse que foi a viagem de acampamento com seu pai.

"Naquele fim de semana, percebi que ele era inabalável. Estava chateado, é claro, mas vi que, independentemente do que eu fizesse, nunca conseguiria expulsá-lo da minha vida. Você não iria acreditar no quão bem isso me fez. Claro, na época eu não queria que ele soubesse. Mas foi só isso, a viagem de acampamento. Acredito de verdade que salvou minha vida. Eu estava indo rapidamente para a autodestruição."

Você sempre será o primeiro amor de sua filha. Que grande privilégio, e que grande oportunidade de tornar-se um herói.

Palavras, limites, silêncio, tempo e força de vontade: na realidade, que diferença fazem?

No primeiro capítulo você leu uma lista de problemas que as meninas na América enfrentam. Agora, sejamos bem específicos. Antes que sua filha termine o ensino médio (talvez mesmo o fundamental) ela ou muitas colegas terão feito dietas. A maioria das meninas passa uma época obcecada com o próprio peso, e muitas desenvolvem distúrbios alimentares. Na minha experiência, as mães entendem por que e como suas filhas se envolvem nessa loucura de magreza extrema. Os pais com frequência não entendem, mesmo sendo cruciais para o processo de recuperação, e perguntam: "Qual é o grande problema? Esqueça esse negócio, engula a comida e pronto". Vocês homens têm muita sorte com isso. Sua filha, atormentada por seus demônios interiores (naquela intensa vida interior que toda menina tem), simplesmente não consegue "engolir a comida e pronto".

Distúrbios alimentares são uma epidemia na América. Incluem anorexia nervosa, bulimia nervosa, transtorno de compulsão alimentar e obesidade. O elemento comum entre eles é uma obsessão pela comida: restringi-la, livrar-se dela ou entregar-se a ela. São grandes as chances de que sua filha se enquadre em uma dessas categorias antes de terminar o ensino médio. Como você pode evitar que isso aconteça?

Em primeiro lugar, é bom ter uma compreensão básica da origem dessas doenças. Não é preciso ser um psicólogo ou especialista, mas ajuda se você conseguir enxergar a vida pelo olhar de sua filha: ver o que ela vê, ouvir o que ela ouve, e compreender o que ela sente. Isso é realmente necessário? Sim, pois, de acordo com toda a melhor literatura científica, ninguém tem um efeito mais eficaz na prevenção e na recuperação de distúrbios alimentares do que você.[1]

Anorexia e bulimia são doenças difíceis. Elas causam uma dor incrível aos pais e frustram os médicos. Para ajudá-lo a compreender o que acontece na mente de uma menina, vou simplificar questões complexas

---

[1] Joeanne Gutzwiller, J. M. Oliver, e Barry M. Katz, "Eating Dysfunctions in College Women: The Roles of Depression and Attachment to Fathers", *Journal of American College Health* 52 (1): 27-32

em alguns conceitos e dicas úteis para ajudá-lo a proteger sua filha. De acordo com a Associação Nacional de Distúrbios Alimentares, os principais fatores causadores de distúrbios são baixa autoestima, sentimento de inadequação, depressão, ansiedade, dificuldade em expressar sentimentos, relacionamentos familiares problemáticos, pressão cultural que exalta a magreza e fatores fisiológicos ou genéticos. É claro que outros fatores podem contribuir, e é importante saber que não existem dois transtornos alimentares iguais, pois variam tanto quanto a personalidade das meninas. Infelizmente, 90% dos distúrbios alimentares (anorexia e bulimia) ocorrem em meninas e mulheres dos doze aos vinte e cinco anos, quando sua mente e corpo estão se desenvolvendo e estão mais vulneráveis. É urgente entender que cada uma dessas doenças deve ser levada a sério, pois elas colocam a vida em risco. A anorexia (que significa, literalmente, a perda de apetite) nervosa (que quer dizer neurose) pode levar à perda de frequência cardíaca, diminuição da pressão arterial, danos cerebrais e insuficiência cardíaca.[2] A bulimia nervosa caracteriza-se por uma alimentação em excesso seguida por algum método que evite ganho de peso: vômitos, uso de laxantes ou enemas. Embora mais difícil de reconhecer exteriormente, a bulimia pode ser igualmente devastadora. Pode apodrecer os dentes, gerar corrosão do revestimento do esôfago, danos estomacais, desequilíbrio químico, insuficiência cardíaca e morte. Por isso, se suspeita que sua filha tem algum desses distúrbios, ou mesmo se seus instintos te alertam para o risco, consiga ajuda para ela imediatamente.

Distúrbios alimentares geralmente fazem parte de um processo que tem início em mudanças de mentalidade, depois mudanças nos sentimentos, e, finalmente, no comportamento. Portanto, vamos espreitar a mente dela e enxergar o que ela enxerga em um dia comum, pois ela deixa isso em seu diário.

> Chego na escola para o primeiro tempo de álgebra. Estou nervosa, pois não tenho certeza se minhas respostas estão corretas. O professor me escolhe para que eu

---

2 http://www.mayoclinic.com/health/anorexia/DS00606/DSECTION=7.

diga minhas respostas e meu coração dispara. Estou gelada, congelada em meu lugar. Tim está sentado a três cadeiras de distância e sei que ele está me achando estúpida. Se ainda não está achando, em um minuto vai achar. E minha camisa é feia, não quero que os outros olhem para ela. Me levanto.

Levanto e digo minhas respostas. A maioria estava certa. Duas estavam erradas, e todo mundo riu. Por que riram? Eu sou mais inteligente que esses idiotas. Estou tão feliz que acabou! Anna e Jessie sentaram comigo no almoço. São minhas melhores amigas. Posso falar com elas sobre qualquer coisa. Anna está no meu time de futebol. Jessie me incomoda porque ela só come salada de almoço. Ela nem tempera a salada e eu me sinto mal por isso, porque ela é mais magra e bonita do que eu. Suas roupas são tamanho P. Ela é tão sortuda. Eu não gosto de fazer compras com ela porque ela faz com que eu me sinta gorda. Acho que eu sou, sou tamanho M, mas poderia ser tamanho P se tentasse.

Odeio sentar do lado dela e me sinto culpada por isso também. Todos os meninos babam por ela, é nojento. Quer dizer, Anna é muito mais divertida e bonita. Talvez seja porque ela é forte e atleta. Talvez eles a achem feia. Devem achar, mas eles não falam muito comigo. Odeio ser tímida.

Não consigo parar de pensar sobre os meninos e Jessie. Preciso começar a comer mais salada. Eu me sentiria muito melhor se perdesse alguns quilos. Vou começar a correr, isso vai me ajudar.

Vejamos o diário um mês depois:

Que ótimo! Perdi quase 5 kg em apenas três semanas. Nada mal. Estou correndo todos os dias. Quase no tamanho P. Meus amigos dizem que estou ótima. Ainda tenho problemas com álgebra, mas e daí? Li a revista *Cosmo* hoje, com uma série de conselhos sobre o que os homens realmente gostam, e me senti muito bem. Adoro as roupas da *Cosmo*. Quero ser atriz, se eu puder superar minha timidez e perder um pouco mais de peso. Eu sei que seria muito boa, e poderia usar roupas legais. Isso parece estúpido, eu sei, mas às vezes gosto de fingir que estou sendo entrevistada na *Cosmo*. Mas agora eu nunca conseguiria fazer isso. Não tem como, elas são muito mais magras e definidas do que eu. Preciso continuar.

Dois meses depois:

Estou confusa e me sentindo culpada. Entrei em um site e eles diziam que vomitar me faria perder peso mais rápido. Eu tentei, e foi meio nojento. Mas está funcionando, então vou continuar. Com as corridas também. Tenho chegado a oito quilômetros por dia. Às vezes gosto de correr, às vezes odeio. Meu pai fica se metendo. Pergunta o que há de errado comigo. Diz que estou irritadiça. Talvez seja porque eu parei de menstruar, não sei. Ele me olha de um jeito engraçado. Não nos damos muito bem e eu meio que o evito porque não quero que ele descubra sobre o vômito. De jeito nenhum, ninguém pode saber.

Quatro meses depois:

As coisas na escola estão horríveis. Todos me deixam louca, nervosa. Não quero ir para a escola, mas meu pai me obriga. Ele acha que tenho câncer ou algo assim. Odeio minhas lições de casa. Não sei qual é o problema, simplesmente não consigo me concentrar. Pelo menos agora uso tamanho P. A comida tem um gosto horrível, não suporto. Todo dia saio de casa antes que meus pais percebam que não tomei café da manhã. Não quero ir para a escola. Anna e Jessie estão estranhas e parece que não querem mais nada comigo. Talvez estejam com inveja, mas por quê? Quer dizer, elas são muito mais magras que eu. Sabe, eu perdi algum peso, mas se conseguir me livrar dos pneus das minhas coxas, volto a comer de novo. Não consigo me concentrar em matemática ou ciência, porque são de manhã e o almoço vem logo depois. Não consigo parar de pensar no que irei comer no almoço. Devo temperar a salada? Jessie não faz isso. Não, não posso. Eu consigo ser melhor do que ela. Só vou tomar água.

Hora do almoço. Anna e Jessie vieram, e eu queria fugir. Odeio ver as pessoas comerem. Elas têm tanta sorte, elas podem comer. Eu não posso. Digo, eu acho que poderia, mas quero ser diferente. Bebi água e, como tinha um tempo livre, escapei para uma corrida. Meu professor ficou bravo e me mandou para a direção porque eu estava meia hora atrasada para a aula. E daí?

Seis meses depois:

Eu e meu pai tivemos uma briga muito feia. Não sei o que há de errado com ele... ele não entende. O que há de errado em perder alguns quilos? Diz que não vai mais me abraçar porque isso o incomoda. E eu sei por quê: estou muito gorda! Reprovei em francês outro dia. Odeio francês. Mal posso esperar para a escola acabar. Só quero poder dormir o quanto quiser, estou tão cansada. É melhor eu tomar umas vitaminas ou algo assim. Tem alguma coisa estranha acontecendo. Sempre que tomo banho, perco muito cabelo. Meu estômago dói o tempo todo. Acho que é porque estou comendo demais. Dois dias atrás comi uma salada e ontem comi vagem. Sei que não devia. Isso me deixou com dor de estômago. Também fico nervosa quando corro. Conseguia fazer entre 10 e 12 quilômetros, mas agora voltei para 5, porque senti essa coisa engraçada na garganta, como se meu coração estivesse batendo lá em cima. Não posso falar para ninguém que diminuí minha média porque senão vão achar que eu sou preguiçosa. Eu sei que eles acham que eu deveria perder mais peso e não quero que pensem que não estou tentando. Isso é bom, mas também é horrível. Não consigo mais parar de pensar em correr. Não consigo mais parar de pensar no que não posso comer. É como se tivesse um monstro aqui dentro, mandando na minha cabeça. Preciso sentar um pouco no meu quarto e entender isso.

Sete meses depois:

Eu juro, acho que todos ao meu redor enlouqueceram! Quer dizer, acho que todo mundo está exagerando, especialmente meu pai. Ele está aqui comigo no hospital todo dia, e sempre que vê este tubo no meu nariz, tenho certeza de que está se segurando para não chorar. Isso é tão bobo, por que eles não me tiram daqui? Quando forem embora, eu desligo isso aqui. Eles não entendem? Eu só preciso perder um pouco mais de peso. Minha bunda é muito grande. Eu estaria muito melhor se eles me deixassem comer do meu jeito. Digo a eles: me deixem em paz por dois dias e eu comerei depois. O que há de errado com eles?

Não sei o que aconteceu, mas de repente perdi a visão, senti um zumbido em meus ouvidos e minha cabeça começou a doer. Meu pai disse que desmaiei e caí da cama. Disse que alguns médicos chegaram correndo e me prenderam a essas máquinas. Até colocaram algo em minha boca para que eu pudesse respirar. Havia apitos e rangidos, tubos e fios. Alguém gritava com outra pessoa sobre uma injeção ou coisa do tipo. Não consigo lembrar de muita coisa. Tudo o que sei é que eles estão loucos, todos eles. Será que não entendem?

Normalmente, é assim que acontece. Primeiro, sua filha ouve algumas coisas. Começa a acreditar que sua vida seria melhor se fosse apenas um pouco mais magra. Pensa e encontra maneiras de realizar isso. Os pensamentos não vão embora, porque suas amigas sempre querem vestir um número menor (independente de como sejam), e assim também ela. Pensa que, se fosse mais magra, receberia mais atenção das pessoas e se sentiria melhor consigo mesma. Além disso, como muitas meninas sonham ser modelo, posar para revistas e atuar na TV ou no cinema, colocam isso como um prêmio em ser cada vez mais magra e bonita. Fazem dieta e exercícios, esperando poder viver esses sonhos ou, ao menos, ser mais parecidas com as mulheres que admiram. Onde quer que sua filha esteja — na escola, no futebol, em casa assistindo TV — esses pensamentos serão reforçados.

Veja: não há nada de errado em comer bem e se exercitar, desde que isso seja feito pelos motivos certos e com moderação, mas essas meninas em situações de risco chegam a extremos. Mais que isso, mudam a própria personalidade. Uma menina em risco de distúrbio alimentar torna-se muito invejosa em relação às meninas mais populares que recebem atenção. Ela pensa que não é popular porque é gorda, ou porque há algo de errado com ela. Duvida de si mesma, está cheia de ansiedades e não tem certeza se um dia será popular. Em um esforço para sentir-se melhor, mais bonita, mais *sexy*, para ser mais popular e conseguir mais atenção, faz dietas e exercícios. Então sua dieta torna-se mais restritiva, ela começa a passar fome, e logo está forçando vômito.

Pesquisadores acreditam que os distúrbios alimentares são difíceis de detectar porque a maior parte deles é subclínico.[3] As meninas escondem muito bem seus distúrbios alimentares. Mesmo quando estão enjauladas, mentalmente e emocionalmente, aprisionadas em pensamentos e comportamentos obsessivos, elas tentam se esconder. É muito difícil para os pais entender que o vício das filhas em passar fome é algo de que elas gostam. Não é como o alcoolismo e a droga, que tem sinais claros de perigo físico imediato (ressacas, delírios, mau humor e depressão após o "barato" que droga proporciona). Passar fome, ao menos no começo, traz grandes recompensas. As pessoas comentam sobre o quanto as meninas estão bem, como elas perderam peso.

Agora uma boa notícia: as pesquisas também mostram que se você, pai, permanecer envolvido com sua filha, pode desempenhar um papel fundamental na prevenção destas doenças horríveis. E seu envolvimento também é essencial para curá-la.[4] Digo logo de início que o distúrbio alimentar não é culpa do pai. É algo complexo e muitos fatores desempenham papéis importantes em seu surgimento. Mas lembre-se sempre de que a força do seu relacionamento com sua filha tem um efeito importante na prevenção desses distúrbios, impedindo sua evolução ou curando sua filha, caso ela os desenvolva.

Vejamos algumas coisas que você pode fazer na prática.

Faça o tempo valer

O objetivo do seu tempo com ela é fazer com que ela saia sentindo-se melhor consigo mesma. Pesquisas mostram que as filhas que sentem uma conexão emocional mais forte com seus pais desenvolvem um

---

[3] L. B. Mintz, N. E. Betz, "Prevalence and Correlates of Eating Disordered Behaviors among Undergraduate Women", *Journal of Counseling and Psychology* 35 (1988): 463-71.

[4] R. A. Botta, R. Dumlao, "How Do Conflict and Communication Patterns between Fathers and Daughters Contribute to or Offset Eating Disorders?" *Health Communication 2002*; 14 (2): 199-219.

vínculo mais forte. E quanto maior o vínculo entre vocês, menos provável que ela tenha depressão ou algum distúrbio alimentar.[5] Um estudo concluiu o seguinte: "O grupo assintomático relatou os níveis mais baixos de depressão e os mais altos de segurança do vínculo paterno".[6]

Como formar esse forte vínculo paterno? Primeiro, quando estiver com ela, dê atenção. Não fique pensando em outra coisa enquanto ela estiver falando, não a ignore enquanto ela estiver ao seu lado em um jogo de beisebol, e não ache que ela não vai perceber se você não for atento. Procure atividades que ambos possam fazer juntos. É claro que haverá momentos em que ela vai te arrastar para o shopping, e você a levará em uma exposição de carros. Tudo bem. Mas não importa onde você esteja, garanta que ela saiba que você está prestando atenção. Faça perguntas e ouça suas respostas. Meninas odeiam sentir-se invisíveis. Sem a sua atenção, ela se sentirá pouco amada e insegura. Não cometa o erro de gastar pouco tempo ou dar pouca atenção à sua filha. Você talvez se arrependa pelo resto da vida.

Não se preocupe se esse tempo não corre tranquilo. Leve-a para um passeio no parque. Se vocês acabarem discutindo sobre o namorado dela, tudo bem, pois mesmo discutir é uma forma de criar conexão. Você não discutiria se não se importasse com ela — algo que ela vai reconhecer mais tarde, quer confesse ou não. As discussões não são necessárias para que vocês se entendam, mas também não prejudicam, necessariamente. A única regra é que, quando a discussão terminar, ela terminou. Não volte a ela. Ponha um fim, faça as pazes e siga em frente — antes do fim do dia. E, então, leve-a para passear de novo.

Não precisam ir muito longe. Peça que ela te faça companhia na varanda, ou que te ajude com a cozinha, ou te acompanhe em uma tarefa na garagem, mesmo que por alguns minutos. A questão é que quando você demonstra um interesse genuíno em estar com ela, fortalece o vínculo entre vocês. Por isso, dê a ela tempo e atenção, e você verá em pouco tempo que ela realmente se sente amada por você.

---

[5] Gutzwiller, Oliver, Katz, "Eating Dysfunctions in College Women".
[6] Ibid.

Escute

As meninas gostam mais de falar do que os meninos (incluindo os pais). É saudável que elas conversem muito, mas isso pode ser um problema para você, pois homens são especialistas em se desligar. Você tem muita coisa na cabeça, é menos verbal do que as mulheres, e todos nós, especialmente quando estamos ocupados, temos a tendência de não dar toda a nossa atenção.

Por isso, quando estiverem juntos, ela provavelmente irá falar a maior parte do tempo. Escute com paciência e tente não fingir. As filhas sabem quando os pais não estão escutando. O que você não quer que aconteça — que ela se sinta frustrada, desanimada, e emocionalmente distante de você — é exatamente o que acontece se ela achar que não está sendo ouvida. Seu trabalho é assegurar um vínculo entre vocês, e você faz isso passando tempo com ela e escutando o que ela diz.

Uma coisa posso garantir: se você ouvir atentamente sua filha por dez minutos todos os dias, no fim do mês vocês terão um relacionamento completamente novo. Faça o que você, como homem, já faria naturalmente: passe mais tempo ouvindo do que falando. Se você ouvir, ela se sentirá amada. Você será especial aos olhos dela porque ela sabe melhor do que ninguém que a maioria das pessoas não escuta. A vida emocional dos adolescentes é egocêntrica, e é nessa fase de desenvolvimento que estão todos os seus amigos. Por isso, sua filha está morrendo de vontade de ser ouvida. Você não precisa concordar com ela, não precisa ter respostas rápidas, e se se vir impelido a desfazer alguns nós no raciocínio dela, não se preocupe. O fato de estar lá e passar um tempo com ela já indica que muito de sua confusão provavelmente se resolverá sozinha.

Se você ficar com ela, olhá-la e escutá-la, ela sempre voltará. A autoestima dela irá aumentar, a sensação de solidão vai desaparecer e ela se sentirá mais confortável para expressar seus sentimentos. E finalmente, porque você, o homem mais importante da vida dela, gosta de estar com ela, ela irá se sentir mais atraente. Vai achar que, se os meninos não querem estar com ela, eles é que têm um problema (porque você é mais inteligente e muito mais maduro do que eles). E essa é uma boa atitude para ela, e pode protegê-la a longo prazo.

Estabeleça limites

Meninas precisam de barreiras e limites, principalmente na adolescência. Lembre-se de que, não importa o que ela diga, o simples fato de você impor regras de conduta de maneira consistente faz com que ela se sinta amada e valorizada. Ela sabe que essas regras são a prova de que você se importa. Elas também a preparam para impor limites a si mesma, e ensina que tais limites são necessários, o que é igualmente importante. Dessas regras (e do seu próprio comportamento) ela irá aprender o que é aceitável e o que não é, o que é bom e o que é ruim, e o que ela deve ou não fazer.

Muitas meninas com distúrbios alimentares são amáveis, inteligentes e desejam agradar os outros. Deixe que sua filha saiba que a pessoa que ela tem que agradar é *você*. Faça com que saiba que os seus padrões são os dela, e que ela está certa em defendê-los, independentemente do que seus colegas façam. Oriente e ajude-a a rejeitar comportamentos nocivos. Faça disso um hábito, e ela também o fará. Meninas encorajadas a serem fortes emocionalmente, intelectualmente e fisicamente aprendem como encontrar motivação para o sucesso. Elas não surtam de repente, ou perdem a força de vontade. O mesmo é verdade para sua filha. A disciplina e os padrões, os limites e barreiras que você impôs a ela integrarão sua vida.

A importância das palavras

Falamos sobre a importância de escutar, mas igualmente importante é o que você diz. Isso pode ajudar a evitar distúrbios alimentares. Aqui está a chave: ouça com atenção, por muito tempo. Depois escute um pouco mais. Tente entender contra o quê ela está lutando, o que está acontecendo dentro dela, o que ela sente. Lembre-se de que, na infância e adolescência, coisas muito pequenas podem parecer muito grandes. A ajuda dos pais é essencial para que as filhas deem o devido peso às questões.

Sendo pai, você talvez se veja principalmente no papel de provedor, mas também tem um papel importante como professor. De fato, é o seu maior papel. Por isso, vá em frente: não guarde sua sabedoria, compartilhe-a com ela. Dê a ela aos poucos, quando julgar que ela está pronta, quando for necessária para o que quer que ela esteja combatendo.

Fique calmo, seja paciente e sincero. Diga a ela que as mulheres nas revistas não são os melhores exemplos e que as pessoas que julgam pelas aparências provavelmente têm problemas horríveis de autoestima. Diga que o que importa não é o peso de alguém, mas seu caráter, e diga o que há de bom nela, o que você gosta nela, suas esperanças para ela.

Aqui, algumas coisas que você não deve fazer. Elas se aplicam a você e a qualquer amigo próximo ou parente que interaja com sua filha, portanto, fique à vontade para dizer a outros adultos o que eles podem ou não dizer a ela. É seu direito.

1. Não fale com frequência sobre a aparência dela.
2. Não fale das suas próprias dietas, da necessidade de fazê-las.
3. Não faça comentários depreciativos sobre o corpo dela. Muitos pais pensam que estão sendo fofos quando falam que suas filhas têm quadris largos, coxas fortes e coisas assim. Alguns são muito grosseiros e nomeiam as partes do corpo de suas filhas. Não faça isso. É algo que voltará para assombrar vocês dois.
4. Não fale das roupas dela com frequência. Sim, você pode colocar regras a respeito do que ela pode ou não usar, bem como sobre maquiagem. Mas você não quer comunicá-la que aparência é uma grande prioridade. (E esta é uma boa razão de por que uniformes escolares são uma boa ideia. Estabelecem um padrão básico de limpeza e aparência, ao mesmo tempo que denotam que todos são iguais e que o foco em tamanho de roupa e estilos é irrelevante). Sua filha é apenas uma criança, ela quer mesmo é que você fique feliz com ela. Deixe-a saber que você é, e que o importante é ela, não o que ela veste.

5. Não fale o tempo todo da importância de exercícios. Sim, atividade física é importante, mas muitas pessoas se gabam de seus exercícios. Fazem porque querem ficar bem para os outros. Tenha cuidado.
6. Não deixe que ela pense que precisa fazer coisas para chamar sua atenção. Dê atenção naturalmente, como parte da vida cotidiana. Sua filha anseia pela sua atenção e fará o que puder para conseguir. Se você falar constantemente sobre alguma coisa, ela irá nessa direção. Por isso, tenha cuidado com os temas que martela. Pense aonde eles irão levar. Ela está te observando, e quer que você a observe.

A importância da vontade

Amar é difícil. No início pode ser fácil, mas crianças e adolescentes difíceis, doentes, filhas com déficit de atenção ou distúrbios alimentares podem fazer o amor ser muito doloroso, exigindo toda a determinação e força de vontade de que você é capaz. Inevitavelmente, haverá momentos em que sua filha te deixará louco, em que você não será capaz de entender por que ela faz tanta cena, ou, se ela tem algum distúrbio alimentar, por que ela não para de passar fome, de vomitar, de se exercitar obsessivamente, de ser rabugenta e mal-humorada. Mas a força de vontade o leva a conter a raiva e a frustração nos momentos ruins, assim como a segurar as lágrimas quando você vê sua filha em seu primeiro vestido, em seu primeiro recital de piano, ou quando outra menina a chama de "gorda" no *playground*.

Para amar sua filha, ser próximo dela, fortalecer o vínculo entre vocês, é preciso ter uma vontade de aço. Haverá momentos em que você irá querer pular fora, mas não faça isso. Ao invés disso, dê uma pausa. Haverá momentos em que você vai querer gritar, mas não grite. Faça planos para quando você julgar que vai perder a paciência, e siga esses planos. Haverá momentos em que você não vai ter vontade de expressar amor por sua filha, mas expresse mesmo assim. Isso fará com que ambos se sintam melhor.

Pense no tipo de pai que você quer ser. É claro, isso vai demandar trabalho duro, mas amar não é apenas sentir-se bem. É fazer o que você não quer fazer, várias vezes se for preciso, para o bem de outra pessoa. O amor é realmente sacrifício de si.

No começo da vida, ela irá sentir seu amor. No final da vida, você será uma memória. O que acontece no meio disso é com você. Ame-a extraordinariamente. É esse o coração da paternidade.

CAPÍTULO 4

Ensine-a a ser humilde

Muitos pais reviram os olhos para a palavra "humildade". Associamos ela à fraqueza e não queremos que nossas filhas sejam fracas ou facilmente manipuladas. Queremos que elas sejam fortes, autossuficientes e independentes. Queremos que tenham autoestima. Hoje em dia, a humildade é uma virtude politicamente incorreta.

Mas a humildade genuína é o ponto de partida para qualquer outra virtude. Humildade significa ter uma visão adequada de nós mesmos, enxergarmos a nós como realmente somos. Também significa saber que cada pessoa tem o mesmo valor.

Ensinar humildade à sua filha é fundamental, mas complicado. Você não pode simplesmente dizer a ela que ela *é tão importante* quanto seu irmão, a mulher sem teto na rua e todos os demais. Sua filha precisa sentir-se única e importante aos seus olhos.

O ensino da humildade vai exigir mais do que isso. A humildade não faz sentido sem um modelo. Se você quer que sua filha goste de ler, você precisa ler. Se quer que ela pratique esportes, faça corridas etc. O mesmo é aplicável à humildade. Se você a pratica, ela fará o mesmo. Lembre-se: ela é uma esponja te seguindo, esperando para saber o que você pensa, sente e faz.

Para muitos homens, a humildade pode ser difícil de abraçar, mas não abraçá-la é entrar em um perigoso jogo de autoengano. A vida se torna uma busca vã por coisas que não importam, enquanto deixa-se de lado as coisas que importam de verdade.

Conheci muitos homens de sucesso, verdadeiros exemplos, de uma humildade extraordinária. Têm sucesso profissional, intelectual e emocional porque entendem que a vida é maior do que eles. O trabalho deles, e eles mesmos, fazem parte de um quadro muito mais amplo. O sucesso deles não é apenas em benefício próprio, mas também ajuda aqueles ao seu redor. A humildade do pai é um dom para sua filha.

A falecida escritora inglesa Alice Thomas certa vez ouviu a seguinte pergunta: "Qual é o momento mais importante na história das mulheres?". Ela respondeu: "A Anunciação". Por que sua filha precisa de humildade? O que isso tem a ver com a sua felicidade, autoestima e sucesso pessoal? Aqui estão algumas respostas.

A HUMILDADE FAZ COM QUE ELA SE SINTA IMPORTANTE

Eu sei que soará como um paradoxo dizer que a humildade fará com que sua filha se sinta mais importante, mas digo porque é verdade. Para atingir seu pleno potencial, sua filha precisa entender quem ela é, de onde vem e para onde vai. E essa compreensão deve ser precisa.

Talvez ela tenha um dom para música, talvez seja inteligente ou atleta. Como um pai entusiasta, você está orgulhoso das realizações dela. Você investe tempo e dinheiro para incentivar esses talentos e torce por ela em concursos de soletração, recitais de piano ou jogos de basquete.

Seu apoio e incentivo são importantes, mas você também precisa ser cuidadoso. Se tudo o que você faz é reforçar a autoestima dela com aplausos, ela acabará percebendo e terminará frustrada. Se ela não tiver humildade, tentará sentir-se bem consigo mesma frequentando os lugares errados.

Humildade é ver-se a si mesmo com honestidade. Ela nos mantém no mundo real. Por querermos ver nossas filhas se superando em tudo o que fazem, sendo as mais bonitas, as mais inteligentes, melhores que as outras, corremos o risco de confundir nossas prioridades e as delas.

Nossas filhas não precisam de elogios em excesso para sentir-se bem com elas mesmas. No fundo, sua filha sabe que é boa em algumas coisas e não muito boa em outras. Com frequência ela vê seus talentos de forma mais realista do que seus pais, e, quanto mais eles elogiam, mais ela se questiona: "É por isso que meus pais me amam tanto? Será que valho mais para meu pai se tocar violino melhor?"

Outro problema é o egocentrismo. Quando as atividades familiares giram em torno do que acreditamos que nossos filhos "precisam" ou "querem" para terem boa autoestima, fazemos com que eles se tornem egocêntricos. Muitas vezes as meninas têm uma sensação de superioridade quando se destacam em alguma coisa. Quando isso acontece, correm o risco de se isolar de amigos, colegas e familiares, pois passam a fugir de ambientes não-competitivos. Seu senso de superioridade diminui seu horizonte e torna seu mundo pequeno. Não encontram mais alegria no que está ao seu redor. Seu foco agora é vencer, e não fazer amigos.

O escritor Henry Fairlie estava certo em observar: "O orgulho nos leva a muito deleite em nós mesmos, e nos desencoraja o deleite com nossa humanidade e no que há de comum entre todos nós, seres sociais".

O orgulho é o oposto da humildade. Você lembra o que Dante escreveu sobre os orgulhosos na *Divina Comédia*? Eles queimavam em seu prazer egocêntrico, sozinhos e isolados por toda a eternidade. Quando Dante se afasta deles, o Anjo da Humildade vai até ele trazendo esplendor, paz e contentamento: "Levava sobre si tão pura *umilita* que parecia dizer 'estou em paz'". A humildade traz consigo profunda alegria e satisfação, porque nos impede de ficarmos maníacos e egocêntricos.

Não deixe que isso aconteça com sua filha. Garanta que o mundo dela seja maior do que ela própria e seus talentos. Conduza-a, gentilmente, para que ela reconheça as próprias forças e limitações. Deixe-a falhar, e deixe-a saber que você ainda a ama quando ela falhar. Faça com que ela saiba que não é valiosa pelo que faz, mas por quem é. Há aqui sua chance de ensiná-la uma das maiores lições de vida: o valor das pessoas está em sua humanidade, e não naquilo que fazem.

Mas, se você acostumá-la a ganhar autoestima através do talento, intelecto ou beleza, você está transmitindo uma mensagem terrível, que pode ser explorada por outros. Quando vai ao shopping, o que ela vê? Milhões de produtos que prometem fazê-la sentir-se melhor. Quando ela compra revistas, vê as mulheres sensuais na capa como modelos a seguir. Quando segue as dietas da moda, espera que todas a tornem mais bonita, popular e importante.

Toda semana, sua filha é encorajada a comprar centenas de produtos que manipulam sua imagem. Todos eles com foco no superficial, não no real. Por exemplo, pesquisas indicam que as pessoas compram roupas de passeio de empresas como Patagonia não porque passam muito tempo ao ar livre, mas porque querem se sentir ou parecer com alguém que passa muito tempo ao ar livre. Os anúncios dizem a sua filha que sua vida será mais plena, emocionante e feliz se ela comprar esses produtos porque sabem que o discurso de vendas funciona. E funciona porque muitas de nossas filhas foram criadas para acreditar nisso. Quando os pais não ensinam as filhas a ser humildes (que todos somos criados iguais e igualmente valiosos), as revistas e celebridades ensinarão o contrário.

A *Vogue* e a *Cosmopolitan* ensinarão a sua filha de dezoito (ou dez) anos que o fundamento de seu valor é um corpo definido com seios grandes, roupas novas e caras e a excitação que elas causam em meninos e homens. Paris Hilton (um produto do dinheiro, do *marketing* e das dietas) será, para ela, a essência da beleza. Sua filha vai ler e absorver a essência de Paris Hilton e tentar imitá-la. Usará Paris Hilton para preencher o vazio emocional, social e espiritual que sente. Isso já seria alarmante o suficiente. Mas o desejo de seguir Paris e sua gangue farão sua filha ter ódio da ideia de não ter beleza, dinheiro ou não ser magra o bastante, e será atraída para longe de uma vida humilde.

Pode uma mulher ser, ao mesmo tempo, linda e humilde? Sua filha pode ser brilhante, lutar por uma carreira de sucesso, mas ainda assim compreender que ela não é totalmente responsável pelo próprio sucesso?

Absolutamente. A humildade fará com que as realizações dela brilhem ainda mais e ela terá mais amparo emocional, mais satisfação e mais felicidade do que se ela tivesse tentado imitar a vida de Paris Hilton.

Os marqueteiros, Lindsay Lohan e Paris Hilton levam sua filha a uma vida vazia. Você deve guiá-la para outra direção, ensinando que ela tem valor por ser quem é, e porque você a ama. A vida dela tem o mesmo valor da sua e de todos os outros. Talento, inteligência e beleza são coisas maravilhosas, mas nunca tornarão sua vida mais valiosa ou aumentarão o valor dela como mulher. Somente a humildade faz isso.

A humildade fortalece os relacionamentos

É difícil ao menos uma vez na vida não se deparar com alguém que ostente todos os dons que te faltam, ou ir a um jantar onde a conversa é a respeito de um assunto sobre o qual você não sabe nada, ou ser humilhado por um chefe, um professor, seu pai ou mesmo um amigo. Todos nós nos sentimentos estúpidos, desprezíveis, despreparados, fracos e péssimos de uma forma geral em algum momento de nossas vidas por causa de alguém que pensa ser melhor do que nós.

Dizemos às nossas filhas que quem ofende os outros na escola é gente insegura, o que muitas vezes é verdade. Meninas gordas chamam as outras de gorda, as menos inteligentes chamam as outras de burra, e garotas sem atrativo dizem que as outras são feias. Valentões tentam ficar por cima dos outros e atacam aqueles que julgam mais fracos para mostrar superioridade.

Porém, a humildade previne a prática e os efeitos do *bullying*. Quando sua filha reconhece que todos temos o mesmo valor e não se julga acima de ninguém, ela não se preocupa em afirmar a própria superioridade nem leva a sério provocações de uma valentona. Sabe que nosso valor não está no que fazemos, temos ou no que somos capazes, mas no fato de sermos humanos. E os valentões não conseguem se sentir superiores às pessoas que se recusam a sentir-se inferiores. A humildade nivela o campo. Isso pode fazer com o que o valentão, inseguro, fique assustado, mas é a verdade, e ela nos mantém vivendo a realidade. Ela nos impede de sermos absorvidos por uma vida de rancor e autodestruição.

Garotas humildes estão em melhor situação para construir amizades mais profundas e duradouras. Com humildade, sua filha é livre para gostar das pessoas pelo que elas são; não terá o desejo soberbo de cortar as pessoas de sua vida. Isso é extremamente importante, pois sua filha é uma criatura social, ela precisa de outras pessoas. Precisa de adultos para conversar, amigas para conviver e rapazes em sua vida para aprender sobre relacionamentos. Ninguém pode ser feliz sozinho, não fomos feitos para o isolamento.

A humildade é o fundamento de todas as relações saudáveis. Ela mantém as partes de um relacionamento em tom respeitoso, honesto e sereno. Se sua filha é humilde, descobrirá quem realmente é e o sentido da própria vida, e experimentará alegria e contentamento. Ela foi criada para viver em uma rede de relacionamentos, e a humildade a mantém nessa rede. O egocentrismo e o orgulho a arrancam fora.

Para muitos americanos, a humildade está fundamentada nos ensinamentos da tradição judaico-cristã, na qual todos são iguais aos olhos de Deus, que nos criou e ama a cada um de nós. Em relação a Deus, que nos criou do pó, podemos nos sentir totalmente insignificantes, mas (minha citação favorita da Bíblia) Deus nos criou, então temos um lugar e um propósito, e Ele está disposto a nos dar tudo o que há de bom. Tudo o que temos de fazer para fugir das regiões sufocantes de nossas próprias vidas, para nos enxergarmos humildemente, é reconhecer que não somos a fonte do poder, inteligência e talento. Como nos dizem as bem-aventuranças, "Bem-aventurados os pobres de espírito, pois deles é o Reino dos céus".

O grande teólogo Oswald Chambers diz: "Não é uma questão de bens, mas de pobreza; não do que trazemos conosco, mas do que Deus nos dá". Deus tem concedido dons inimagináveis à sua filha. A humildade ensina que esses são de fato dons pelos quais ela deveria ser grata, e não orgulhosa.

Aqui vai um exemplo de como um pai experimentou a alegria da humildade.

No início, Andy queria ser padre. Matriculou-se no seminário, mas logo percebeu o quanto queria se casar, e então deixou o seminário. Foi para a faculdade de medicina, e hoje é um médico de muito prestígio em um grande hospital universitário na Pensilvânia.

Mesmo abandonando a ideia de ser padre, Andy nunca abandonou a fé. Seu amor por Deus e sua vida de oração permaneceram vivos. Teve três filhas e, com o passar dos anos, Andy viu que ele e a filha do meio, Amy, precisavam fazer alguma viagem juntos. Sabia que eles tinham algo que precisava ser feito.

Quando Amy tinha dezessete anos, ele a levou para a República Dominicana, como parte de uma equipe de quinze profissionais da saúde voluntários. Era verão, e a temperatura atingia quase 40ºC. Eles pegaram um ônibus escolar amarelo amassado em uma pequena aldeia rural para oferecer assistência médica gratuita ao povo.

Os médicos lotavam uma sala de concreto, prepararam mesas de piquenique como mesas de exame e organizavam os suprimentos. Os demais voluntários espantavam aranhas, varriam o chão e traziam lâmpadas.

Eu estava lá e testemunhei o trabalho de Andy. Sua paciência e bondade eram notáveis, sua fala era sempre suave, não importando o quanto seu jaleco hospitalar pingasse de suor.

Uma tarde, eu o vi suplicar a uma mulher, que reagiu com raiva, quase em lágrimas, e fugiu da sala.

Andy recolheu-se, terminou de ver os outros pacientes e depois subiu no velho ônibus escolar antes que os demais terminassem o trabalho. Amy foi com ele. Andy (um homem alto e forte) sentou-se e cobriu o rosto com as mãos. Distante alguns lugares, pude ouvir a conversa deles.

— Desisto — ele disse. — Hora de voltar para casa, Amy. Tudo isso foi um erro terrível.

Contou a Amy por que a paciente fugiu. Ela se queixava de dores no peito. Embora Andy fosse um especialista pulmonar, não conseguia encontrar nada de errado. Finalmente percebeu que o problema não era o coração ou os pulmões da mulher, e sim que seu namorado lhe agredia regularmente no peito. Andy lhe disse que precisava fugir desse abuso, que precisava pedir a família que fosse a outra vila. Impossível, disse a mulher. Ela não tinha carro, nem bicicleta (ninguém na vila tinha ambos), nem dinheiro, nem família.

Andy percebeu que não havia nada que pudesse fazer. Nenhum remédio poderia curá-la e ele não podia protegê-la da violência do namorado.

Andy viu aquela mulher pobre e esfarrapada como preciosa, mais preciosa do que ele, e naquele dia no ônibus, em um calor sufocante, chorou. Havia ficado cara a cara com suas limitações de uma forma que nunca poderia acontecer em seu hospital universitário na Pensilvânia. Lá, ele tinha milhões de dólares em equipamentos para usar quando quisesse, tinha uma equipe e uma infraestrutura de apoio maravilhosas, e podia se sentir poderoso e bem-sucedido.

Mas aquele dia, no vilarejo, tudo o que tinha era ele mesmo e suas limitações.

Andy falou da possibilidade de deixar a ilha uma semana mais cedo. "Por quê continuar aqui?", perguntou ele. "Nós não podemos ajudar essas pessoas de verdade. Não temos medicamentos ou recursos o bastante, e mesmo que tivéssemos, assim que fôssemos embora, tudo voltaria a ser como era. Não temos nada a oferecer. Eles precisam de muito e nós não somos o bastante. Ninguém é".

Amy respondeu:

— Sim, pai, mas e o amor de Deus? Isso nós podemos oferecer.

— Fará muita diferença! Eles precisam de água, comida, energia elétrica, e não de alguém que chegue dizendo que um Deus invisível os ama. Onde Ele está, então? Vão pensar que Ele é cruel, deixando-os abandonados desta maneira.

Andy agora estava mais zangado do que triste. O ex-seminarista questionava a própria bondade de Deus.

Nenhum dos dois falou durante a longa viagem de volta para casa. Depois do jantar, perguntei sobre a conversa anterior: "O que é o melhor que podemos dar ao outro?".

Decidimos que o melhor que podíamos oferecer era esperança, e que a única maneira de encontrar esperança estava em Deus. Nosso propósito, então, era mostrar a luz de Deus através do nosso trabalho. Nossa fé nos havia conduzido até aqui, e precisávamos seguir de acordo com ela.

As conversas que se seguiram, entre pai e filha, levaram ambos às grandes questões da vida. Nessas conversas, Andy não disse uma palavra sobre viver com humildade e reconhecer o valor de cada um. Isso era pressuposto. Suas ações falavam por ele, que simplesmente vivia a própria fé. E sua filha Amy o imitou.

A HUMILDADE MANTÉM O EQUILÍBRIO

Pais sempre dizem que não se importam com o que os filhos façam, desde que sejam felizes. Como mãe de quatro filhos, entendo isso. Sou incrivelmente egoísta: se meus filhos estão felizes, durmo melhor à noite e aproveito mais meus dias.

Mas pense bem: é realmente isso que queremos para nossas filhas? A felicidade deve ser o objetivo para o qual elas trabalham?

Todos nós buscamos a felicidade, é nosso direito constitucional. E é muito bom ser feliz. Mas, se você ensinar a sua filha que a felicidade é seu "ponto de chegada", isso pode torná-la infeliz. Explico o porquê.

Se ela fizer da felicidade seu objetivo, você e ela vão descobrir que existem milhares de coisas capazes de fazê-la sentir-se bem. Talvez seja uma bolsa de estudos em uma grande faculdade, ou ter um bebê aos quinze anos de idade. Ou talvez a expressão desinibida de suas próprias crenças a ponto de usar camisetas que dizem "F* a autoridade".

O problema de fazer da felicidade seu objetivo é a falta de limites de proteção. A felicidade como objetivo pode se tornar uma justificativa para o comodismo, encorajar o egoísmo e mimar sua filha. E, o mais importante: pode realmente levar à infelicidade, pois não há limites para os desejos de uma criança (ou de um adulto) e esses desejos nunca conseguem satisfazer as necessidades mais profundas. Por isso a felicidade permanece fora de alcance.

O paradoxo é que a felicidade só é mesmo encontrada quando é diariamente negada. Na minha experiência, as meninas mais felizes são sempre as mais humildes. As mais infelizes são aquelas mais autoindulgentes em sua procura por felicidade.

Se refletimos a respeito, faz todo o sentido. O comodismo é fácil e não requer força de caráter. Comer quatro bolos de chocolate parece bom enquanto você o faz, mas vai te deixar doente e engordar. Assistir novela em vez de fazer a lição de casa pode parecer divertido, mas não vai te preparar para a vida após a escola. Fazer sexo quando você quiser, com que você quiser, pode ser bom por um tempo... até você contrair uma doença sexualmente transmissível, ou engravidar, ou ficar deprimida (considero a depressão em adolescentes uma DST, porque quase sempre está ligada a sexo em idade precoce).

A humildade nos dá disciplina e autocontrole, ensina que somos parte de uma comunidade maior e que precisamos trabalhar juntos para o bem comum. Ensina a responsabilidade e a considerar as necessidades dos outros. Nos diz para olharmos para fora em vez de nos concentrarmos obsessivamente em nós mesmos e nos lembra que não somos os únicos que importam.

O resultado é que meninas humildes experimentam a verdadeira alegria e felicidade que vem apenas de relacionamentos fortes e saudáveis com a família e os amigos. Os relacionamentos saudáveis têm regras, e, entre essas regras, está a negação de nós mesmos em prol da ajuda aos outros.

Mas, para onde quer que sua filha vá, alguém lhe dirá para ela fazer o que quiser. Ouvirá estas vozes no rádio, na televisão; ouvirá do traficante de drogas e do mau namorado. Todos têm suas próprias versões de uma vida boa, que a afastam da verdadeira. Dizem que não é necessário nenhum sacrifício, basta querer. Que não é necessário disciplina, basta aproveitar. Curta até que você esteja satisfeito — ou completamente vazio.

Para um pai ver isto em primeira mão, basta dar uma volta pelo shopping. Veja os rostos das meninas. As expressões em muitos desses rostos serão vazias, de tédio, sem alegria, sem propósito; buscando algum nas compras, nas drogas, no sexo ou qualquer coisa que preencha essa sensação de vazio.

Você não quer isso para sua filha. Nem agora, quando ela tem seis anos, e certamente nem quando tiver dezesseis. Mas esse pode ser o futuro dela, a menos que você mostre por que ela é importante, de onde vem seu real valor e por que ela precisa dos outros. Esse pode ser o futuro dela a menos que você ensine a humildade, fundamento direto da verdade. A humildade prepara para uma vida profunda, porque envolve o serviço e a superação de desafios. Proporciona a alegria porque ensina a olhar para fora, não apenas para dentro. Dá a ela a sabedoria para discernir o certo do errado. Sendo o pai, você precisa dar a ela as regras que a impeçam de prejudicar a si mesma e aos outros. As regras que você dá irão direcionar a forma como ela se vê pelo resto de sua vida.

Meninas humildes vivem no mundo real

Toda criança nasce com certo instinto de sobrevivência que faz com que ela seja territorial. "Meu" é uma das palavras mais bonitas, porém mais frustrantes, que qualquer criança aos dois anos de idade repete sem parar. À medida que sua filha avança os anos da infância, para o ensino fundamental e ensino médio, provavelmente passará por algumas épocas em que é mais egoísta e territorial do que em outras. É claro que algumas meninas são menos egocêntricas, menos interessadas em buscar as próprias coisas. Algumas entram no jardim de infância com muita má vontade em dividir, querendo o que as outras crianças têm e arrancando as coisas das mãos delas. Tal comportamento é uma frustração enorme aos pais, especialmente se eles mesmos são pessoas generosas. Mas, quando nossas meninas são jovens, nós esperamos algum comportamento egoísta porque é parte do seu desenvolvimento.

Meninas que querem tudo do seu jeito, que sempre querem mandar no parquinho, são crianças difíceis de se conviver. Elas afastam as outras crianças. O egoísmo é um mau hábito, mas removê-lo das meninas (ou de qualquer pessoa) é uma tarefa dura. Demanda tempo, disciplina e luta contra uma cultura que promove o egoísmo como virtude. Nossas filhas são bombardeadas por propagandas que apelam à vaidade e ao ego. Elas assistem (e admiram) *pop stars* famosos pelo próprio egocentrismo como se fosse normal. Vão à escola e conversam com os amigos sobre o mais novo iPhone, modelo de bolsa ou corte de cabelo da moda. E todas as noites vão para a cama pensando em como fazem falta essas coisas que tornarão suas vidas mais felizes. A grande ironia é que, quanto mais as crianças têm, mais elas querem.

De longe, a lição mais destrutiva da cultura *pop* que perpassa a mente de nossas meninas é que elas merecem mais. Elas têm direito às coisas, e sua responsabilidade como pai é providenciar essas coisas. É isso que bons pais do século XXI fazem — ela pensa.

Recentemente, fui assistir a um jogo de futebol e ouvi um pai falando de sua filha, que iria para a faculdade em breve. Ela tinha dado trabalho aos pais nos últimos dois anos. Aos dezesseis, disse que namorava um homem de vinte que estava "procurando emprego". "Esse foi o meu primeiro erro", disse seu pai, "deixar o relacionamento continuar".

Conforme o ano ia passando, ela começou a aumentar a fatura de celular até chegar a 300 dólares. Seus pais tomaram o telefone celular, e ela ficou furiosa. Então, ela se envolveu em dois acidentes de carro, o que fez seu seguro de vida atingir valores altíssimos. De forma muito apropriada, eles a fizeram pagar pelo aumento do seguro. Esse pai estava extremamente frustrado porque, cada vez que ela se metia em problemas e ele e sua esposa ofereciam ajuda, não parecia mudar em nada a atitude de sua filha. Agora ela estava irritada porque eles se recusavam a deixá-la levar o carro para a faculdade e obrigavam-na a pagar parte da mensalidade. "Mas eu acho que o que mais me incomoda", dizia, "é que ela acredita que é nosso dever dar essas coisas e pagar a faculdade. Ela chegou mesmo a dizer que devemos a faculdade a ela, que somos os pais e é nosso dever pagar a faculdade, o celular e o carro. Ela acredita mesmo que esses são seus direitos".

Pude sentir sua frustração. Sua filha não era apenas uma adolescente passando por uma fase. Ela tinha uma postura ruim que precisava mudar, ou iria permanecer para sempre. Tinha bons pais, que agora se viam como péssimos pais. Eles agora questionavam tudo o que tinham feito ao longo de dezoito anos e se perguntavam como conseguiram gerar uma jovem adulta tão egoísta. "Ela é uma boa menina", dizia o pai, balançando a cabeça. "Ela é gentil, inteligente e muito carinhosa, mas às vezes odeio estar com ela, porque ela não aprecia nada do que fazemos".

A maioria dos jovens de dezoito anos não aprecia os sacrifícios e o trabalho duro de seus pais, isso é normal. O que não é normal é a crença dessa menina de que ela merece o que tem e tem o direito de manter essas coisas. Muitos pais ao vê-la pensariam: "Mas que fedelha mimada!". Tenho certeza de que é isso que os pais dela pensam. Mas na verdade ela tem uma crença muito corrosiva e difundida entre jovens adultos, e que a maioria das crianças americanas provavelmente tem. A única diferença é que ela manifesta isso verbalmente. Seu problema é falta de humildade.

É simples: ela não leva em conta as necessidades dos outros. Desde que nasceu, seu instinto dizia para pegar o que precisasse, agarrar-se a isso e conseguir cada vez mais. Tais desejos moviam seu comportamento, e tudo ao seu redor alimentava esse impulso: as lojas, oferecendo novidades frescas; as escolas, que não lhe proporcionavam bons padrões de comportamento; e seus pais, desesperados em ser bons, dando a ela tudo o que achavam que ela queria ou precisava.

Não há nada de errado em dar às nossas filhas oportunidades para descobrirem seus talentos, proporcionar a elas uma educação, ou dar-lhes os bens materiais de que precisam. Nós damos essas coisas porque amamos nossas filhas. O problema é quando, ano após ano, nosso foco é todo em suas necessidades e desejos, e em como satisfazê-los, de tal forma que isso se torna também a prioridade delas. Assim, nossas filhas se tornam o centro de nossas vidas e das delas. Essa concentração intensa em si mesma faz a menina mimada e infeliz.

A humildade é difícil e demanda uma vida inteira de aprendizado, por isso, ânimo. Lembre-se de que, se você não ensiná-la, ela sofrerá mais do que qualquer outra pessoa. Você precisa definir, o quanto antes, quais são as prioridades da sua família. Você quer que o centro de sua vida familiar sejam as crianças? Ou deveria ser você, sua esposa, ou Deus? Se você não estabelecer as prioridades de sua família de forma clara, sua filha e seus outros filhos o farão, e eles conseguem dizer o que é com todas as letras.

Pelo que observo em meu consultório, a evidência é esmagadora: as meninas com emocional estável, intelectualmente e moralmente sadias, são as meninas humildes, que entendem que precisam se adaptar à família e que a família não gira em torno delas.

O que muitos pais não percebem é que ceder ao egoísmo da filha coloca muita pressão sobre ela. Quando ela é o foco, quando ela tem o poder de manipular os horários da família, férias, finanças, quando tem de decidir entre as inúmeras possibilidades que podem torná-la mais feliz, ela se torna não apenas egoísta, mas neurótica. Na realidade, sua filha não quer tanto poder. Ela é uma criança. Você é o pai, você deve decidir, você deve estabelecer as prioridades. Quando você traz o realismo à vida dela, na verdade traz o conforto, pois põe limites. Quando você a ensina a pensar nas outras pessoas, colocar-se no lugar delas, saber que todos são importantes (amigos, vizinhos, irmãos), você leva o dom da amizade à vida dela e faz com que ela viva uma vida plena de carinho e relacionamentos.

Se você ensinar sua filha a ser boa, ao invés de apenas feliz, ela será as duas coisas. Ensinar a sua filha a ser humilde é algo maravilhoso, e ela só pode aprender com o exemplo.

CAPÍTULO 5

Proteja sua filha
(se necessário, use armas)

Imagine que você está caçando com alguns amigos. Seu grupo adentra a floresta e deixa os equipamentos em uma cabana. A cabana dista dois quilômetros e meio de uma estrada com duas vias, e uma neve matutina acaba de cobrir as árvores e o chão da floresta. Vocês comem um guisado, tomam umas cervejas, fazem uma fogueira, descansam e conversam um pouco. Então você decide deitar-se para poder pegar os cervos mais cedo, enquanto eles caminharem sobre a neve fresca.

Quando vai para a cama, percebe algumas revistas no chão. Você está relaxado, mas não o suficiente para dormir, então pega um punhado. A primeira é a *Outdoor Life*. Você já leu essa edição, então a deixa de lado. A outra é uma *Playboy*, de páginas amassadas pelo manuseio frequente. Seu amigo está tomando banho, então você começa a virar as páginas. No começo, vê fotos excitantes de mulheres lindas com seios do tamanho de Nova York. Você para e olha fixamente, por um momento, depois vira as páginas de novo. Está apreciando as fotos, mas elas não ajudam a pegar no sono. Finalmente, você está no centro da revista e sua curiosidade é despertada. Você desdobra as páginas em um pôster. O corpo da mulher é incrível.

E então você vê o rosto dela. Ah! É sua filha! Você fica tão atordoado que não consegue fechar a revista. Quer vomitar, mas não consegue, porque está tremendo de raiva, nojo, dor e um arrependimento avassalador. Seu amigo está se secando após o banho, e antes dele ir ver a revista (que você percebe que ele já viu mil vezes), você vai sorrateiramente para a sala de estar e a joga no fogo. Dá um sumiço nela. Agora quer encontrar todas as revistas do país para queimá-las. Mas você não pode.

Essa é uma situação que não desejo para nenhum pai, mas é importante imaginá-la porque ela ajuda a perceber que você precisa de códigos morais claramente definidos em relação ao sexo. Tratando-se de sua filha, seus padrões devem ser claros.

Também é importante porque é impossível exagerar a força e a sedução da cultura em que sua filha vive. A luta mais agressiva contra a saúde emocional e física de sua filha é voltada contra sua sexualidade. Nessa luta, ela espera que você a defenda. E os pais precisam saber que o conteúdo sexual que suas filhas veem e ouvem hoje é muito mais difundido, poderoso e gráfico na cultura *pop* do que era há trinta anos.

Por mais desconfortável que você possa estar ao pensar (e falar) sobre sexo com sua filha, você precisa fazê-lo. Ela precisa saber os códigos morais que você tem para ela.

Muitos pais não conversam com suas filhas porque se sentem culpados. Ouço com frequência: "como posso dizer a minha filha para não ser sexualmente ativa no colegial quando eu mesmo era sexualmente ativo no colegial?"

Entenda: o que quer que você tenha feito lá atrás não te desqualifica como um bom pai agora. Sua filha está em perigo, você precisa protegê-la. E, sinceramente, ela não quer saber da sua vida sexual.

É difícil, mas você precisa fazer isso. Todos os dias ela recebe a mensagem errada em alto e bom som. Você precisa falar mais alto e mais claro, e sua voz é a única voz que ela realmente quer ouvir.

Uma boa notícia: suas conversas com ela não precisam ser descrições detalhadas de doenças sexualmente transmissíveis, de como usar anticoncepcionais ou quais os tipos de camisinha colorida.

O que ela quer saber de você é *quais são as regras*. Quando é apropriado ter relações sexuais, e por quê? É isso. Se você só conseguir transmitir isso para ela, basta. Você não precisa ser especialista em nada, especialmente pílulas, preservativos ou os hábitos sexuais dos adolescentes. Apenas seja o pai dela. Proteja a sexualidade dela, ainda em desenvolvimento, e defenda o direito dela ao pudor. Reforce que o sexo não é apenas uma função do corpo, que ele está fortemente ligado aos sentimentos, pensamentos e ao caráter. Diga a ela que muito do que ela ouve e vê sobre o sexo está simplesmente errado, e seja direto, amável e respeitoso.

Tenha um plano de defesa

Os pais são a influência mais importante nas decisões de seus filhos adolescentes sobre o sexo.[1] A pesquisa que nos revela isso não especifica que "apenas bons pais, gentis e que têm excelente comunicação". Ela diz apenas *pais*. Qualquer pai ou mãe.

Mas o pai, em particular, tem um tremendo impacto sobre suas filhas. Ela compara todos os outros meninos e homens com você. Você é o responsável por ensiná-la o que esperar e que tipo de comportamento exigir de seus amigos homens.

Como dar conta dessa enorme tarefa? Pense nela, muito seriamente, como uma menina crescendo e se tornando uma mulher, com sua sexualidade. Quando ela tiver três anos de idade, pense no que você deseja para ela aos vinte. Você deve fazer isso, porque, mesmo quando ela tem três anos, você passa mensagens a respeito do corpo dela, seja ele bonitinho ou gorducho. E todas essas mensagens importam.

Sua filha precisa dos seus abraços com frequência. Se você for gentil, respeitoso e amável, é isso que ela vai esperar dos meninos. E ela precisa saber, o tempo todo, que você a ama.

A partir dos onze anos de idade, todas as meninas se sentem gordas. Elas se sentem feias, rechonchudas, espinhentas e pouco atraentes. Observe como fica sua jovem adolescente. A maioria das meninas altas fica encurvada. Se são baixas, usam sapatos de plataforma. É quase

---

[1] *With One Voice: America's Adults and Teens Sound Off about Teen Pregnancy—A National Survey* (Washington, D.C.: Campanha nacional de prevenção à gravidez na adolescência, abril, 2001).

inevitável que as meninas não tenham confiança na própria aparência. Então vá lá e dê um abraço nela. O efeito pode ser mais profundo do que você imagina.

Poucos pais percebem a importância do abraço para suas filhas, mas já ouvi muitas meninas dizerem que fizeram sexo com um menino (nem mesmo um namorado) simplesmente pelo contato físico, porque seus pais não as abraçavam ou demonstravam carinho. O corpo dela anseia pelo seu abraço, e a necessidade é especialmente difícil na adolescência. Os pais com frequência acham que suas filhas adolescentes querem ficar sós, que não querem abraços. Isso não é verdade, não poderia estar mais errado. Ela precisa ainda mais do seu carinho durante esses anos do que precisava aos cinco anos de idade. Sei que a cultura popular diz que os adolescentes "precisam de espaço", que são complicados e podem deixar você confuso, que pode ser mais seguro não fazer nada do que simplesmente fazer algo errado, mas tudo isso não se comprova. Sua adolescente precisa de você. É muito mais perigoso não participar da vida de sua filha e não fazer nada do que ser parte da vida dela, e você sabe exatamente o que fazer. Seja apenas o pai dela: seja confiante, cuide dela e lhe dê apoio. E não deixe de abraçá-la.

Mostre a ela que você está olhando. Faça-a saber que é bonita. Ensine que o pudor e a modéstia são demonstrações de respeito por si mesma, por você e pelo que ela espera dos meninos; e que ela não deve seguir as modas e ostentar sexualidade só porque os outros o fazem.

Talvez seja uma luta árdua. Os comerciais provocantes de xampu podem não parecer nada demais para você, mas lembre-se de que sua filha de sete anos está aprendendo que ser *sexy* é muito importante. As mensagens chegam a ela de forma rápida e violenta. À medida que sua consciência desperta, cresce também o poder de destruir sua sexualidade inocente que essas mensagens têm. Quando ela for adolescente você será tentado, como a maioria dos pais, a apenas dar de ombros e olhar para o outro lado.

Mas você não pode fazer isso. Sua filha merece algo melhor do que uma vida promíscua, uma vida de modelo em revista pornô, exatamente o tipo de vida para a qual a mídia a prepara. Você deve intervir.

Você talvez ache difícil de acreditar que esse processo devastador afeta a mocinha bonita que sai correndo da cadeira para te abraçar quando você chega do trabalho, ou sua menina de nove anos que é uma pianista em ascensão, ou sua adolescente com boas chances de conseguir bolsa de estudos em Yale. Você talvez não enxergue, mas está acontecendo.

A indústria da moda age como se a inocência terminasse aos sete anos de idade. Bem antes de chegar à adolescência, sua filha está assistindo filmes não recomendados para menores de 13 e 17 anos — se não em sua casa, na casa de um amigo. Aos nove ou dez, ela vai ouvir falar de sexo oral e irá aprender como o HIV e outras DSTs se espalham. Suas amigas irão compartilhar revistas adolescentes. Ela verá os catálogos da *Cosmo* e da *Victoria's Secret*, cheios de mulheres posando, sedutoras, em roupa íntima. Aos onze ou doze anos, a educação sexual aparece na escola e ela ouvirá as palavras "preservativo", "abuso sexual", "heterossexual", "homossexual", "bissexual", "masturbação" etc. Mas o mais relevante será o tempo que ela passa na televisão, ouvindo música e navegando na internet. Esse tempo vai aumentar, junto com a exposição a conteúdo sexual.

"Então, qual é o problema?", você pergunta. A maioria dos pais quer desesperadamente acreditar que essas influências não vão prejudicar seus filhos. Como pediatra, posso garantir que eles estão errados.

Na minha rotina sempre escuto meninas adolescentes dizendo que acham que têm que fazer sexo para serem aceitas, serem legais, bem-vistas e sofisticadas. Elas não acham isso porque são adolescentes, e sim porque lhes foi dito e repetido à exaustão por revistas, filmes, música e programas de TV, desde que elas eram pequenas.

Vejo isso o tempo todo nas meninas. Em sua primeira experiência sexual (não necessariamente sexo), elas vão curiosas e normalmente terminam desapontadas. Essa decepção faz com que sintam que há algo de errado com elas, pois todas as outras meninas dizem que é ótimo. Por isso, elas seguem tentando, de novo e de novo. Em muito pouco tempo, ficam anestesiadas emocionalmente. Seu instinto diz que houve um contato íntimo com outra pessoa, mas sua mente diz que não houve qualquer amor, compromisso ou envolvimento emocional. E ficam confusas com o amor, porque o sexo chegou antes.

O sexo separado do amor cria um vazio profundo e uma confusão a respeito de como amar. Atos sexuais repetidos como coisa mecânica fazem com que o amor e o sexo não se encaixem mais. O resultado disso é que a satisfação sexual torna-se impossível e as meninas ficam saturadas.

A boa notícia é que, quando você ensinar à sua filha que o sexo tem uma ligação intrínseca com todos os aspectos humanos, ela vai acreditar em você, pois a intuição dela diz que isso faz sentido. Quando você ensinar que a modéstia é uma forma importante de proteger e honrar sua integridade ela também vai entender, porque as crianças têm um senso inato de modéstia. Você precisa proteger sua filha e combater uma cultura que mente sobre sexo e nega o direito à modéstia.

Você pode evitar brigas diárias por causa de roupas, revistas de moda, música ou televisão impondo algumas regras básicas. Se a cultura quer que ela cresça muito rápido, diminua a velocidade. Quando o assunto for roupas, deixe que ela escolha dentro de algumas diretrizes definidas por você. Se precisar de algumas regras, adote estas, bem sensatas, da escola da minha filha: blusa até o pescoço e saia até o joelho. Deixe claro que o objetivo dessas diretrizes não é que ela se envergonhe do corpo, mas que tenha respeito por ele.

Será que ela deve ler a *Cosmo* ou passear pelo catálogo da *Victoria's Secret* aos oito anos de idade? Não. Jogue no lixo. Se a mãe dela assina, ela deve mantê-las fora de vista. Sua filha deve dormir na casa em que pais "legais" deixam crianças assistir a filmes não recomendados para menores de treze ou dezessete anos? Não. Deixe que os outros pais (e sua filha) conheçam suas regras de conduta. E faça com que sua filha ligue para casa se tais regras forem violadas. Ela vai ficar envergonhada, mas vai superar. Defenda o direito de sua filha de ser uma criança.

Defendê-la em uma cultura tóxica é um desafio quando ela tem oito, nove ou dez anos. Mas os desafios podem crescer com o passar do tempo. Perceba que eu disse "podem". E o afirmo pois descobri que as meninas cujos pais são razoáveis, firmes em suas diretrizes sem autoritarismos, entendem cedo que seus pais estão do seu lado e percebem o que está acontecendo no mundo. Isso diminui as brigas por filmes, roupas e tudo o mais.

Quando a batalha esquenta, no entanto, você precisa pegar no tranco. Não seja mau, histérico ou agressivo. A bondade e a firmeza em suas crenças funcionam melhor. Quando sua menina de dezesseis anos aparece na cozinha com um biquíni que mal cobre seus seios e área íntima, sorria e diga a ela que a cor é linda, mas o material é muito pouco para esse lindo corpo. Diga a ela que precisa encontrar um traje mais modesto que não faça as outras meninas sentirem inveja. Quando ela tiver vinte e cinco, vai te agradecer.

Guardar a sexualidade de sua filha é difícil. Não é nada menos do que uma guerra. Mas ensiná-la que o pudor e a modéstia são forças, e não um apego puritano, compensará em muito o esforço.

Proteja sua filha da vida sexual ativa

De acordo com o Instituto Médio de Saúde Sexual, na década de 1960 os médicos lutavam basicamente contra duas doenças sexualmente transmissíveis: sífilis e gonorreia. Eu estava no ensino fundamental. Na década de 1970, durante a faculdade, a clamídia se difundiu. Mas ninguém prestava muita atenção, porque a revolução sexual estava ganhando espaço e a última coisa de que os estudantes universitários queriam ouvir falar era clamídia. No início dos anos 80, quando eu cursava medicina, apareceu o HIV, embora não tenha tido grandes repercussões a princípio.[2] Então a herpes tipo 2 (herpes genital) aumentou muito nos Estados Unidos.[3] De novo, você não ouviu essa notícia na televisão ou no rádio. Como estudante de medicina, lembro de ter aprendido que o câncer de colo de útero era causado provavelmente por uma infecção sexualmente transmissível. Os médicos tinham levantado a hipótese por notarem que as freiras não contraíam a doença. Nos anos 90, conseguimos a prova disso quando pesquisadores descobri-

---

2   "Sex on TV 4: Executive Summary 2005", pesquisa realizada pela fundação Henry J.
3   D. T. Fleming et al., "Herpes Simplex Virus Type 2 in the United States, 1976 to 1994", *New England Journal of Medicine* 337 (1997): 1105-60.

ram que o câncer de colo de útero era causado quase exclusivamente pelo papilomavírus humano, um vírus transmissível sexualmente.[4] A pornografia, ao incentivar comportamentos sexuais anteriormente desaprovados, ajudou a espalhar a doença. Um estudo mostrou que, com o aumento da popularidade do sexo oral entre adolescentes, a herpes tipo 1 (feridas na boca) agora causa mais infecções genitais do que a herpes tipo 2.[5]

Nos últimos quarenta anos, os médicos passaram de duas DSTs para o tratamento de mais de vinte e cinco tipos diferentes. O verdadeiro número depende da maneira que você conta. Por exemplo, você conta o HIV como uma ou duas doenças, já que existem duas cepas de HIV? E o HPV tem de oitenta a cem cepas. Felizmente, apenas doze causam infecções genitais que podem levar ao câncer. Então, o HPV conta como uma ou doze infecções? A resposta mais simples é que, seja qual for a conta que você faça, nossos filhos estão enfrentando uma epidemia de DSTs.

Dos quinze a dezoito milhões de novos casos de DST que ocorrem anualmente, dois terços acontecem entre menores de vinte e cinco anos.[6] Não acho isso nada bom, e, como pai, você também não deveria achar.

Não pense que, por sua filha estar em uma escola privada, ou uma escola religiosa, ou uma escola pública em uma cidade pequena e tranquila, ela está a salvo dessas coisas. Não está. O problema com as doenças é que elas não discriminam. Essas infecções atravessam todas as barreiras socioeconômicas, raciais e religiosas. Talvez não fosse assim há uma década, mas os tempos mudaram.

Sou pediatra e vi o desenvolvimento desta epidemia, ainda que eu, como a maioria dos meus colegas, não a tenha reconhecido de imediato. Como muitas mães e pais da minha geração, cresci vendo

---

[4] J. M. Walboomers et al., "Human Papillomavirus Is a Necessary Cause of Invasive Cervical Cancer Worldwide", *Journal of Pathology* 189 (1999): 12-19.

[5] C. M. Roberts, J. R. Pfister, S. J. Spear, "Increasing Proportion of Herpes Simplex Type 1 as a Cause of Genital Herpes Infection in College Students", *Sexually Transmitted Diseases* 2003 (10): 801-02.

[6] Thomas R. Eng, William T. Butler, (org.), Comitê de prevenção e controle de doenças sexualmente transmissíveis, Instituto de Medicina, *The Hidden Epidemic: Confronting Sexually Transmitted* Disease. Washington, D.C.: National Academy Press, 1997.

a televisão, a política e a comunicação de massa mudarem com a internet, e mudanças no marketing que implementaram apelo sexual para vender coisas para adolescentes. Algumas dessas mudanças me incomodaram, mas minha geração cresceu ignorando as reclamações dos pais (incluindo dos nossos) a respeito da terrível influência da televisão, da música *pop*, dos jovens radicais e sem respeito algum e da falência dos padrões morais. Por isso, quando tudo aconteceu, eu honestamente não prestei muita atenção. A mudança é parte da vida.

Enquanto jovem estagiária e residente, trabalhei com adolescentes e seus bebês. Adorava. Por ter estudado em Mt. Holyoke, uma faculdade só para mulheres, eu era apaixonada pela defesa de questões de saúde para meninas. A melhor maneira de ajudá-las, aprendi, era mantê-las na escola e enchê-las de controle de natalidade: doses de Depo-Provera, contraceptivos orais ou encaminhá-las a um ginecologista obstetra que pudesse inserir Norplant subcutânea. Prevenir a gravidez é, do ponto de vista médico, muito simples, mas tive *burnout* trabalhando com crianças que engravidavam assim mesmo. Por isso decidi tirar uma folga.

Enquanto isso, meu marido e eu começamos a educar nossas três filhas. À medida em que cresciam, elas queriam ir ao shopping e comprar roupas. O pai nunca as levou, mas eu levei, e quando se tornaram jovens adolescentes, queriam comprar seus jeans na Abercrombie & Fitch, porque era o que suas amigas faziam. Logo que entramos na loja fomos confrontadas por um cartaz enorme de um jovem lindo e aparentemente nu de vinte e poucos anos. Logo percebi que tamanho marketing sexualizado, dirigido a adolescentes, estava em toda parte.

Dei de ombros até que percebi as mudanças na minha rotina de médica. As crianças estavam iniciando sua vida sexual cada vez mais cedo. Nos anos 90, tive pacientes de doze e treze anos sexualmente ativas. Depois vi um influxo de herpes genital, e comecei a ver algumas consequências horríveis.

Uma jovem mãe deu à luz seu bebê sem saber que tinha herpes pois nunca tinha visto uma ferida. Pouco tempo depois do nascimento, o bebê, até então saudável, começou a ter convulsões terríveis. Ficava azul, tremia em todos os membros e sua respiração ficava tão irregular que parecia que estava morrendo. Uma ressonância magnética mostrou que o tecido cerebral do bebê foi perfurado por buracos. Esse bebê estava sofrendo as consequências da herpes, e eis o motivo: não só a mãe nunca soube que tinha uma infecção, mas seu marido tinha contraído herpes muitos anos antes, de uma namorada, e tinha tentado manter a esposa "segura" sem contar a ela.

As histórias são muitas. Tive uma linda menina de treze anos com câncer cervical avançado. Pouco antes do seu décimo quarto aniversário, o ginecologista removeu a maior parte do colo uterino para interromper o avanço do câncer. Se aquela pobre menina engravidar agora, será uma gestação de alto risco porque seu útero pode ter dificuldade em manter um bebê dentro dele.

Também vi crescer a pressão pelo início da vida sexual entre as crianças. Todas as crianças. Os pais às vezes acham difícil perceber como as coisas mudaram, mas elas mudaram dramaticamente. Nos anos 70, a maioria dos adolescentes não era sexualmente ativa, hoje em dia, a maioria é.

Mesmo que tenhamos as estatísticas, ainda assim podemos não enxergar o que elas significam. A situação não está sob controle. A epidemia de DSTs põe a vida de sua filha em risco. E a pressão que ela enfrenta para adotar comportamentos de risco pode ser esmagadora. Se a sua adolescente não é socialmente ativa, é provável que seja tratada como um pária social, uma *nerd* deselegante e anormal. Você precisa contrabalancear essa pressão dos colegas. Se você não ensinar sua filha por que ela deve adiar o início da vida sexual, ela não vai adiá-la. E você precisará ensiná-la a viver à altura dessa conduta. É assim que funciona. Os amigos dela estão fazendo sexo e mesmo os caras mais legais com quem ela namore terão essa expectativa, e muito pouco tempo após o começo do namoro.

Na minha experiência médica, também observei outra tendência. O começo precoce da vida sexual não só implicou no aumento de casos de DSTs, mas também resultou que muitas das minhas jovens pacientes já tinham passado por vários parceiros sexuais com pouca idade. E percebi outra coisa: um aumento crescente no número de meninas com depressão. Assim como meus colegas, não fui treinada para tratar depressão enquanto estava estudando medicina. Deixamos isso para os psiquiatras. Não tínhamos antidepressivos, ou mesmo o conhecimento das causas da depressão, como temos hoje em dia.

Mas eu tinha crianças de nove anos trazidas pelos pais que sabiam que algo terrível estava acontecendo com suas filhas. Com o tempo, percebi uma correlação óbvia entre minhas pacientes: se eram sexualmente ativas, corriam alto risco de depressão. Tanto que cheguei a considerar a depressão uma doença sexualmente transmissível. Os estudos não haviam confirmado o que eu estava vendo pois eles não estavam sendo feitos (embora fossem, mais tarde, como veremos a seguir). Ninguém estava atento a nossas crianças.

Todos os dias, ao sair do meu consultório, ficava impressionada com tamanha alienação social e cultural. No consultório, via meninas cada vez mais jovens assoladas por depressão e doenças sexualmente transmissíveis. E no shopping, nas revistas e na televisão, via que a cultura *pop* não parecia se importar. Lindas jovenzinhas eram atraídas para a vida sexual por brilhantes ações de marketing. O sexo vendia roupas, xampu, CDs e lápis, e o sexo era vendido em um conteúdo midiático glamoroso. Mas fora desse mundo de faz-de-conta eu via o sexo dar a essas meninas uma doença atrás da outra. Via meninas entrando em depressão, meninas querendo cometer suicídio.

E todos estavam em silêncio. Nós, médicos, estávamos em silêncio. Os pastores não pregavam sobre o sexo. Padres não tratavam de sexo em suas homilias. Os pais não queriam abordar o assunto. Nós não protegemos os nossos filhos. Para nós era certo que eles assistiam filmes proibidos para menores com sexo transbordando da tela. Deixamos aos professores que dissessem a nossos filhos para usarem camisinha, como se isso fosse a resposta para prevenir depressão ou mesmo o número crescente de DSTs (e não funcionou em nenhum dos casos).

Finalmente, comecei a conversar com meus colegas médicos: "você está contando para as meninas os riscos do HPV? Ou que a clamídia pode causar infertilidade? Ou o que a herpes pode causar aos bebês?"

Não, eles não estavam. Não por serem maus médicos, mas por dois motivos: primeiro, porque não tinham tempo para entrar em longas discussões. Os planos de saúde pressionam os médicos para que atendam muitos pacientes por dia. Em segundo lugar, muitos médicos simplesmente acreditam que falar com crianças não adianta. Toda hora eu escuto: "os adolescentes hoje são sexualmente ativos. Olhe ao seu redor, não há nada que possamos fazer a respeito".

Muitos deles simplesmente dão mais doses de Depo, distribuem pacotes de anticoncepcionais ou pedem que as meninas insistam para os namorados usarem camisinha. Entendo perfeitamente por que meus colegas fazem isso. Eles se sentem sobrecarregados, e eu também. Mas a verdade é que muitos de nós (médicos, professores, enfermeiros) não temos feito nosso trabalho. Temos nos contentado com o controle de danos ao invés de nos esforçarmos por colocar as crianças de volta no caminho certo. Camisinha é controle de danos. Para mim, isso já não era mais o bastante.

Então estudei os dados médicos. Refleti muito a respeito de meus pacientes. Consultei outros colegas médicos. Há uma solução para o problema das meninas que iniciam a vida sexual cedo e têm muitos parceiros. A resposta é: você.

Os pais são capazes de garantir que suas filhas cresçam com ideias saudáveis a respeito de sexualidade. Você pode orientar sua filha a tomar decisões inteligentes sobre o sexo. Você sabe que sua filha adolescente não deveria tomar anticoncepcionais, usar preservativos e tratar DSTs. Ela merece algo melhor do que isso. Se você, pai, visse o que vejo todas as semanas em meu consultório médico, saberia o que fazer. E teria sucesso.

Você precisa conhecer alguns dados, porque sua filha precisa de ajuda. Dê uma olhada no que as pesquisas médicas dizem de sua filha e das amigas dela.

- Se os níveis atuais de atividade sexual na adolescência continuarem, até 2025 cerca de 39% dos homens e 49% das mulheres terão herpes genital.[7]
- 3 a 4 milhões de adolescentes nos Estados Unidos contraem uma nova DST todos os anos. O que é o mesmo que dizer 10 mil adolescentes por dia.[8]
- No país, as taxas de gonorreia são mais altas entre meninas de quinze a dezoito anos.[9]
- As DSTs representam 87% de todos os casos dentre as dez doenças mais registradas nos Estados Unidos em 1995.[10]
- Quase um quarto dos adolescentes sexualmente ativos está com alguma DST neste momento.[11]
- Embora os adolescentes representem apenas 10% da população, eles contraem 25% das DSTs.[12]
- O HPV é causa de 95% a 99% de todos os casos de câncer do colo de útero.[13]
- Algumas cepas do HPV estão relacionadas a câncer na cabeça e no pescoço.[14]
- 45% dos adolescentes e jovens adultos afro-americanos contraem herpes genital.[15]

Como pai, talvez você fique chocado com essas estatísticas. Ótimo, precisamos reconhecer que estamos diante de um problema muito sério.

---

7   D. N. Fisman, M. Lipsich, E. W. Hook, III, S. J. Goldie, "Projection of the Future Dimensions and Costs of the Genital Herpes Simplex Type 2 Epidemic in the United States", *Sexually Transmitted Diseases*, outubro, 2002, 29 (10): 608-22.

8   Centro Nacional de Prevenção do HIV, STD, e TB, Centros para a Prevenção e Controle de Doenças, Departamento Nacional de Saúde e Recursos Humanos, "Tracking the Hidden Epidemics".

9   Ibid.

10 Eng e Butler, *The Hidden Epidemic*.

11 Centro Nacional de Prevenção do HIV, STD, e TB, "Tracking the Hidden Epidemics".

12 Ibid.

13 Walboomers, et al., "Human Papillomavirus Is a Necessary Cause of Invasive Cervical Cancer Worldwide".

14 J. Mork, et al., "Human Papillomavirus Infection as a Risk Factor for Squamous Cell Carcinoma of the Head and Neck", *New England Journal of Medicine* 15 (2001): 1125-31.

15 Fleming et al., "Herpes Simplex Virus Type 2 in the United States".

O pai de Angela ficou chocado. Tempos depois ele disse que, se soubesse o quão infeliz ela estava, talvez pudesse tê-la ajudado antes de sua depressão estar fora de controle. Quando Angela tinha dezesseis anos, namorava um rapaz que ela pensava ser o definitivo. Tack era mais velho que Angela, estava concluindo ensino médio e se preparando para a faculdade. Como já namoravam há um mês, Ângela sentiu que era a hora de dar a Tack o que ele queria (segundo muitas adolescentes, um mês é um tempo considerável de namoro; significa que o relacionamento é sério). Ela estava um pouco indecisa, pois era virgem. Havia escutado o quão decepcionante foram as experiências sexuais de suas amigas e realmente queria esperar. Porém, ela disse, não queria perder o cara com quem pensava que poderia se casar (pais, este é exatamente o tipo de pensamento comum entre adolescentes que vocês precisam corrigir).

Foram ao cinema, e depois jantar. No caminho para casa, Angela informou Tack a respeito de sua decisão, e ele ficou animado. Mas, antes que ele ficasse excitado demais, ela disse que havia limites. Ela queria sexo, mas continuando virgem. E queria estar a salvo de doenças, dizia, então eles só poderiam fazer sexo oral. Para Tack estava tudo bem ("pelo menos, por enquanto", ele disse). E então eles fizeram; no banco de trás do carro, experimentaram sexo oral.

Em poucos dias, Tack contou aos amigos. E, como os meninos e meninas costumam fazer, eles conversaram com os outros e logo a maioria dos amigos de Angela sabiam o que ela tinha feito. Ela me disse que eles ficaram espantados, pois todos em sua turma achavam que ela nunca cederia a essa pressão para o sexo. Era muito comprometida com seus princípios.

Quatro semanas depois, Angela irrompeu em feridas na região genital. Sentia dores terríveis ao urinar e até dificuldade para sentar-se. Teve um caso horrível de herpes genital, e não por causa da herpes tipo 2, mas tipo 1 (herpes oral). A dor intensa durou cerca de quatro dias e ela precisava de remédios para manter o controle. Mas o mais doloroso foi o que Tack fez. Não apenas contou aos amigos que ela havia contraído herpes, mas a chamou de "Senhora Herpes", e ela logo se tornou a menina que nenhum rapaz queria. Foi humilhada e ficou muito deprimida. E veja: passou por isso sentindo que ainda era virgem.

Seis meses depois, Angela engoliu dois potes de Tylenol no banheiro de sua casa. Ela não aguentava mais, a vida não valia a pena. Então ela desistiu e decidiu morrer.

Seus pais ficaram desesperados. Angela tinha amigos, suas notas eram excelentes, e seu futuro, promissor. Eles nunca associaram sua tentativa de suicídio a Tack, pois acreditavam que ele era um jovem bom e correto — nunca teria se aproveitado dela, e jamais teriam feito sexo.

Não dá para apostar a vida da filha nesse tipo de suposição. Muitos pais pagam um preço terrível por apostarem.

Outro dado médico muito importante: quanto menos parceiros sexuais uma menina tem, menor a probabilidade de ela contrair uma DST.[16] E quanto mais tempo ela esperar para iniciar sua vida sexual, maior a probabilidade de ela ter menos parceiros.[17]

Por isso, pai, você deve ajudá-la; ensine-a a esperar. A Dra. Julie Gerberding, chefe dos Centros de Controle e Prevenção de Doenças, é da mesma opinião. Recentemente, ela escreveu uma carta ao Congresso Americano a respeito de prevenção de HPV para jovens. Por quê? Porque as infecções estão fora de controle e as mulheres (particularmente as mais jovens) sofrem as consequências das sequelas. Tive o privilégio de testemunhar na audiência do Congresso e o que a Dra. Gerberding disse, em essência, é o seguinte: o HPV causa câncer cervical nas mulheres e precisamos conter sua propagação. A melhor forma era fazer com que as mulheres reduzissem o número de parceiros sexuais ao menor possível e retardar o início de sua vida sexual ao máximo. Além disso, as mulheres devem evitar contato sexual com pessoas infectadas (o problema, no entanto, é que o HPV não causa sintomas, a menos que seja a cepa que causa verrugas, e esta cepa não causa câncer. Além disso, apenas 1% das infecções por HPV causam verrugas).

---

16 R. Rector, K. Johnson, L. Noyes, S. Martin, "The harmful effects of early sexual activity and multiple sexual partners among women: A book of charts", Washington, DC: The Heritage Foundation, 2003.

17 Ibid.

Porém, você pode se perguntar: e o plano campeão de todas as contenções? A panaceia de todas as panaceias: a camisinha. Por que a Dra. Gerberding não enfatizou novamente a importância dos preservativos para prevenir infecções de HPV? Simples: porque os preservativos não protegem adequadamente contra o HPV, que se dissemina no contato pele a pele. Por mais que nós, da área médica, nas clínicas de saúde e nos programas de educação sexual, imploremos aos jovens que usem camisinha, e elas até sejam distribuídas gratuitamente, a triste verdade é que preservativos não protegerão sua filha de todos os riscos que ela corre na vida sexual, incluindo a depressão.

Quando pais e filhos me perguntam se a camisinha funciona, dou a melhor resposta que tenho. Aprendi de um colega meu que é conhecido como "O Rei da Camisinha". O homem conhece todas as pesquisas já feitas sobre preservativos. A resposta mais verdadeira e precisa de um ponto de vista médico é: depende.

Quão bem o preservativo funciona para evitar gravidez e DSTs depende de muitos fatores. Primeiro, para ser eficaz, precisam ser usados em cada relação sexual e colocados de maneira correta todas as vezes. Estudos indicam que, com frequência, a camisinha não é usada corretamente.[18] Em segundo lugar, depende da doença. Os números do preservativo são melhores com HIV e piores com HPV.[19] As doenças são transmitidas de forma muito diferente. O HIV fica nos fluidos corporais e faz sentido que um pedaço de borracha forneça uma barreira decente o bastante contra fluidos. Mas uma ferida de herpes, ou de sífilis, pode estar sobre a pele não coberta por um preservativo.

Outros fatores são o problema do rompimento e vazamento de preservativos, a maneira como os jovens usam e quando usam. Estudos mostram que, quanto mais relações sexuais um adolescente tem, menor é a probabilidade de ele usar preservativos.[20]

---

18 L. Warner, J. Clay-Warner, J. Boles, J. Williamson, "Assessing Condom Use Practices: Implications for Evaluating Method and User Effectiveness", *Sexually Transmitted Diseases* 25 (1998): 273-77.

19 Instituto Nacional de Alergia e Doenças Infecciosas, Institutos Nacionais de Saúde, Departamento de Saúde e Recursos Humanos. "Workshop: Scientific Evidence on Condom Effectiveness for Sexually Transmitted Disease Prevention", 20 de julho de 2001.

20 L. Ku, F. L. Sonenstein, J. H. Pleck, "The Dynamics of Young Men's Condom Use During and Across Relationships", *Family Planning Perspectives* 26 (1994): 246-51.

Acredito que há duas razões para isso: primeiro, os adolescentes não pensam como os adultos. Eles acreditam mesmo que nada de ruim vai acontecer com eles. Então, pensam que se fizerem sexo algumas vezes e "não pegaram" uma doença, nunca terão nenhuma. E muitas vezes eles não sabem que estão infectados. Entre 70 e 80% das vezes, a pessoa infectada não tem sintomas. Essa porcentagem vale para herpes, clamídia e muitas outras doenças, cujas consequências só aparecem mais tarde. Por isso uma adolescente pode mesmo acreditar que está bem até dar à luz um bebê cujo cérebro foi danificado por herpes.

Em segundo lugar, pude ver pessoalmente que algo dentro dos jovens (tanto os meninos quando as meninas) muda depois de terem vida sexual há algum tempo, com ou vários parceiros. Eles não parecem se importar mais consigo mesmos como antes. Muitos adotam um comportamento "e daí?". Acho que param de usar camisinha porque pensam que não estão em risco, e de qualquer forma não se importam se estão. É o que tenho observado.

O principal para vocês, pais, é que os preservativos, por si só, não são bons o bastante para suas filhas, nem de longe. Por isso, você precisa se mexer e ajudar sua filha de uma forma que seus pais não precisavam fazer com você quando era jovem. A vida hoje é diferente, muito diferente.

Depressão: uma DST

Na minha profissão, passo muito tempo ouvindo e ensinando adolescentes. E trato muitos casos de depressão. Atinge adolescentes, meninos e meninas, e a gravidade varia muito. A relação entre vida sexual na adolescência e depressão é tão forte que há sete anos comecei a dizer que não conseguiria tratar sua depressão a menos que eles *parassem* de ter relações sexuais, pelo menos por um tempo. São tantos adolescentes sexualmente ativos há tanto tempo que eles acham impossível parar por alguns meses. No começo, sempre ficam quietos e dizem que não podem ou não querem. Digo a eles que tentem por uma semana, e então voltem para outra consulta. Normalmente eles concordam. Na consulta seguinte, digo a eles que "o sexo mexe com a nossa cabeça", e ainda não encontrei um adolescente que negasse. Então digo que é impossível tratar de maneira adequada sua depressão a menos que deixem de ter relações sexuais.

Os pesquisadores já sabem há muito tempo que a atividade sexual na adolescência está ligada à depressão, mas a pergunta é: o que veio primeiro, o sexo ou a depressão? Adolescentes deprimidos são mais propensos a adotarem comportamentos de risco, e o sexo é um comportamento de alto risco. No entanto, ano passado foi publicado um excelente estudo sobre adolescentes, sexo e humor. Os pesquisadores descobriram que "envolver-se com sexo e drogas coloca os adolescentes, especialmente as meninas, em risco de depressão". Também concluíram que "a atividade sexual é um fator de estresse para meninas, pois elas têm maior sensibilidade interpessoal, contribuindo para níveis mais altos de estresse interpessoal durante a adolescência".[21] Os resultados foram tão claros que os autores do estudo disseram que as meninas com vida sexual ativa deveriam ser avaliadas sob suspeita de depressão. Os resultados da pesquisa confirmam minha experiência pessoal.

Na verdade, é bom senso. Crianças e adolescentes ficam deprimidos quando experimentam uma perda e não conseguem expressar as emoções de forma saudável. E isso é muito comum na vida sexual. Quando uma menina faz sexo, ela perde sua virgindade e, muitas vezes, perde também o respeito próprio. Seu namorado talvez conte para toda a escola, ou a leve a fazer algo que ela não quer, ou pode mesmo deixá-la traumatizada. Talvez ela seja trocada por outra, ou depreciada por não ser boa no sexo. Você ficaria surpreso se soubesse a quantidade de adolescentes que me disseram não acreditar mais que sexo podia ser agradável. O sexo é vendido a elas como algo surpreendente e maravilhoso. Quase sempre elas se desapontam com a realidade e, em vez de acreditarem que tudo o que a mídia diz está errado, julgam que há algo errado com elas mesmas. Por isso, tentam mudar de parceiro sexual, várias vezes. Mas a intimidade e o romance que elas

---

21 D. Hallfors, et al, "Which Comes First in Adolescence: Sex and Drugs or Depression?" *American Journal of Preventive Medicine* 29 (2005): 3.

naturalmente esperam com o sexo nunca aparece. E o resultado é que elas ficam exaustas e deprimidas, perdem a confiança e a autoestima, e muitas sentem que perderam algo de si que nunca será recuperado.

São meninas que cresceram vendo o sexo casual tratado como a regra nas séries da TV. Meninas que leem revistas sobre ser *sexy* e ter uma ótima vida sexual. Meninas que assistem a videoclipes cujo tema é sexo. Quando elas experimentam o sexo de verdade e ele não corresponde às suas expectativas, elas se sentem muito mal, como se tivessem fracassado como seres humanos. E fomos nós, adultos, que preparamos o terreno para isso.

Há vários meses fui contactada por uma empresa farmacêutica que está trabalhando na nova vacina contra HPV, que será disponibilizada em breve e recomendada para as meninas antes que cheguem à puberdade. Logo após esse contato, fui abordada por um grande noticiário que queria minha opinião a respeito de meninas usando roupas sexualmente sugestivas, adornadas com *slogans* como "Sou *sexy*" ou "Quer provar?"

Consegue imaginar o que aconteceria se as empresas de cigarro vendessem camisetas para adolescentes com *slogans* como "Quer se divertir? Dê um trago!" ou "Cigarro é tudo de bom"? E se eles fizessem isso enquanto uma empresa farmacêutica estivesse preparando o lançamento de uma vacina para prevenir o câncer de pulmão em meninas jovens, uma vacina cujas diretrizes federais indicariam para meninas a partir dos nove anos de idade?

O fato é que a cultura *pop* está vendendo sexo para nossos adolescentes, e o resultado é um aumento vertiginoso nas taxas de doenças sexualmente transmissíveis entre adolescentes e de depressão clínica. E não espere que alguém faça algo a respeito. A única pessoa que pode proteger sua filha da cultura de aliciamento do marketing moderno é você.

A boa notícia é: você é uma proteção muito mais eficaz para sua filha do qualquer preservativo, educador sexual, enfermeira escolar ou médico. Isso é o que as crianças nos dizem todo dia. Elas querem ouvir os pais, querem que seus pais digam o que está certo, o que está errado e o que elas devem fazer. Se você quer que sua filha se guarde do sexo na adolescência, precisa dizer a ela por que e como. Precisa lutar por sua inocência e por sua saúde mental e física. Uma luta que você pode, e deve, vencer.

Você não pode confiar no que eles ensinam para sua filha na escola, como muitos pais fazem. Há muitos anos, na escola e na mídia, temos implorado aos adolescentes que usem camisinha, e tudo isso coincidiu com o rápido aumento nas taxas de DSTs. A evidência está aí: preservativos não são a solução.

A opção é ensinar as crianças a adiarem sua vida sexual para quando forem mais velhas. Alguns educadores julgam isso impossível, mas o movimento de abstinência sexual levado por jovens de todo o país é um sinal de esperança. A popularidade desses programas entre adolescentes indica que eles estão procurando ajuda e incentivo para esperar. Nunca vou esquecer o que ouvi de uma palestrante em uma conferência médica há alguns anos. Ela estava no palco com um grupo de adolescentes falando sobre sexo. Uma menina falava a respeito de ser mãe na adolescência. Outra falou sobre por que havia parado de fazer sexo para ser "virgem de novo". Mas essa jovem, provavelmente de 17 ou 18 anos, disse a um salão cheio de médicos: "Estamos confusos. Ouvimos todo o tipo de coisa de nossos amigos e professores. É difícil entender, sabe? Mas o que realmente me incomoda, e a muitos dos meus amigos, é que queremos ajuda e nem sempre conseguimos. Temos um problema, e sabe qual é? Vocês. Vocês são o problema. Vocês, médicos e demais adultos, acham que não somos capazes de nada, não é? Cansei de ouvir vocês falando de como estamos descontrolados! Entendam isso: não estamos!". E então ela se virou e deixou o palco.

Por mais que tenha perdido a paciência, ela estava certa. Nós falhamos com nossos filhos. Não lhes demos regras. Nos encolhemos ante a epidemia de DST entre os jovens e achamos que não podíamos fazer nada além de distribuir preservativos e imunizar meninas de nove anos contra o HPV. Mas enquanto nós, adultos, desistimos, adivinhe o que está acontecendo com a atividade dos adolescentes em todo o país? Começa a declinar. Vejo isso em meu próprio consultório e entre os amigos dos meus filhos. Eles falam abertamente sobre sexo (não dão detalhes, é claro). Você talvez não saiba que muitos dos amigos de sua filha *não* querem iniciar a vida sexual, alguns provavelmente *não* são sexualmente ativos e muitos outros estão buscando apoio dos pais para *não* começar. Sentem a pressão dos colegas, ficam quietos para evitar e estão desesperados buscando força e ajuda nos pais.

As crianças nos escutam de verdade, e se apegam à instrução de abstinência porque sabem instintivamente que é o certo. Se minha própria experiência clínica é um indicativo, isso explica por que a atividade sexual na adolescência começou a diminuir.

Resumindo

Não quero criticar a educação sexual nas escolas, mas você precisa saber que sua filha provavelmente está recebendo uma mensagem que diz ao mesmo tempo que ela deve abster-se mas, se ela fizer sexo, deve insistir ao namorado que use camisinha.

Uma paciente minha do oitavo ano contou que, durante a aula de educação sexual, seu professor encorajou a turma a abstenção sexual até que fossem mais velhos, pois era perigoso e havia muitas doenças. Mas o professor não explicou *como* evitar o sexo.

Então, para a vergonha dessa menina, o professor pegou uma banana e mostrou à turma como usar um preservativo. Passou a banana com os preservativos para que todos os alunos pudessem praticar.

"O que eu faço?", ela me perguntou. "Devo esperar ou não? Meu namorado meio que quer fazer sexo. Acho que todos querem, porque minha professora disse para todos usarmos camisinha. Estou confusa".

Vejo isso o tempo todo: adolescentes recebendo mensagens confusas das escolas, igrejas e grupos.

Esteja certo de que sua filha ouve muito mais sobre sexo, controle de natalidade, aborto, DSTs e sexo oral aos treze anos do que você já ouviu em toda a sua vida. Uma parte disso está certa, a outra errada, mas posso garantir duas coisas: você pode se opor ao que está sendo ensinado; e sua filha quer saber o que você pensa sobre sexo. Acredite ou não, você tem mais influência que seus professores, Britney Spears e Abercrombie & Fitch. Você precisa usar essa influência. Se acha que ela deve esperar (mesmo que ela perceba isso mais pelos seus comportamentos e crenças do que pelas suas palavras), ela será mais propensa a esperar. Estudos mostram que as crianças que percebem que seus pais não querem que eles iniciem sua vida sexual ou usem contraceptivos são menos propensas que as demais a fazer sexo na adolescência.

Muitas razões fazem de mim defensora de que as meninas adiem o sexo. Já distribuí contraceptivos, inclusive preservativos, e isso não ajuda as crianças a terem uma vida saudável. A gravidez pode ser evitada, mas a depressão, as doenças e a baixa autoestima se tornam problemas maiores quando ensinamos que o controle de natalidade é a solução.

Você precisa decidir o que quer para sua filha e executar um plano para protegê-la. Se você não fizer isso, os meninos cheios de testosterona da escola irão pôr em prática um plano bem diferente.

O QUE FAZER

Aqui está um modelo de plano, baseado no que vi (em pesquisas e na minha experiência) que funciona para os pais.

1. *Ensine-a a respeitar-se desde cedo.* Quando ela tiver três anos, comece a dizer que seu corpo é especial. É lindo e ela precisa mantê-lo especial. À medida que ela for ficando mais velha, ensine que os lugares que um traje de banho esconde são muito particulares, e que apenas um médico, você ou sua mãe podem ver esses lugares. Diga a ela que, se alguém tocar nessas partes, ela deve te dizer. Não a deixe andar sem roupas em casa. Converse com ela sobre roupas antes que ela as compre. Mesmo que você seja divorciado e sua ex-mulher discorde, persista, pelo bem da sua filha. Posso te garantir que, a longo prazo, o ensino da modéstia e do pudor farão com que sua filha se sinta melhor consigo mesma.

2. *Quando ela for a um encontro, varra a calçada.* Todo menino que saia com sua filha precisa saber que ele tem uma responsabilidade com

você. Não importa se eles estão apenas indo tomar um café, ou indo ao cinema. Não importa se ele é apenas um "amigo". Faça com que ele saiba que você está esperando. E, quando ele a trouxer para casa, certifique-se de que ele te veja.

Muitos pais cometem o erro de ficar em segundo plano. Temem ser muito controladores ou superprotetores. Não queremos envergonhar nossas filhas, mas as meninas me dizem que se sentem amadas quando o pai insiste em apertar a mão do namorado, e quando ele circula entre os amigos dela em uma festa.

Se o namorado busca sua filha em casa, não o deixe esperar no carro e apenas buzinar. Faça-o entrar em casa e vê-lo. Antes que eles saiam, pergunte a sua filha que horas ela estará em casa (você já sabe, é claro, pois vocês discutem isso com antecedência. Você apenas quer ter certeza de que ele sabe quando ela estará de volta). Depois, diga ao rapaz que você está ansioso para vê-lo novamente às nove, ou dez, ou o horário definido.

Quando minhas filhas saíam em algum encontro, meu marido costumava trabalhar em alguma atividade externa (mesmo à noite). Varria a calçada ou arrumava a garagem. Normalmente, ele começava a tarefa perto da hora em que as meninas deveriam estar em casa. Ele diz que não fazia isso de forma consciente, mas eu não acredito. Por causa dessas tarefas noturnas, as luzes da garagem sempre estavam acesas. Nenhuma atividade suspeita na entrada de nossa casa.

Talvez, como pai, você ache isso desnecessário. Afinal — você pensa —, sua filha é uma boa menina. E é exatamente o meu ponto. Boas meninas podem ser muito boazinhas, até demais. Várias vezes, essas boas meninas me dizem que namoram meninos que não gostam e fazem sexo com eles apenas para não ferir seus sentimentos.

É exatamente por isso que você precisa proteger sua filha de si mesma. Lembre aos meninos que você, e não sua filha, vai cobrar o comportamento deles.

1. *Planeje com ela.* Ensine sua filha que o sexo é para mais tarde, que seu corpo ainda não está pronto, nem suas emoções. Alguns pais encorajam

suas filhas a esperar até depois da faculdade ou ensino médio. Alguns até o casamento. Do ponto de vista médico, o risco de doenças tem ligação direta com o número de parceiros. Quanto menos ela tiver, melhor. Idealmente, um só. Do ponto de vista psicológico, também é verdade. As meninas que evitam laços românticos profundos durante a adolescência têm índices menores de problemas emocionais. Meninas que evitam atividade sexual na adolescência têm menos chances de depressão. Ensine que, quanto mais tempo ela esperar, melhor.

Vários pais dão às filhas um colar ou anel para lembrá-las do compromisso em esperar. Eu sei que os céticos dirão que isso não funciona, que as meninas irão quebrar a promessa e depois se sentirão fracassadas, mas estão errados. Dar um sinal de estima à sua filha pode ser muito poderoso. É um lembrete do que você espera dela e como a valoriza. Isso trará a ela força e autoestima. É uma promessa concreta. Mesmo que o anel ou colar ajude sua filha a esperar apenas mais um ou dois anos, é uma vitória. Quanto mais tempo ela espera, menos parceiros sexuais ela tem. Quanto menos parceiros, menor a probabilidade de doenças.

Há vários anos, Hattie veio ao meu consultório fazer um exame físico. Ela tinha dezesseis anos e a vida estava ótima, ela disse. Perguntei se ela tinha namorado, e ela respondeu de maneira rápida e enfática que não. Fiquei pensando por que uma menina de dezesseis anos seria tão inflexível, e então perguntei.

— Não é que eu não goste de meninos... é que eu tenho muita coisa aqui dentro e, quando namoro, começo a fazer coisas que eu realmente não quero fazer.

— Como o quê? — perguntei.

Ela parecia assustada no início, e então disse:

— Vê o meu anel? — ela mostrou o anelar direito. — Meu pai me deu há três anos, antes dele e minha mãe divorciarem. Não o vejo muito, pois ele mora na Carolina do Sul. De qualquer forma, quase me meti em problemas uma vez, e isto me ajudou.

E continuou a falar: — Ano passado eu estava namorado um cara muito legal. Era um ano mais velho que eu. Saímos juntos por alguns meses e falamos sobre sexo e outras coisas. Ele não sabia o que era esse anel e eu não queria contar, porque era algo especial entre meu pai e eu. Bem, uma noite saímos tarde e, sabe, começamos a fazer sexo. Eu queria mesmo, então continuamos. De repente, quando levantei a mão, vi o anel, e me senti estranha. Culpada e confusa. Eu queria continuar, mas pensei no meu pai quando vi o anel, e parei. De verdade.

O tom dela era insistente.

— Eu acredito em você, Hattie.

E, com a mesma facilidade com que me contou a história, mudou de um assunto para outro.

Não deixe ninguém dizer a você, ou a sua filha, que é impossível esperar. É absolutamente possível. Faça disso algo que você espera dela e, se quiser, dê-lhe um anel ou um colar como lembrete.

2. *Fale alguma coisa.* Os pais sofrem com a ideia de falar sobre sexo com suas filhas. Facilite sua vida simplificando e dando início a essas conversas no quinto ou sexto ano, quando a maioria das escolas inicia seus programas de educação sexual. Assim como você conversa a respeito do dia dela na escola, fale disso e saiba o que estão ensinando para ela. Se você discorda do que está sendo ensinado, corrija. Diga a ela que pode ir até você para obter respostas às suas dúvidas.

Quando ela estiver no fundamental II, pergunte o que os amigos têm feito. Pergunte o que as outras crianças, mesmo as que ela não gosta, estão fazendo. Estão bebendo? Fazendo sexo? Deixe-a conhecer seus pontos de vista.

Continue essas conversas no ensino médio. Observe o comportamento dela, como ela conversa ao telefone, como se veste, onde vai. Se ela está agindo de forma sedutora, provavelmente há um motivo. Fale alguma coisa.

E o mais importante: deixe-a conhecer seus sonhos para o futuro dela, um futuro seguro, feliz e saudável. Conversem em particular, quando ambos estão descontraídos. Viagens de carro são ótimas, ou mesmo a hora de dormir. Muitas meninas do ensino médio me dizem que adoram que seus pais venham dar boa noite. Faz com que se sintam amadas e seguras. E essa influência pode durar a vida toda.

Mary, hoje com 42 anos, é mãe de quatro filhos. Ela me disse que desde sua lembrança mais antiga até a formatura da faculdade, seu pai aparecia todas as noites no seu quarto para dar boa noite.

Seu pai, Brett, era clínico geral em uma pequena cidade, e Mary lembra de seu telefone tocar constantemente. Era da rotina que ele saísse durante a noite para ajudar qualquer pessoa doente. A mãe dela esperava muitas horas para jantar com ele. Mary disse que sentia muita falta, mas no fundo admirava seu compromisso com um trabalho que ela sabia nobre. Ele cuidava muito de seus pacientes, mas Mary sempre soube que ele a amava e amava a sua família.

"Acho que é por isso que quando ele vinha dar boa noite era tão especial", ela me disse. "Eu não via meu pai tanto quanto queria, e aqueles poucos minutos que tínhamos juntos eram a sós, só nossos". E continua: "estava adormecida quando a luz do corredor entrava em meu quarto. Ele pisava macio até minha cama e se sentava na borda. Era um homem grande, e o lado da cama pendia para o lado dele, fazendo com que eu rolasse em sua direção.

Às vezes ele sentava ali e nós conversávamos. Outras, se eu estava muito cansada, percebia ele rezando. Ele nunca rezava em voz alta, apenas mentalmente. Dizia que agradecia a Deus por mim, e que eu era especial. Então ele sempre se inclinava para me beijar e antes de sair sussurrava em meu ouvido palavras que na época eu achava estranhas: 'Lembre-se, Mary, da noite do seu casamento. É um momento especial, e você também é'. Era isso.

Você não pode imaginar o quanto isso fazia com que eu me sentisse bem comigo mesma e com meu pai. Quando estava no ensino médio e na faculdade eu conheci meninos, e sempre me perguntava se eles entendiam as coisas da mesma forma que meu pai. Se não era o caso, eu os dispensava. No meu entender, meu pai era gigante. Qual era minha postura em relação ao sexo no ensino médio e na faculdade?

Posso dizer que pensei muito a respeito. E toda vez que pensava nisso, ouvia suas palavras. Elas nunca me deixaram mal, ou me fizeram sentir culpada. Elas me fortaleciam, e faziam com que me sentisse responsável por mim. Graças a elas afastei muitos caras que só queriam sexo".

Só você pode dar essa proteção a sua filha. Ela fará de vocês mais próximos, dará a ela um senso de autoridade sobre seu corpo, sua sexualidade e mesmo sua própria vida. Nenhum ator de televisão, *pop star* ou revista pode dar isso a ela. Você pode. Enquanto eles tentam levá-la à promiscuidade, você deve abatê-los no caminho.

Deixe-me falar nos seguintes termos: se você não quer que sua filha tenha vida sexual no ensino médio, você precisa falar, e precisa ensiná-la. Do contrário, ela será sexualmente ativa. A cultura *pop* adestra nossas filhas para uma vida promíscua.

Toda modelo da *Playboy* é filha de alguém. Não deixe que seja a sua. Proteja o lindo corpo dela como só você é capaz. Ela podia te odiar a curto prazo, mas, quando for adulta, vai te agradecer. E o agradecimento virá mais cedo do que você imagina. Continue na luta.

CAPÍTULO 6

Pragmatismo e coragem: seus dois maiores recursos

Kelly está no topo da minha lista de pacientes fofas. Ela tem dez anos de idade, sardas pelo rosto, cabelos ruivos e brilhantes. Mas o que é mais bonito em Kelly é que ela vibra. Tudo nela vibra: seu jeito de falar, seu comportamento, seus movimentos.

Seus pais, Mike e Leslie, são excelentes: calmos, comprometidos, entusiasmados e disciplinadores. Quando o filho deles (agora um universitário) era pequeno, decidiram que queriam uma filha para a família e adotaram Kelly.

Muitas vezes, no entanto, Kelly dificulta a vida de seus pais. Ela é teimosa e desafia tudo o que dizem. Quando eles corrigem, ela insiste que eles não entendem, e às vezes eles acham que ela tem razão.

Kelly é uma dessas crianças que começa a dar sinais de hiperatividade quando ainda usa fraldas. Ela não era tão desafiadora quanto enérgica e irritadiça. Na escola, sua energia era canalizada pela língua e pelo coração. Falava com os amigos sem parar, muitas vezes interrompendo a aula, e era um transtorno para os professores. No carro, tagarelava o tempo todo. Quando ela estava feliz, seus pais estavam felizes. Mas, à medida que foi ficando mais velha, Kelly ficou mais irritadiça. Tanto que Mike muitas vezes nem queria estar perto da própria filha.

Uma tarde, Mike e Leslie vieram ao meu consultório conversar sobre Kelly. Eles são pessoas de negócios e estavam trajados de maneira impecável. Quando perguntei: "Como vão as coisas em casa?" Leslie irrompeu em lágrimas e Mike sentou-se em silêncio.

— Fora de controle — disse Leslie, entre lágrimas. — Há alguma coisa errada com Kelly. Está impossível, discute conosco o tempo todo. Quase toda a interação que temos com ela é negativa.

Mike concordou em silêncio.

— Ela está certa. Sempre que Kelly passa dos limites, tiramos algo dela, e agora não temos mais o que tirar. Ela ganhou um cavalo, que alugamos para exercício, e eu acho que poderíamos tirar isso, mas essa é a única alternativa para exercício e lazer.

— Onde foi que eu errei? — Leslie chorava. — Tentamos de tudo. Ela está assim por algum ressentimento, porque eu trabalho ou porque é adotada? Eu não entendo. Nunca tivemos esses problemas com o irmão dela. Sei que o tratamos de forma diferente porque eles são crianças diferentes, mas poxa, precisamos de um terapeuta? Um psiquiatra? Você acha que ela tem problemas de aprendizagem? Transtorno bipolar? Por que nossa casa está tão tensa? Por favor, diga onde foi que erramos.

Mike observava a esposa. Seu amor e cuidado por Kelly eram palpáveis, e ele lamentava igualmente por Leslie.

Leslie falou por cerca de quarenta e cinco minutos enquanto Mike e eu escutávamos. Ela chorou, nós aguardamos. Ele acenava com a cabeça e de vez em quando fazia um ou dois comentários.

Finalmente, ele disse algo que irritou Leslie:

— Então, Dra. Meeker, o que nós podemos fazer?

— Você não entendeu, não é mesmo? — disse Leslie, de forma abrupta. — Precisamos entender o que há de errado. Onde foi que a decepcionamos? Por que ela não nos ama?

Leslie levou o comportamento de Kelly totalmente para o lado pessoal. Ela queria saber por que Kelly sentia o que sentia para ter empatia e compreensão. Com frequência, é assim que as mulheres lidam com os problemas.

Mike, estava claro, via a questão de maneira diferente. Observei (em seu terno sob medida, camisa branca e gravata) a maneira como ele calculava, raciocinava e buscava alternativas. Ele estava procurando uma solução. Enquanto Leslie assumia responsabilidade pessoal pelos problemas de Kelly, Mike via de outra forma: apenas um problema que precisava ser resolvido. Leslie encarava o problema com enormes sentimentos. A resposta de Mike era pragmática.

— O que podemos fazer? — ele repetiu.

Nesse momento, nós três ficamos em silêncio. Devo admitir que, como mulher, lamentava por Kelly e senti empatia pela resposta emocional de Leslie. Mas enquanto estávamos lá em silêncio, percebi que Mike tinha a abordagem mais sábia. Fiz uma lista, dei diretrizes claras e separei os comportamentos de Kelly (que havia sido diagnosticada com transtorno de déficit de atenção e hiperatividade) da sua pessoa.

— Leslie — eu disse — por causa do TDAH, Kelly funciona em uma voltagem diferente; está no 220 e não consegue se controlar. Nem você nem o Mike têm culpa disso, mas é assim que funciona. Vocês são ótimos pais, mas não podem mudar a voltagem dela.

Por um momento ela pareceu um pouco aliviada. Continuei.

— Você sabe que eu sou contra medicamentos em excesso para crianças com TDAH, mas Kelly é alguém cuja gravidade do transtorno permite uma pequena dose. Acho que o resultado seria ótimo.

— Eu sei, Dra. Meeker, mas Mike e eu não gostamos de estimulantes. De verdade, acho que podemos ajudá-la a vencer isso.

Tentei uma tática diferente.

— Leslie, digamos que seja culpa sua. Sua menina de dez anos é hiperativa, fala sem parar e é uma criança teimosa porque você é uma mãe ruim. Isso pode ser verdade?

Mike olhou para mim com horror. Pensei que ele ia avançar e me esganar.

Leslie, atordoada, concordou com a cabeça.

— Sim, lá no fundo, é nisso que acredito. Eu estraguei tudo.

— Mike, você acredita que é um mau pai?

— Não, absolutamente. Fiz o melhor que pude. Amo Kelly, ela apenas é assim mesmo.

Mike e Leslie iam à igreja e participavam de suas atividades, então usei a imagem de Deus para ajudar.

— Bom, Leslie, eu sei que você acredita em Deus. E Ele é um pai perfeito, não é? Você não acredita nisso?

— Sim — ela respondeu.

— Veja quantos filhos desajustados Ele tem.

Então acho que ela percebeu que até mesmo Deus, o pai perfeito, tinha filhos com um comportamento terrível.

Minha amiga Bonnie (enfermeira de profissão, palhaça nas horas vagas e diaconisa episcopal) me disse isso há vários anos depois de descobrir que sua própria filha adotiva havia engravidado aos 17 anos. Bonnie queria começar o que ela chamou de "clube das piores mães da América". Então ela disse que Deus a lembrou que Ele também tinha um monte de filhos rebeldes.

Mike argumentou que Kelly precisava de uma rotina estruturada, com um toque de diversão, e que precisava do remédio que eu recomendava. Enquanto Leslie seguia preocupada, Mike optou pela ação, e concordamos em medicar Kelly.

Um mês depois, Leslie ligou e disse que Kelly estava indo muito bem, e até sentia-se melhor consigo mesma. Ela ria, sentia-se sob controle, e não estava arrumando problemas na escola. Leslie e Mike novamente gostavam de sua presença.

O que quero demonstrar é que os pais são, com frequência, aqueles que trazem pragmatismo e soluções para os problemas familiares. Os homens veem os problemas de forma diferente das mulheres. As mulheres analisam e querem compreender; os homens querem resolver, fazer alguma coisa. Isso muitas vezes irrita esposa e filhas, que são arrastadas por pensamentos e emoções e concluem, como Leslie fez, que "você simplesmente não entende, não é mesmo?", ou até que você é desinteressado e sem coração. Mas isso só acontece porque você está menos interessado em falar sobre o problema do que em fazer alguma coisa a respeito.

Há mais de vinte anos vejo os pais agarrarem os problemas de suas filhas, analisá-los (às vezes de forma quase mecânica) e resolvê-los. Claro, não estou dizendo que todos os pais são analíticos ou pragmáticos, ou melhores nisso do que suas esposas, mas é verdade que, no geral, as mães e os pais abordam os problemas de maneira complementar: os pais buscam imediatamente por soluções, enquanto as mães querem compreender e ter empatia. Sua filha precisa que você seja o lado pragmático e a voz da razão.

Por que sua filha precisa do seu pragmatismo

Uma amiga me disse que existem dois tipos de mulheres no mundo: as princesas e as exploradoras. Princesas acreditam que merecem uma vida melhor e esperam serviço dos outros. Exploradoras acreditam que qualquer melhora em suas vidas venha do próprio trabalho árduo — elas mesmas são responsáveis pela própria felicidade. A maioria de nós acha as princesas mimadas, mas sempre que ensinamos às nossas filhas que elas merecem de "tudo o que há de melhor na vida", estamos criando princesas. E as princesas com frequência são deprimidas, porque às vezes não conseguem o que há de melhor na vida. As princesas aprendem a ser egocêntricas, suas vidas são centradas em suas necessidades e desejos, e elas esperam que os outros (pais, professores, amigos e, por fim, cônjuges) busquem atender a essas necessidades e desejos. As princesas usam o pronome "eu" com tanta frequência que suas vidas se tornam mesquinhas. E sua busca pelo que há de melhor na vida é inútil, porque sempre haverá algo melhor que está fora de alcance. Não temos paciência com a filha do vizinho que grita "eu quero!" o tempo todo, mas será que ela é diferente da profissional de vinte e cinco anos que constantemente volta o assunto para si mesma e pensa nas outas pessoas como objetos a serem usados para seus próprios fins?

As meninas pensam, sentem e perguntam-se a respeito desses pensamentos e sentimentos. E como muitas meninas (provavelmente sua própria filha) possuem delicadeza psicológica suficiente para descobrir como se sentem e o que querem, elas têm o talento natural para conhecer o caminho que leva ao que elas querem.

É aqui que o pai entra. Quando sua filha sonha acordada com o tipo de garota que quer ser e o que deve esperar da vida, é a sua deixa. Se você ensiná-la (ainda que de forma involuntária) que as outras pessoas existem para atender às suas necessidades e desejos, ela vai crescer esperando isso dos outros. Mas, se você ensinar que a vida tem limites e que nem todas as necessidades e desejos podem, ou devem, ser satisfeitos, ela aprenderá a ser realista, e não viverá na expectativa de que os demais sirvam a princesa.

A postura de sua filha para consigo mesma vem diretamente de você. Suas esperanças, ambições e a maneira como enxerga as próprias capacidades vêm de você, do que você acredita, diz e faz. Como pai, você precisa se perguntar que tipo de mulher você quer que sua filha seja.

Todo pai amoroso de uma menininha de quatro anos quer que ela seja sua princesa. Vestimos a menina, damos muita atenção a ela e nos derretemos quando ela diz "eu te amo". Mesmo aos catorze ou vinte e um anos, as filhas têm um cantinho, garantido e inviolável, no coração de seus pais que é só delas. Na mente do pai, as necessidades da filha são prioridades. Seus sonhos tornam-se objetivos do pai. Tudo isso é maravilhoso e saudável, mas tenha cuidado.

O problema é quando um bom pai dedica-se à filha ao ponto de ela sempre esperar ter todas as necessidades materiais, físicas ou emocionais atendidas por outra pessoa. O que ou quanto você dá não importa tanto quando a maneira como você dá. Já vi muitas meninas ricas que crescem impecáveis, e muitas meninas pobres se tornarem adultas exigentes e egoístas.

O segredo é ensiná-la que presentes, amor e atenção; tudo isso é maravilhoso, mas ela não é o centro do mundo. Você quer que ela aprenda a apreciar essas coisas e a ser grata por elas, e não que ela se julgue no direito de recebê-las e volte seu egoísmo para isso.

As princesas pegam o que querem, e sempre querem mais. Elas exigem, esperam tudo perfeito e carecem de pragmatismo. Elas não agem, exceto para dizer aos outros o que querem.

Mas as exploradoras sabem que a vida é do jeito que é e confiam em si mesmas para seguir em frente.

Como pai, sempre que sua filha está em uma situação difícil, tudo o que você precisa fazer é perguntar algo simples: "Então, o que você pode fazer a respeito?". Vale a pena repetir essa pergunta nas situações ao longo da vida dela.

É inevitável que sua filha se depare com a dor. Pessoas morrem, entes queridos pegam câncer. Ela pode não ser convidada para o baile de formatura, pode engravidar aos dezesseis anos, pode desenvolver um distúrbio alimentar. Assim como você, ela também vai ter problemas. Alguns podem ser resolvidos, outros, não. Mas se ela quiser viver uma vida valiosa e saudável, precisa decidir o que fazer com relação a seus problemas. As princesas também têm problemas, claro, mas elas esperam que os outros resolvam.

Quando as princesas tiram notas baixas, ou engravidam aos dezesseis anos, ou são expulsas da escola, é porque outra pessoa fez o que não devia — a culpa é sempre de outra pessoa. Elas esperam que outras pessoas (normalmente as mais próximas, especialmente pai e mãe) desempenhem um papel desproporcional na resolução dos seus problemas.

Não deixe que sua filha cresça como uma vítima da vida. Muito da nossa cultura nos ensina a amar as vítimas, e assim criamos pessoas que são indefesas, incapazes e terrivelmente necessitadas. Mas você, como pai, pode evitar isso, pode ensinar sua filha que ela precisa agir, não basta querer.

A ação ajuda, e pode mesmo ser a cura. Os pais são especialistas em analisar um problema e encontrar algo a ser feito. Ação, para sua filha, pode ser qualquer coisa: fazer amigos, mudar de escola ou até mesmo pensar de outra forma. A questão é que agir demanda vontade e nos dá energia e ímpeto, e isso resulta que sua filha saberá que ela, não os outros, determinam seu destino.

Vi muitas jovens com distúrbios alimentares. Elas são incapazes de iniciar a recuperação até que se comprometam em trabalhar duro em um programa terapêutico. Isso é verdade para a depressão, o alcoolismo e muitas outras condições. Como médica, dou um diagnóstico dos problemas, elaboro um plano de tratamento e depois instruo os pacientes. Da mesma forma, o pai é médico de sua filha.

Deixe-me contar a história de como Bill ajudou Cara a tratar sua anorexia nervosa. Quando Cara tinha dezoito anos, ela veio até mim, sozinha, porque estava se sentindo triste, confusa e atordoada. Pior, os dedos das mãos e dos pés estavam ficando azuis. Ela não fazia ideia de que tinha um distúrbio alimentar. Seu cérebro estava tão faminto que seus pensamentos estavam confusos, quase delirantes.

Meu diagnóstico foi de uma anorexia nervosa grave. Ela estava a ponto de necessitar uma internação. Seu coração estava lento, seus cabelos estavam caindo e sua circulação estava literalmente esfriando (daí os dedos azuis).

Seus pais, Bill e Cheryl, estavam aterrorizados. Cheryl chorou muito, mas Bill ficou quieto. Em casa, ele ameaçou Cara se ela não comesse. Tirou alguns dias do trabalho para ficar em casa com ela e forçá-la a comer. Cheryl brigou com ele por tratar a filha dessa forma, e Cara brigou com a mãe por seu pai ser tão mau. A vida na casa deles estava tensa, infeliz e deprimente.

Após algumas visitas a Cara, conversei com Cheryl e Bill. Ele falou a maior parte do tempo, porque Cheryl estava em lágrimas. Ela não conseguia superar que Cara estivesse sem comer, precisava saber a causa de sua fome, ou se ela e Bill teriam sido responsáveis pela anorexia.

Bill disse que não conseguia entender. Ele estava em ruínas. Disse que nem ameaçar Cara, nem recompensá-la, ajudavam-na a comer. Estavam no fim da linha.

Mas Bill queria um plano. Não o plano completo — apenas os primeiros passos, para começar.

Cara iniciou um tratamento residencial e foi colocada sob um horário de alimentação muito rígido. Se ela não o seguisse, teria um tubo inserido em seu nariz para nutri-la durante toda a noite. Ela aprendeu sobre a anorexia nervosa. Os terapeutas a ajudaram a conhecer os próprios sentimentos, e pediram para que explicasse a maneira como se relacionava com os pais e os amigos.

Os terapeutas sempre perguntavam: "o que você pode fazer hoje para dar uma resposta ao monstro na sua cabeça?"

Tratar a anorexia nervosa requer muitas vezes interromper, mudar ou substituir os pensamentos maus e depreciativos dentro da mente de quem sofre. É um processo contínuo e repetitivo: interromper os pensamentos, substituí-los; interrompê-los novamente, encontrar o que os desencadeou e depois substituí-los. Para um problema como anorexia nervosa, assim como uma infinidade de outros problemas que as meninas enfrentam, não basta ter consciência. Cada garota deve ser levada a agir. Ela não pode esperar pelos outros, sentir pena de si mesma e sucumbir à dor de viver. Para encontrar a saída, ela precisa agir.

Embora as esposas possam se frustrar com maridos que seguem um plano, buscam metas e resolvem pendências, os homens têm essas qualidades por um motivo. São os planos, as metas e os atos do pai que podem fazer a diferença na resolução dos problemas da filha.

Ensine-a a ser corajosa

Quando pensamos em homens viris, pelo menos nós, mulheres, temos em mente aqueles com uma qualidade essencial: uma coragem de aço. Nada como a coragem e a determinação de um homem para fazer o coração da mulher derreter. Admiramos homens dispostos a arriscar suas vidas para que o bem vença o mal, e que possuem inteligência moral para distinguir entre ambos. Masculinidade é sinônimo de força. Vemos isso na maneira como os homens trabalham. Operários de construção começam seu trabalho cedo e terminam tarde. Soldados no Iraque arriscam suas vidas todos os dias. Pilotos continuam voando apesar do medo. Homens do mercado financeiro muitas vezes estão sobrecarregados e mantêm uma profunda motivação, impelidos ao sucesso pelo trabalho duro. Os homens trabalham com tamanha intensidade porque têm coragem. É possível tanta coragem, tanto esforço árduo, tanta frustração e estresse internalizados e inauditos, que isso pode até te matar.

Mas isso se dá em relação ao trabalho. Agora pense em sua vida doméstica. Aqui é o seu lugar de silêncio e consolo: o cachorro da família, esposa e filhas apaixonantes. Não é um sonho?

O lar também é um trabalho, porque, assim como as pessoas demandam de você no trabalho, sua esposa e filhos precisam da sua ajuda em casa — não apenas consertando as coisas, mas sendo o homem de que elas precisam. Às vezes isso quer dizer intervir em suas disputas e ajudá-las a resolver seus problemas.

O pragmatismo é a ferramenta do homem para encontrar as soluções dos problemas, e a coragem lhe permite aplicar essas soluções dia após dia, ano após ano. Essas duas qualidades ensinam suas filhas a fazer o mesmo.

Após os dois meses iniciais do primeiro ano, Doug notou que o entusiasmo de Gretchen pela escola estava sumindo. Ela não queria mais praticar leitura e chorava quando ia para a escola pela manhã. Então ele marcou um horário para se encontrar com a professora. "É uma menina adorável", informou a professora. "Eu não entendo, ela faz um excelente trabalho em sala de aula". Doug ficou estupefato.

Sempre que falava com a filha sobre a escola, ela dizia que odiava. Não gostava da professora, a professora era má, obrigava as crianças a ler em voz alta, quisessem ou não, e não as deixava sair para o banheiro quando precisavam. Doug considerava tudo isso problema, mas não problemas sérios a ponto de uma criança não mais querer ir à escola. Sua esposa, Julie, estava preocupada que fosse algo pior. "Talvez ela esteja com depressão. Talvez seja disléxica, ou alguém a esteja maltratando na escola", disse a Doug. Queria levá-la a um psiquiatra. Eles discutiram a respeito do que fazer. Qual era exatamente o problema? Era a escola, a professora, um valentão da turma, TDAH, depressão? Pesquisaram na internet, e Julie ficou convencida de que Gretchen tinha depressão e precisava de ajuda, talvez até de medicamentos.

Doug decidiu fazer o trabalho de detetive. Durante o horário de almoço, ia à escola de Gretchen e passava perto da sala de aula dela, para escutar o que acontecia lá dentro. E então ouvia a professora mandar um aluno calar a boca, gritar para outro sentar e ficar quieto, "se não…"

Doug foi até a direção reclamar e Julie repreendeu a professora por tratar mal as crianças. A professora continuou e seu comportamento permaneceu o mesmo. Aparentemente, outros pais já haviam reclamado, sem nenhum efeito. Julie queria mandar Gretchen para outra escola, e Gretchen queria ir embora.

Mas Doug disse a Julie que queria tentar alguma coisa antes. "Me dê seis semanas", ele disse, e ela cedeu. Doug disse a Gretchen que, a partir de agora, ele a levaria para a escola, então ela não precisaria mais pegar ônibus. Ela gostou disso. "Eu queria um pouco mais de tempo com ela antes de ela ir para escola", ele disse, mas acho que ele tinha algo mais em mente.

No carro, eles conversavam.

— Querida — iniciou Doug —, sua turma tem uma professora muito ruim. Sinto muito. Deve ser frustrante e assustador.

— É horrível, papai. Eu não sei por que você me faz continuar! Mamãe disse que não preciso ir. Me leve de volta para casa, não quero ir para a escola! — dizia Gretchen.

A cada manhã, as conversas continuavam nesse tom. Doug era a voz do realismo, e mostrava que a vida nem sempre era perfeita. Sim, a professora não tinha nada que ensinar o primeiro ano. Sim, ela era temperamental e falava o que não devia, mas, dizia ele a Gretchen, você pode lidar com isso. "Ela é malvada", concordou, "mas precisamos pensar no que fazer para tornar melhor sua ida a escola e experiência em sala de aula".

No início, Gretchen não respondia quando ele dizia isso. Mas, gentilmente, durante as semanas seguintes, ele seguiu dizendo a Gretchen que cabia a ela melhorar as coisas na escola. Finalmente, ela começou a dar ideias: "Eu poderia levantar menos a mão, papai, mas você acha que isso a deixaria irritada?"

"Ou", continuou ela, "mamãe e eu podemos preparar lanches legais todos os dias. E, talvez, eu possa ir à sala de reforço durante as aulas de matemática!". Gretchen e Doug planejavam, pensavam em coisas sérias e em bobagens. Gretchen se divertia só em ter ideias.

Esse é o ponto! Enquanto Julie queria tirar Gretchen da escola e poupá-la das dificuldades, Doug quis ensiná-la que ela poderia lidar com isso. Ele queria que ela soubesse que muitas coisas não mudam em um contexto difícil, e explicou que não dava para esperar que a professora parasse de gritar ou fosse mais simpática, mas sempre há algo que nós podemos fazer para melhorar a situação. Doug queria que ela, ainda muito jovem, no primeiro ano, compreendesse aquela famosa oração: "Senhor, concedei-me a serenidade para aceitar aquilo que não posso mudar, coragem para mudar o que me for possível e sabedoria para discernir entre as duas situações". Foi exatamente o que Gretchen fez.

Ela gostou do primeiro ano? Não. Mas aquilo moldou seu caráter. Ela aprendeu a suportar uma situação difícil e a agir, sem ser apenas uma vítima. Seu pai disse, de maneira fria, para que calasse a boca, não reclamasse e se comportasse? Não. Ele ouviu, analisou a situação e compreendeu os sentimentos da filha. Disse que ela estava certa em sentir-se chateada, mas também ajudou-a a encontrar soluções. Eles trabalharam juntos e a pequena Gretchen não aprendeu apenas a suportar, mas a crescer durante um período difícil. Claro, seria mais fácil se Gretchen apenas mudasse de escola, mas Doug investiu tempo e esforço a mais para moldar o caráter de Gretchen, pois sabia que era disso que ela precisava.

Muitos homens possuem desempenho, capacidade cognitiva e raciocínios extraordinários no trabalho. Mas, como voltam para casa exaustos, toda essa capacidade exercitada evapora no lar. Enquanto a garra os sustenta no trabalho, em casa eles podem baixar a guarda, ou simplesmente desligar. Pais, vocês precisam perseverar em casa também. A vida em casa requer um compromisso tão feroz quanto no trabalho. Por isso, de maneira consciente, poupe alguma energia no trabalho.

Estou convencida de que, se os pais guardassem ao menos 20% de energia intelectual, física, psicológica ou mesmo emocional do que eles gastam no trabalho e a usassem no relacionamento doméstico, estaríamos em um país totalmente diferente. Não falo aqui de fazer tarefas domésticas, cuidar do quintal ou fazer a lição de casa com os filhos. Falo de envolver-se *de verdade* com a família, como marido e pai. Muito do que você pode fazer por sua filha é simplesmente conversar com ela e ouvi-la. Os homens, muitas vezes, falam pouco, mas escutam. Seu cérebro resolvedor de problemas pode analisar o que sua filha diz e ajudá-la a pensar em formas de melhorar situações difíceis.

Em nenhum lugar sua força e garra masculinas são mais necessárias do que em casa. As maiores dificuldades, alegrias e dores da vida não estão no seu trabalho, mas na família. Ou sua masculinidade brilha ou perde a luz em casa e o que você faz ali pode ser a diferença entre manter uma família amorosa unida ou vê-la se distanciar e ruir. Não dá para manter um bom relacionamento com sua esposa e filhas se você nunca está em casa. Você só pode manter esse bom relacionamento se está lá para elas. Sei que, talvez, você não queria, mas é ali que precisa mostrar sua coragem. Você precisa estar lá, ouvir e manejar as frustrações e hostilidades femininas. Nós (filhas, mães e esposas) precisamos que você fique conosco, que traga sua razão pragmática e cheia de coragem para nos ajudar com soluções.

Alguns pais podem se encontrar no meio de um conflito entre filha e esposa. Quando as mulheres discutem, há uma revoada de emoções, batem as portas, e as palavras podem ferir. E vocês, pais, ficam divididos entre o amor pela esposa e pela filha. Em tais conflitos, porém, os pais muitas vezes são os juízes perfeitos, pondo a emoção de lado e sendo a voz da razão. Eu sei que nem sempre é fácil fazer isso. Algumas situações são complexas, cheias de sentimentos instáveis.

Por exemplo, quando a mãe morre ou sai de casa e o pai é deixado para criar as filhas sozinho, ele tem dificuldade em descobrir o que fazer e dizer nos desafios normais da vida cotidiana. Mas mais difícil é o desafio de ajudar a filha a viver o luto da morte da mãe, enquanto ele sofre pela perda de seu casamento. Se, em algum momento, casa-se novamente, a tensão de seus relacionamentos pode ser redobrada. Problemas de madrastas com filhas são bastante comuns. Embora todo pai tenha, dentro de si, as ferramentas necessárias para lidar com esse tipo de situação estressante, aqui vão algumas coisas que valem ser lembradas.

Primeiro, lembre-se de que você e sua filha estavam juntos antes de sua nova esposa. Aos olhos de sua filha, ela tem mais direito sobre você do que a esposa. Se ela sentir que a relação com você está ameaçada, vai descarregar a raiva em sua nova esposa. Portanto, tenha muito cuidado. Dê a sua filha todo o tempo que ela precisar para se ajustar antes de trazer uma nova mulher para casa. Lembre-se de que sua filha precisa mais de você do que sua nova esposa. Você, e não a nova esposa, é o fio da vida de sua filha. Quando sua filha é adulta, seu compromisso pode voltar-se para sua esposa, mas, pelo menos até que ela tenha vinte e um anos, as necessidades de sua filha precisam vir primeiro. Sei que este é um conselho difícil, mas, você o seguir, sua vida será mais simples e mais fácil, e você pode vir a ter uma filha feliz e um bom novo casamento.

Em segundo lugar, deixe que sua filha chore. Às vezes, os homens são tão pragmáticos que se esquecem de sentir, e esquecem que outros precisam lidar com as próprias emoções. O luto pela perda da mãe é um processo saudável e muito importante para a filha. Dizer para sua filha de catorze anos que siga em frente com sua vida apenas quatro meses após a morte da mãe é cruel, e não vai ajudar. Na verdade, fará com que sua filha se distancie de você, e se torne irritadiça e amarga. Um dos maiores problemas com que as meninas se deparam quando a mãe morre ou abandona a família é o luto não vivido, especialmente se mais tarde o pai se apaixona por outra. É natural que as meninas sintam raiva pela perda, se revoltem com Deus por permitir isso e fiquem amarguradas por você não impedir que a mãe dela partisse ou morresse. Por um tempo, ela pode ter raiva, revolta e amargura de tudo e todos.

Isso é completamente saudável e normal. Uma vez que isso passar, ela começará a sentir a profunda tristeza que há dentro dela. Vai chorar, talvez se isole por um tempo ou fique taciturna. As emoções podem se misturar, e ela terá raiva e tristeza ao mesmo tempo. Finalmente, vai aceitar que a vida é assim, e, se você a ajudou ao longo desse percurso, ela terá esperança e começará a olhar para uma nova vida.

O que acontece com frequência quando uma esposa ou namorada surge é que o processo de luto da filha é interrompido. Isso pode ser devastador paras as meninas. Elas podem se sentir traídas. E, honestamente, algumas não conseguem lidar com uma nova mulher por perto, pelo menos não sem que passe um tempo, e sem a garantia de que elas estão em primeiro lugar. Se você quiser casar de novo e manter sua vida familiar feliz, precisa dar um tempo a sua filha para que complete o luto. Do contrário, sua filha nunca irá se dar bem com sua esposa.

Em terceiro lugar, lembre-se de que ela é a criança e sua nova esposa é a adulta. Deixe que sua nova esposa seja mais exigida do que sua filha. Sua esposa precisa ser capaz de lidar com isso (e, se ela não puder, descubra antes de se casar com ela, pois isso é um sinal de alerta). É comum que as filhas tenham ciúme da nova esposa, é comum que tenham uma aversão forte e irracional por tudo relacionado a ela. E ela pode alimentar esses sentimentos de maneira involuntária.

Algumas mulheres não querem nenhum vestígio da primeira esposa por perto. Querem ser o centro da família, e não desejam ser comparadas à primeira esposa. Elas se sentem ameaçadas e inseguras. Portanto, um conselho, não apenas para sua filha, mas para você: se sua namorada não é capaz de se sentir confortável em conversar sobre sua primeira esposa e seu primeiro casamento, você deve terminar. Se não o fizer, isso pode dividir sua família.

Muitos homens ficam tão confusos por causa do próprio sofrimento que escolhem namorar ou casar com mulheres que nunca teriam escolhido em qualquer outra situação. Portanto, por favor, permita-se tempo para viver o luto e se adaptar à nova situação, e só então pense em um novo romance. Isso é tão importante para a esposa em potencial quanto para você e sua filha.

Teresa era filha única, adorada pelos pais. Quando estava no terceiro ano, sua mãe foi diagnosticada com uma forma muito agressiva de câncer de mama. Apesar da quimioterapia, cirurgia e todo o tratamento, ela piorou muito rápido. Em um ano, morria a mãe de Teresa, deixando a filha com nove anos de idade. Ela estava fria, pálida e rígida no funeral da mãe. Seu pai, Brad, sofreu tanto que procurou ajuda de amigos e terapia. Também levou Teresa para uma terapia que a ajudasse a lidar com luto. Fez isso durante seis meses, mas nada parecia ajudar. O terapeuta disse que Teresa não reagia e que Brad estava desperdiçando dinheiro.

Teresa ia para a escola, voltava para casa, ia para o quarto e fechava a porta. Lá, na cama de lençóis cor-de-rosa, ela chorava por horas. Falava pouco com o pai, e nunca sobre a mãe. Ela até sumiu com as fotos da mãe, coisa que preocupou Brad.

Um ano depois, Brad começou a sair com outra mulher. Como Teresa quase não falava com ele, Brad estava desesperado por companhia. Ele não conhecia essa mulher, Helen, antes da morte da esposa. Ela era organizada, sabia consolar e trouxe para sua vida um sentimento de normalidade. Sempre que ela os visitava, Teresa a encarava e se recusava a conversar. Após três curtos meses de namoro, os dois casaram e Helen se mudou para a casa deles. Brad e Helen acreditavam que, quando se casassem, Teresa se acostumaria com Helen e iria se aproximar. Achavam que ela ficaria feliz por ter uma mulher em casa para cuidar dela.

Teresa se saiu bem no fundamental e no começo do ensino médio. Ela não parecia feliz, mas pelo menos sabia ser educada com Helen e seu pai. Além disso, segundo ela me disse, seu pai exigiu que ela fosse gentil com Helen. Agora a vida será assim, dizia ele, e ela precisava aceitar. Ele disse que também tinha suas próprias necessidades e que poderia ajudá-la muito mais como pai se fosse feliz.

Mas Helen teve dificuldades. Ela tinha seus dois filhos, já crescidos. Todos os dias, conversava com eles ao telefone. Ela não era tão bonita quanto a mãe de Teresa e se sentia desconfortável quando Brad falava de coisas que ele e sua primeira esposa haviam feito juntos. Interrompia as conversas sobre a primeira esposa dele, e mesmo quando Teresa se referia à mãe, Helen fazia questão de lembrar que aquela vida tinha acabado. Agora, ela estava lá, era a nova mulher da casa. Queria ser tratada com respeito e que Teresa compreendesse que era bom para Brad estar com elas duas. Ela era cabeça quente, e, à medida que Teresa avançava na adolescência, perdia a calma. Teresa, por fim, passou a odiar a madrasta. Contava ao pai o que Helen lhe dizia na ausência dele. Brad tentou insistir com Helen de que ela precisava ter um bom relacionamento com Teresa, mas Helen reagiu repreendendo-o pela filha tão mal-educada. A casa tornou-se um campo minado de emoções. Finalmente, durante o ensino médio, Teresa fugiu. Ela odiava a madrasta e jurou que não voltaria enquanto Helen estivesse lá.

Brad lidou com esta situação terrível valendo-se de determinação, pragmatismo e coragem. Primeiro reconheceu que, embora Teresa parecesse uma mulher adulta, soubesse dirigir, tivesse um emprego e pagasse algumas contas, de certa forma ela ainda era uma estudante manhosa que sentia falta da mãe; ela nunca havia vivido o luto pela perda. Brad percebeu que ela precisava de mais tempo do que ele havia dado. Então ele começou a passar mais tempo com ela. Mesmo que ela não voltasse para casa, ele a encontrava na casa de um amigo, ou saíam para um café, e até mesmo fizeram uma viagem de fim de semana. Brad doou-se por Teresa, mas Helen brigou com ele. Exigiu que sempre que Brad estivesse com Teresa, ela deveria estar junto, pois Teresa precisava aceitá-la.

Brad não abandonou a esposa, mas insistiu educadamente em seu tempo a sós com a filha. Helen ficou furiosa, mas Brad disse que era assim que as coisas iam acontecer. Ela precisava lidar com isso, pois ela era adulta e Teresa era uma adolescente. Muitas esposas do segundo casamento, inseguras, se recusam a deixar o marido passar um tempo a sós com os filhos do casamento anterior. Pais, não permitam que isso aconteça. Vocês precisam ser fortes, como Brad, porque seus filhos precisam mesmo de um tempo a sós com você.

Lentamente, o relacionamento de Teresa e Brad começou a melhorar. Ele disse que, curiosamente, quanto mais ela se aproximava dele, mais agitada ela parecia, às vezes. Ela nunca tinha se comportado assim antes e ele estava confuso. Seu terapeuta disse que era um bom sinal. Teresa estava mais à vontade em compartilhar suas emoções. Ela se sentia emocionalmente mais próxima, mais segura, e não temia mais que ele a abandonasse (pois a morte de sua mãe fez com que ela se sentisse abandonada) se ela se abrisse a respeito dos próprios sentimentos. Por dois anos, eles conversaram sobre sua mãe; choravam e discutiam, e falavam de coisas que os três faziam juntos. Durante esse processo, Brad percebeu que as notas de Teresa melhoraram. Ela finalmente começou a ir jantar em casa. Três meses antes de concluir o ensino médio, voltou para a casa. Nunca deu grande abertura para Helen, mas estava tudo bem, ela disse. Sentia que havia recuperado seu pai, que até desculpou-se por ter se casado de novo tão rápido. Estava fora de si, ele justificou. Estava louco de desgosto e não conseguia pensar direito. Theresa o perdoou.

Brad agiu bem. Ele cometeu muitos erros? Claro. Toneladas de erros, mas isso não importou tanto, pois ele acertou nas coisas importantes. Hoje ele tem um ótimo relacionamento tanto com Theresa quanto com Helen, mas isso não foi fácil. Onde foi que ele acertou?

Ele deu início ao processo de restauração com sua filha. Ele mudou: não se contentou em assistir à filha cada dia mais sombria e mais amarga. Ele se entregou para a filha. Descobriu o que ela precisava, e fez. Ele se permitiu ver o mundo do ponto de vista dela. Ela era uma criança mal-criada que odiava o mundo e tudo o que havia nele? Bem, ele disse, com certeza parecia que sim. Mas no fundo ele sabia que ela não era assim. Era apenas uma garotinha muito triste que foi deixada de lado várias vezes.

Presenciei Helen e Teresa tão frustradas e enraivecidas que às vezes não conseguiam nem falar. Seus sentimentos as oprimiam e incapacitavam, literalmente. Brad, por outro lado, amando essas duas mulheres, parecia capaz de enxergar o todo a partir de uma perspectiva mais ampla. Partia do seguinte ponto de vista: "o que posso fazer hoje? O que devo fazer agora para melhorar a situação?". Tomou certa distância da esposa e da filha, fez um plano de ação (com ajuda de um bom terapeuta) e então, dia após dia, discussão após discussão, apegou-se ao plano. Foi pragmático, determinado e perseguiu seu objetivo com coragem de homem.

Mantenha a família unida

Tenho observado as relações entre pais e filhas, marido e mulher, e mães e filhas, há mais de vinte anos. Cutuco e pressiono os pacientes; ouço e aprendo sobre doenças mentais e físicas; prescrevi antidepressivos e, em algumas ocasiões, até pedi a pessoas que deixassem meu consultório. Quando me formei em medicina, no início dos anos 80, assumi, por juramento, o compromisso de garantir a saúde dos meus pacientes.

A medicina tem feito enormes avanços científicos que me permitem olhar dentro do corpo dos meus pacientes como eu olho um desenho em um livro didático. Posso dar remédios que acalmam as crianças, curam alguns tipos de câncer e prolongam a vida de crianças com HIV.

Mas todos os truques da minha cartola não são capazes de garantir que meus pacientes tenham uma vida plena. Consigo mantê-los vivos até a idade adulta, mas depois muitos entram em colapso. As filhas ficam confusas por causa de namorados frios. Entram em relacionamentos incapazes de confiar nos homens; ou confiando demais neles. Muitas jovens têm medo de se casar por causa do que viram (ou não viram) em casa, ao crescerem.

Pais, vocês podem fazer a diferença. E um bom jeito de fazer a diferença é mantendo sua família unida. A causa mais comum para infelicidade e desespero, a opressão ao espírito dos filhos mais frequente do que qualquer outra é o divórcio. O divórcio é, de fato, o problema central responsável por uma geração de jovens adultos com mais riscos de assumirem relacionamentos caóticos, terem alguma

DST ou estarem confusos com o propósito de suas vidas. E é aí que os pais comprometidos com suas famílias podem fazer toda a diferença.

Mas vamos supor que já seja tarde demais, que você já tenha se divorciado. Se esse é o caso, avance com toda a garra que você tem para renovar e melhorar o relacionamento com sua filha. Se você não esteve à frente, ocupando uma posição central na vida dela, comprometa-se com isso a partir de agora.

Pense assim: se você perdesse o emprego, desistiria de trabalhar? É claro que não. Você não poderia se dar ao luxo. E também não pode se dar ao luxo de perder sua filha. Se perdeu seu relacionamento com ela, decida-se a recuperá-lo. Você pode fazer isso. A masculinidade encara dificuldades como problemas a serem resolvidos. Sei que muitos homens perdem qualquer esperança quando o assunto é relacionamento com mulheres, porque as mulheres os deixam confusos. Já vi isso acontecer várias vezes. E é justamente por isso que os homens (pragmáticos) devem tomar alguma distância da complexidade dos relacionamentos e simplificar a vida. A prudência muitas vezes exige a espera; exige a força, autocontrole e coragem masculinas para seguir comprometido. O discurso inflamado se acalma, a raiva cessa, os corações partidos voltam à vida, as pessoas amadurecem. E, se você é a rocha a que suas filhas podem se apegar, ela irá superar todos os desafios da juventude.

Alex e Mary tiveram três filhas. Mary passou por uma depressão pós-parto crescente após o nascimento de cada uma delas. Alex admitiu que não lidou muito bem com a depressão de Mary e com frequência se preocupava com a possibilidade de ela não se recuperar após cada episódio. Ela ficava deitada na cama durante dias, chorando, incapaz de sair do quarto. Ele contratou alguém para ajudá-la, tirou dias de folga do trabalho, fez o que pôde para manter a família em atividade. Ambos fizeram. Na verdade, quando suas meninas entraram no ensino médio, a relação já estava sólida novamente. Após a terceira gravidez Mary nunca mais experimentou grandes episódios de depressão.

Quando sua filha Ada fez quinze anos, Alex notou que ela começou a vestir roupas mais escuras. Ada era a mais nova das três — Ellie tinha dezessete e Alyssa, vinte. Ada mudou as amizades na escola. Frequentava uma escola de artes para músicos talentosos e era uma flautista excepcional. Mas passou a deixar os amigos de lado e começou a namorar um menino de dezessete anos que havia largado o colégio e ocasionalmente trabalhava em uns bicos.

Alex ficou chocado. Em seis meses, Ada foi de flautista de concerto que gostava de passar as noites em casa com os pais para uma menina que se recusava a tocar flauta, estudar ou ficar em casa nos horários combinados. Alex diminuiu seu tempo de trabalho para ficar mais tempo com Ada. Buscava a menina na escola de vez em quando e saía com ela para almoçar. Levava-a ao cinema. De noite, ia conferir se estava tudo bem (para ter certeza de que ela ainda estivesse na cama). Uma vez, os dois passaram um fim de semana em Chicago.

Nada disso era difícil, ele disse, porque ele amava a filha genuinamente. Sentia pena dela. Até aquele momento, os dois tinham um bom relacionamento, embora não extraordinariamente próximo. Alex e Mary sentiam-se culpados por, de alguma forma, terem falhado como pais dela. Mary temia que sua depressão pós-parto tivesse mutilado o emocional de Ada.

Quando Ada tinha dezesseis anos, ela fugiu. Alex ficou arrasado, e contratou um detetive particular para encontrá-la. A menina havia roubado dinheiro dos pais, pego um ônibus e depois um trem e seguido caminho para San Diego, longe de casa, no Meio Oeste.

Alex foi a San Diego para trazer Ada de volta. Ele a encontrou trabalhando como caixa em uma loja de conveniência de um posto de gasolina. Por um tempo, apenas a observou interagir com os clientes. De repente, seus olhares se encontraram. Esperou até que ela tivesse um momento, e então eles saíram. Ada gritava com seu pai, por trás de seus longos cabelos negros como carvão que lhe escorriam pela face. Recusou-se a voltar para casa. Havia encontrado um "amigo" com quem dividia o apartamento (mais tarde Alex descobriu que seu "amigo" era um homem divorciado de trinta anos). Por três dias, Alex insistiu com ela, chorou e suplicou que ela voltasse para casa. Ada recusou. "Se você me obrigar a voltar para casa", ela disse, "eu simplesmente vou fugir de novo".

Alex voltou para casa sem Ada. Seu coração estava partido. Sentiu que havia falhado como pai, embora não soubesse como, e não conseguia entender por que Ada os odiava tanto. Tudo o que ela dizia era que queria partir. Um ano depois (sem cartas ou telefonemas), Alex retornou a San Diego. Encontrou Ada trabalhando meio período em um lava-carros. Parecia doente e apática. Mais uma vez, por três dias, ele se queixou, suplicou e chorou. Ela recusou-se a ceder. Mesmo tendo sido expulsa do apartamento por seu antigo colega de quarto (por razões que ela não quis divulgar), ela preferia abrigos à casa dos pais.

Mais um ano passou. No aniversário de 18 anos de Ada, Alex voltou para San Diego, sentindo como se o coração tivesse sido arrancado do peito. Desta vez ele a encontrou morando na rua. Mal a reconheceu, e temia que ela estivesse se prostituindo. Ela negou, e ele acreditou, embora ele achasse que ela estivesse usando drogas. Mais três dias se passaram e Ada não quis voltar. Ele comprou roupas novas para ela e voltou para casa.

O padrão se manteve até Ada completar vinte e poucos anos. Alex escrevia cartas, mas nunca enviou, pois ela não tinha um endereço. Ele guardou dinheiro para ela em uma poupança, mas não contou a ninguém sobre isso, temendo que o julgassem tolo.

Mas ele amava, e não parava de amar. Ada havia partido seu coração em milhares de pedaços, mas ele estava decidido a amá-la. Não podia mudá-la, mas podia amá-la.

Certo dia de outubro, seu celular tocou enquanto ele estava em reunião com a diretoria de um banco local. "Papai?", disse a voz de Ada. Alex não conseguia falar. Sua cabeça doía.

— Papai, você está aí? Por favor, fale alguma coisa! — Ela começou a soluçar.

— Ada, onde você está? — ele disse, enfim.

— Estou em Grand Rapids, na estação de trem. Papai... — Ela começou a chorar e não conseguia mais falar.

— Não saia daí, Ada. Não se mexa, por favor — ele suplicou.

Alex pediu licença da reunião e correu para buscar Ada. Quando a viu, ela estava magra e com a cabeça raspada. Não estava suja, mas parecia muito envelhecida. Ele correu até ela, agarrou-a e a engoliu em um abraço. Podia sentir o corpo dela tremendo enquanto ela soluçava. Acompanhou-a até o carro e dirigiu para casa. Estavam em silêncio, mas aos poucos as coisas melhoraram.

Ada ficou em casa, conseguiu um emprego em um posto de gasolina e, aos vinte e três anos, terminou o ensino médio e começou a fazer alguns cursos na universidade local. Ela também começou a tocar flauta de novo.

Alex me disse que, no início, estava tão aliviado que essa atmosfera o acompanhou por um tempo. Então, ele disse, algo terrível aconteceu. Sentia a raiva agitando-se dentro de si. Estava com repulsa de Ada. Quanto mais saudável ela ficava, menos ele gostava dela. Tinha pesadelos onde eles lutavam fisicamente. Em uma ocasião em que ela discutiu com Mary, Alex quis estrangulá-la.

Confuso, dedicou-se com mais afinco ao trabalho. Nunca deixou sua raiva transparecer para Mary ou Ada. Guardou-a dentro de si, junto com as preocupações. Às vezes, ele dizia, sua raiva era tão intensa que temia machucar alguém.

Mas isso não aconteceu. Alex mantinha sua calma, mesmo que todos os dias fossem uma luta para sair da cama, ir trabalhar e manter as coisas em ordem. Os momentos mais difíceis, disse, foram em casa. Ele via Ada e mal conseguia suportar. Alguns dias, ela era simpática, outros ela fugia do controle. Ela nunca se desculpou; culpava as drogas pelo seu comportamento. Disse que havia começado a usar drogas no ensino médio e que elas a tornaram outra pessoa.

Ada cresceu, saiu de casa e por fim, casou-se. Nunca terminou a faculdade, mas sua habilidade musical, uma vez recuperada, garantiu-lhe um emprego em uma orquestra, e ela prosperou.

Agora, uma jovem adulta casada, Ada vive a algumas horas de distância dos pais. Telefona semanalmente para Alex. Também conversa com a mãe, mas não como faz com Alex. Ela pede conselhos, diz que o ama, faz convites para que ele a visite, e, se ele não pode, ela sente falta. Ninguém nunca descobriu por que Ada faz o que fez, ninguém entendeu; apenas aconteceu. Mas somente a tenacidade e bravura de Alex foram capazes de trazê-la de volta (mesmo que ele tenha sofrido sua raiva silenciosa depois) e permitiram que ela refizesse a própria vida. Alex e Mary ainda são casados e, após anos de provação, felizes. A atitude de Alex me lembrou de cinco versos do poema "Ulisses", de Tennyson:

> *Não somos mais a força de outros tempos*
> *Que moveu céus e terra; somos o que somos;*
> *Do coração heroico a mesma têmpera*
> *No tempo enfraquecida, mas ciosa*
> *De luta, busca; zelo pelo achado.*[1]

Teriam a medicina, a psicologia, a fé e os amigos ajudado Alex a salvar seu casamento e sua filha? Sim, tudo isso ajudou. Mas, no fim das contas, Alex restaurou a família porque se recusou a abandonar a filha. Ele pensou em uma forma de ajudá-la e, em seguida, zelou por isso com toda sua força de vontade, porque é isso que os pais fortes fazem.

---

1 *We are not now that strength which in old days*
Moved earth and heaven; that which we are, we are;
One equal temper of heroic hearts,
Made weak by time and fate, but strong in will
To strive, to seek, to find, and not to yield.

CAPÍTULO 7

Seja o homem com quem você quer que ela se case

Prepare-se. Um dia, você vai estar de pé com sua filha nos fundos de uma igreja, templo ou jardim. Estarão de braços dados, e você vai olhar o corredor, as fileiras de pessoas nas laterais, e verá um jovem muito nervoso à sua frente.
O braço de sua filha vai estremecer contra o seu.

Então você sussurra para ela: "não é tarde demais, você sabe". "Eu sei, pai, eu estou bem".

Você sente um frio na barriga e se pergunta: "Como minha filhinha cresceu tão rápido?"

Aqui, outra coisa séria para pensar: o homem que você vê do outro lado do corredor será, sem dúvida, um reflexo seu (seja isso bom ou ruim). É como as coisas são: as mulheres são atraídas pelo que conhecem.

Essa perspectiva pode te assustar. Se você teve uma relação conturbada com sua filha, marcada por momentos de frieza, discussões intensas ou má vontade crônica, você pode muito bem se preocupar. Mas continue lendo, porque (falando da perspectiva de filha) nunca é tarde demais para que vocês dois melhorem o relacionamento, quebrem esse ciclo terrível e mudem para melhor.

Voltando ao rapaz de terno. Se você pudesse escolher a personalidade dele, como ele seria? Você gostaria de um jovem totalmente comprometido e fiel à sua filha. Gostaria que ele fosse trabalhador, compreensivo, honesto e corajoso. Um homem que protegesse sua filha. Um homem íntegro.

Antes de sua filha casar, você precisa ser esse homem. Você deve se perguntar: eu vivo como um pai íntegro? Sou honesto? Trabalho duro por ela e por minha família? Sou amoroso e protejo minha esposa e filha? São perguntas muito difíceis, mas, se você quer um casamento saudável para sua filha, é aqui que ele começa. Um casamento saudável tem por base o respeito. Você quer que sua filha seja respeitada, e, se você for um modelo de integridade, vai ensiná-la a esperar isso do futuro marido. A escolha do cônjuge é uma das mais importantes de toda a vida. A profissão não gera filhos, preenche sua vida e te traz sopa quando você está de cama. O cônjuge, sim. E você é o homem que vai ensinar sua filha a respeito dos homens.

Veja isso, faça isso, ensine isso!

Deixe-me contar um segredo assustador sobre os médicos. Enquanto estamos na residência nos preparando para ser especialistas, trabalhamos uma carga horária terrível. Uma semana típica inclui de oitenta a noventa horas de trabalho no hospital, e muitas vezes mais do que isso. Sob pressão, aprendemos a fazer procedimentos rapidamente.

Somos ensinados a "ver isso, fazer isso, ensinar isso". Pode ser qualquer coisa, desde colocar uma intravenosa até fazer uma punção lombar, ou mesmo entubar um paciente em coma. Uma vez que nos é mostrado como fazer o procedimento, espera-se que o façamos e que estejamos aptos a ensinar outro médico em treinamento a fazê-lo.

Para que sua filha saiba como é um bom homem, ela precisa conhecer um. Ela tem de ver um modelo de masculinidade em você. E o que isso significa? Significa que você precisa ser um homem íntegro, um homem que inspira confiança e respeito, um líder. Você precisa viver com honestidade, precisa viver sua vida comprometido com sua família e estar disposto a se sacrificar por eles.

Ser honesto é mais do que dizer a verdade. Significa não ter segredos. O sigilo não apenas isola as pessoas umas das outras, mas também, quando escondemos algo, raramente é coisa boa. Normalmente é algo que constrange ou envergonha. É uma fraqueza.

Acredite ou não, a falsidade aumentou de maneira dramática entre as crianças. De acordo com um estudo recente, 76% dos alunos do ensino médio na rede pública (de uma pesquisa realizada entre 18 mil alunos de 61 escolas) admitiram colar nas provas.[1] A mesma pesquisa, "Smart and Good High Schools", de Thomas Lickona, PHD, e Matthew Davidson, PHD, traz dados que revelam um crescimento constante na prática da cola ao longo das últimas décadas. Em 1969, por exemplo, 34% dos alunos admitiram consultar uma folha com cola durante uma prova. Em 1989, esse número era de 68%. Um estudante escreveu que eles precisavam colar, pois, se não o fizessem, ficariam para trás dos alunos que fariam. Mas as justificativas não importam. O que importa é a decadência da honestidade das crianças.

A honestidade está no coração da integridade, e nós nos saímos muito mal ensinando a honestidade aos jovens. Vejo isso na minha profissão, especialmente entre os adolescentes usuários de drogas. É um processo. Eles começam a guardar segredos de seus pais, contando mentiras, vendo pornografia (especialmente na internet), consumindo álcool (talvez do armário de bebidas do pai), e depois experimentando maconha com os amigos "só para ver como é". A maconha é uma droga "porta de entrada", levando ao uso de drogas mais pesadas, incluindo cocaína e metanfetamina. Não preciso dizer aos pais o que o uso de drogas pode fazer com as crianças.

Os pais sabem, por intuição, que uma decisão ruim pode levar a outra; pequenos erros que não são corrigidos podem se tornar grandes. Nós, adultos, entendemos essa progressão. No entanto, muitos pais estão muito distraídos, confusos ou coagidos pelo relativismo moral politicamente correto para ensinar o que é certo e o que é errado aos

---

1 Thomas Lickona, Matthew Davidson, "Smart & Good High Schools: Integrating excellence and ethics for success in school, work, and beyond", Cortland, ny: Centros para os 4º e 5º RS [Respect & Responsability]/ Washington, d.c: Character Educational Partnership.

seus filhos. Muitas crianças optam por mentir e trapacear porque é fácil e parece (à primeira vista) torná-las mais bem-sucedidas.

Não deixe que isso aconteça dentro de sua casa. Impeça de acontecer e, se já aconteceu, bata de frente e faça um plano para reverter a situação.

Ao combater o segredo e a desonestidade, você precisa ser um modelo de integridade e força, honestidade e transparência. Você precisa ser um líder para sua família. Sua esposa e sua filha precisam de um homem forte, não de um homem fraco; e um homem forte sabe que não há nada de bom em guardar segredos, em isolar-se de sua esposa e filha; nada de bom vem da mentira, do excesso de álcool ou consumo de pornografia.

Eu sei que você é constantemente bombardeado com imagens sexualizadas. Tenho um marido e um filho e sei das tentações que eles enfrentam. A propaganda sexualizada tem feito um mal tremendo às meninas e mulheres jovens, mas esse mal se multiplica por três para os homens. A imagem sensual atrai sua atenção de uma forma que não o faz com a maioria das mulheres. Não é que as mulheres não estejam interessadas em sexo, mas o estímulo visual é muito diferente para cada um.

Todos os dias você é seduzido. Em seu laptop no escritório ou na televisão do seu quarto de hotel, mulheres de todas as formas e tamanhos o atraem para um segredinho. O problema é que o sigilo pode parecer inofensivo e tentador no início, mas os padrões que se estabelecem podem ser devastadores. A pornografia esmaga sua masculinidade, mas parece que a aumenta. Ela mente para você repetidas vezes, arrastando-o para um isolamento mais profundo, para uma miséria mais profunda.

Cabe a você ser forte e perceber que sua família precisa de você de volta. Sua filha, seu filho, sua esposa precisam que você viva sem esses segredos, em relação à pornografia ou qualquer outra coisa. A verdade liberta, e a verdade é o centro da integridade.

Amber, agora com vinte e seis anos, me contou uma história do seu pai que ilustra maravilhosamente esse ponto. Quando tinha quinze anos, lembra de ter acordado no meio da noite com os gritos de sua mãe:

— Minha mãe e meu pai raramente discutiam — ela me disse — e eu não conseguia entender sobre o que eles estavam discutindo. Mas minha mãe estava mais zangada que meu pai. Aparentemente, ela havia descoberto alguma coisa que ele estava fazendo. Estava chorando, enfurecida.

Minha mãe estava doente há um ano, com um linfoma, e depois com a quimioterapia e radioterapia que ela precisava para o tratamento. Eu me sentia muito mal por ela. Todos nós nos esforçamos muito para ajudá-la. Minha irmã mais nova e eu cozinhávamos, e ficávamos em silêncio à tarde para que ela pudesse tirar uma soneca.

Meu pai também era maravilhoso. Ele tentou ajudar o máximo que pôde, mas o trabalho o sobrecarregava. Além disso — dizia Amber com os olhos lacrimejando —, ele estava tendo dificuldades em aceitar a doença de minha mãe. Ele a amava muito. Acho que estava aterrorizado com o que poderia acontecer se ela morresse.

Amber estava muito emocionada, e, enquanto ela continuava, falava mais alto e mais rápido.

— Enfim, naquela noite eles estavam discutindo, e eu levantei da cama e desci as escadas. Ela encontrou meu pai no computador e estava surtando. Presumi que ele estivesse vendo alguma coisa ou escrevendo para alguém, não tenho certeza. Realmente, não queria saber; era meu pai.

Amber se acalmou e moderou o tom.

— Nos meses seguinte, eles choraram muito e discutiram sem parar. Não contaram a mim ou a minha irmã o que estava acontecendo exatamente, mas finalmente um dia meu pai sentou com todas nós e fez algo que nunca vou esquecer. Minha irmã e eu estávamos sentadas no sofá de frente para meu pai e minha mãe, que estava careca por causa de seu tratamento de câncer. Somente meu pai falou.

"Meninas" — ele disse — "vocês sabem que mamãe e eu temos tido alguns problemas". Quando ele disse essas palavras, senti vontade de vomitar. Eu tinha certeza de que ele ia anunciar um divórcio.

Ele teve dificuldade para falar. Esperamos. Fiquei muito nervosa, mas por fim, ele disse: "O problema sou eu. Eu não estava lidando muito bem com a doença da mamãe. Sinto muito por vocês, meninas, e pela sua mãe. Não espero que vocês compreendam, sua mãe e eu não vamos dar detalhes, porque isso é entre nós dois. De qualquer forma, cometi alguns erros terríveis. Estou tirando nosso computador de casa. Como todos nós usamos, isto quer dizer que vocês não poderão mais mandar e-mails ou mensagens instantâneas para seus amigos". Então ele olhou para nós, visivelmente preocupado com o que iríamos dizer.

"É só isso?", perguntei. "Você e mamãe não vão se divorciar?"

"Não, Amber. Sem divórcio. Mamãe precisa de nós: de você, de sua irmã e de mim. Isso é muito, muito difícil agora, mas temos que fazer o melhor que pudermos para ficarmos juntos. Eu sei como isso é difícil para vocês também".

— E foi isso — ela disse, ainda muito surpresa com o pouco que ele explicou. — Ele ficou ali, triste e quieto. Ficamos todos olhando uns para os outros. Depois de algum tempo, minha irmã e eu subimos para o quarto totalmente confusas sobre o que estava acontecendo, mas aliviadas por não estarem se divorciando.

— Gostaria de dizer que depois disso tudo ficou bem. Agora está, mas ao longo do ano seguinte, meus pais lutaram muito. Minha mãe ficou melhor e eles começaram a conversar mais. E depois de escutar algumas de suas conversas, minha irmã e eu descobrimos o que estava acontecendo. Aparentemente, meu pai entrou em um relacionamento com alguma mulher na internet. Não durou muito e eu não sei se ele sequer chegou a conhecê-la. Acho que sei quando tudo isso começou. De qualquer forma, tenho certeza de que uma coisa levou a outra e ele também se meteu com outras coisas.

Amber claramente não quis dizer a palavra "pornografia", porque ninguém quer associar seu próprio pai a essas coisas.

— Mas essa é a parte legal — disse ela. — Depois daquele dia, ouvi minha mãe e meu pai falarem sobre não ter segredos um com o outro. E a melhor parte é que eles nunca mais tiveram. O computador foi para o lixo e nos últimos anos eles foram felizes novamente.

À medida que a conversava terminava, Amber manifestava o orgulho que tinha dos pais, especialmente de seu pai. Sem buscar desculpas para os erros dele, ela percebeu que o mundo virtual, irreal, da internet o seduziu quando ele estava fraco pela tristeza. Ele tentou manter essa vida irreal em segredo porque sabia que estava errado, e, no processo, a família começou a desmoronar ao seu redor.

— Mas — disse Amber — ele entendeu. Percebeu que isso não podia dar certo. Tudo foi posto às claras e aí meu pai começou a dar a volta por cima, e mal dá para acreditar o quanto isso fez bem a ele.

Amber ainda não é casada, mas está em um relacionamento sério com quem pode ser seu futuro marido. O que você acha que ela vai esperar dele? Será que ela vai fechar os olhos para qualquer comportamento secreto, ou vai esperar que o marido abra mão de qualquer segredo, como fez seu pai? Como o pai de Amber teve coragem de enfrentar sua vida secreta e pôr um fim nela, é isso que ela vai esperar de outros homens. O pai de Amber não mudou apenas a própria vida, mas também a dela, tornando-os mais próximos. Seu pai provavelmente não se deu conta disso quando comunicou a própria decisão sentado no sofá, mas essa atitude teve um enorme impacto no futuro de Amber.

A internet pode ser uma aliada, permitindo que você trabalhe de casa, nas férias, em qualquer lugar. Mas também pode se tornar um pesadelo. Aproxime-se dela com temor. A pornografia é um vício para meninos e homens e se esgueira em suas vidas sem aviso. Mais viciante que o álcool, de mais fácil acesso que as drogas, mas igualmente destrutiva para maridos, esposas e filhos. Dr. Lickona escreveu: "A pornografia pode fritar sua consciência sem que você perceba". Os homens íntegros percebem tudo, particularmente as coisas que ameaçam seu bem-estar e o daqueles que os rodeiam. Se você garantir que seus filhos saibam que a pornografia é uma luta contra meninos e homens e que ela pode ser combatida, e mesmo superada, vai dar-lhes um poder inigualável para que enfrentem as dificuldades da vida. E posso garantir que assim também irá aumentar as chances de que sua filha busque o mesmo no futuro marido.

Todo pai quer um genro que não tenha nada a esconder e cujo relacionamento com sua filha seja embasado na verdade. Todo segredo machuca. Converse com sua esposa a respeito. Estabeleça um compromisso de não haver segredo entre vocês. Coloque isso em prática, e depois observe o que acontece com sua filha. Se você vive uma vida sem segredos, provavelmente ela fará o mesmo. Assim, é muito mais provável que ela converse com você a respeito de bebida e outros comportamentos de risco. Mas, se ela descobre que você (ou a mãe dela) vive escondendo coisas (e as crianças quase sempre descobrem), ela provavelmente fará o mesmo.

Se você tiver que comprometer-se sozinho a não guardar segredos, vá em frente. Mostre o caminho. Enfrente suas fraquezas e encontre maneiras de evitar as tentações. Se sua fraqueza é a bebida, deixe de beber com os amigos e passe mais tempo sóbrio com sua família. Se sua fraqueza são as mulheres, crie regras para se proteger. Billy Graham (até ele, um gigante espiritual de nossos tempos) sentia a tentação, por isso sempre levava um amigo junto quando viajava, para nunca ficar sozinho com uma mulher. A regra dele não precisa ser a sua, você decide. Quanto sua filha vale para você? Se você esconde coisas, o marido dela também esconderá. Você precisa colocar sua família em primeiro lugar, e isso significa inclusive antes de sua vida profissional.

Em relação à mentira, converse com sua filha sobre a importância da verdade. Faça com que ela espere a verdade dos outros, e ensine-a a perceber quando os outros estão mentindo (na escola, ela terá muitas oportunidades). Diga a ela que vocês não podem ter um bom relacionamento se a mentira estiver escondida em algum lugar no coração dela. Por quê? Porque, mesmo que você ou ela mintam "só um pouquinho", a confiança entre vocês fica abalada. Explique que você quer que o relacionamento de vocês se baseie na confiança; só isso fará de vocês próximos.

Você também precisa examinar de forma minuciosa seus próprios pensamentos, palavras e atitudes. Isso é difícil, mas você precisa fazer. Sua filha o observa o tempo todo, e a verdade é que, se você mentir sobre algo, ela talvez não saiba os detalhes, mas tenha certeza: ela percebe que algo está errado. Filhas são assim. Meu marido e eu tivemos amizade com um outro casal por muitos anos. Vou chamá-los aqui de Bob e Hilary. Nossa casa estava sempre aberta para eles, passavam fins de semana conosco e assim por diante. A presença deles era divertida e nós riamos muito juntos. O casamento deles parecia muito feliz. Certo dia, Bob telefonou para meu marido. Estava com raiva e triste. Após vinte e dois anos de casado, ele descobriu que a esposa estava tendo um caso, bastante sério, há cinco anos. Ficamos chocados. Infelizmente, conversávamos sobre isso uma noite na cozinha e duas de nossas filhas, então com dez e doze anos de idade, nos ouviram por acaso. Elas entraram na conversa e nós precisamos contar para elas, sem mais nem menos, o que havia acontecido. Nunca vou esquecer o que nossa filha mais velha disse: "Mamãe, papai, isso não me surpreende nada. Algo na tia Hilary sempre me incomodou. Ela me assustava um pouco".

Da mesma forma que entraram, saíram da conversa. Minha filha "sabia" de alguma coisa o tempo todo. Não pense que você pode ocultar seus segredos. As crianças sempre descobrem.

Homens bons são difíceis de encontrar

Homens honestos permanecem confiáveis, mas encontrar um homem honesto pode ser difícil no clima moral de hoje. Pense na estatística de que 76% dos alunos do ensino médio da rede pública colam nas provas. Se sua filha frequenta uma típica escola pública, é provável que o namorado dela seja mentiroso e trapaceiro (e também há altas chances, superiores a 40%, de que ele já tenha feito sexo mas mentirá a respeito). Bem, você pode pensar, "se ele só cola nas provas, não é algo tão ruim; de qualquer jeito, minha filha não vai casar com ele". Talvez. Mas ela está começando a estabelecer padrões de namoro e comunicação com homens, e, se aprender que os namorados são naturalmente mentirosos, e é assim que as coisas são, os padrões dela serão mais baixos do que você gostaria.

Seis anos atrás, uma das minhas antigas pacientes, Alicia, foi para a Costa Oeste, estudar em uma universidade de grande prestígio. Formou-se com louvor e começou um trabalho excelente em uma empresa de marketing, seguindo os passos de seu pai, na Nova Inglaterra. Enquanto vivia lá, conheceu um homem, Jack, cinco anos mais velho, e se apaixonou loucamente. Namoraram por seis meses e ela queria que ele conhecesse seu pai, então ela e Jack foram para casa por um fim de semana prolongado. Enquanto estavam lá, seu pai e Jack conversavam e ambos mantinham uma postura cordial, mas não se conectaram da forma que Alicia esperava. No terceiro dia da visita, Jack avisou que precisaria sair mais cedo, pois surgira um problema familiar. Então partiu, e alguns dias depois reencontrou Alicia na Nova Inglaterra.

Após a visita, Jack e Alicia decidiram morar juntos. Ele queria mudar de apartamento e Alicia ficou encantada, pois sentia que o casamento era iminente. Então Jack mudou-se para o apartamento dela. Os três primeiros meses foram felizes e tranquilos. Ele trabalhava como advogado ou assistente jurídico, ela dizia que não conseguia entender o que ele fazia exatamente. Parece que ele tinha feito a faculdade de direito mas não passou na prova da Ordem dos Advogados e ia tentar de novo depois. Enquanto isso, trabalhava em um escritório e complementava a renda em um ou outro emprego. Por fim, ele a pediu em casamento e ela ficou eufórica. Ligou para contar a seus pais, mas eles receberam mal a notícia. Depois, ligou para sua melhor amiga, e a reação foi semelhante. Seu pai foi visitá-la no apartamento dela no fim de semana após o contato.

— Alicia — ele disse — você não pode se casar com Jack. Há algo errado, eu não confio nele. — Embora seu pai não pudesse apontar o que havia de errado, ele disse que sentia. Alicia ficou tão chateada com o pai que pediu para que ele fosse embora do apartamento. Afinal, disse, ela era uma mulher de vinte e cinco anos, madura. Se tivesse de escolher entre o pai e o marido, escolheria o marido.

Planejaram o casamento e seu relacionamento com o pai era frio, na melhor das hipóteses. Ele continuou, respeitosamente, pedindo a ela que não se casasse com Jack, mas o casamento era iminente. Ela já havia encaminhando seu lindo convite para quatrocentos convidados, havia tirado fotos, contratado a música e fornecedores. Apenas as flores para decoração foram U$ 8.500,00.

Duas semanas antes do casamento, Alicia recebeu um telefonema anônimo. Ela não reconheceu a voz do outro lado. Jack assistia televisão na sala. A pessoa ao telefone era uma mulher que disse que Alicia estava cometendo um grande erro e que deveria pôr fim ao relacionamento imediatamente. Alicia não conseguia falar. A mulher só disse que ela, Alicia, não era a "única". Alicia desligou o telefone e não sabia o que fazer. No início, desconfiou que seu pai tivesse pedido a alguém que ligasse, mas então percebeu que seu pai jamais faria alguém ligar e mentir para ela. Certamente, pensou, a mulher anônima estava mentindo. Ela não podia ligar para sua melhor amiga, pois estavam afastadas. Não queria ligar para o pai, pois se sentia humilhada. Então, no dia seguinte, com dores de estômago, Alicia chamou um detetive particular. Em vinte e quatro horas, o detetive descobriu que Jack tinha outros quatro nomes. Tinha três esposas, nunca havia cursado direito, e atualmente trabalhava como cobrador em um escritório de advocacia. Tinha dois filhos, cada um com uma mulher diferente, e havia um mandado de prisão em outro estado por desvio de dinheiro em um escritório de advocacia. Em algum momento, ele teve documentos falsos alegando que tinha um diploma de uma faculdade de direito muito respeitada e que havia passado na prova da Ordem do Advogados.

Alicia tinha apenas um lugar para ir. Ela telefonou: "Pai", chorou baixinho, "você pode vir imediatamente? Pode vir hoje?"

"Claro, querida, mas o que há de errado? Você está doente? Precisa de dinheiro? Alguém a machucou?". Ele estava assustado.

O pai de Alicia correu para o carro e foi até o apartamento dela, para encontrá-la do lado de fora. Ela estava tremendo, mas não queria entrar porque Jack estava lá. Quando viu o pai, fez o que toda garota com problemas que tem um bom pai faz: começou a soluçar. Ela estava segurando, mas no minuto em que o viu sair do carro, desmoronou. Ele a abraçou e durante os cinco minutos seguintes ela tremeu, mal conseguindo falar.

— É o Jack, pai. Você tinha razão. Ele é um canalha e um vigarista — Ela entregou ao pai o relatório do detetive.

— Bem, só há uma coisa a fazer.

— O quê?

— Vá lá e confronte-o com isto. Expulse ele de casa. Chame a polícia. Faça o que for preciso para afastá-lo o mais longe possível de você.

— Pai, não! Não! E se ele atirar em nós ou algo assim? — ela estava fora de si, com medo.

— Olhe, querida, eu vou lá confrontá-lo. Você quer vir comigo ou devo entrar sozinho? — insistiu ele.

Os dois entraram para brigar com Jack. Ninguém foi baleado. O pai de Alicia ficou com ela nos dias seguintes e trocou as fechaduras nas portas. Depois de garantir que ela estava segura, foi para a casa.

— O mais incrível — Alicia me disse, um ano depois — é que ele nunca jogou isso na minha cara. Ele nunca disse "eu avisei", ou nada parecido. Ele apenas veio quando chamei, e me ajudou a resolver a situação. Foi muito difícil. Mas preciso dizer que eu estava assustada. Você sabe como é viver com alguém próximo e não fazer a mínima ideia de que ele tem uma outra vida inteira que você desconhece — ou duas, ou três?

Mas aqui está a melhor parte do que ela disse aquele dia:

— Sabe, mesmo enquanto meu pai me alertava e eu não dava ouvidos, havia algo em Jack que me incomodava: ele era muito diferente do meu pai. É claro que não queria contar isso a ninguém. Ele falava de um jeito diferente, e eu o apanhei em algumas mentirinhas. Meu pai nunca fez isso, ele era tranquilo e honesto. Nunca me arrependi de confiar nele, mas não tinha certeza se podia confiar em Jack. E eu pensava "como posso viver assim?" Comparava tudo o que Jack fazia com as atitudes do meu pai. Eu sabia, no fundo do meu coração, que não poderia me casar com alguém tão diferente do meu pai, mas acho que estava completamente cega pela paixão, não sei. Como pude ser tão estúpida?

Me pergunto se Alicia percebe que o homem com quem ela está namorando atualmente é muito parecido com seu pai.

Para mim, a história de Alicia é extraordinária, e falo não apenas como médica, mas como mãe de filhas crescidas. Ela é uma jovem esperta. Confiante, muito respeitada no trabalho e íntegra. O que deu errado? Ela estava cega de amor, e, o mais importante, não ouviu seu pai.
A mentira de Jack quase arruinou sua vida. As mentiras ferem. Segredos machucam. A vida das pessoas é melhor se elas vivem na verdade e na honestidade, e se você conduzir sua vida e trabalho dessa maneira, suas filhas serão as beneficiadas.

As pessoas são prioridade

Os homens, claro, são treinados desde o primeiro dia na escola a se orientarem para a carreira, e a maioria dos homens mede seu sucesso profissional e mesmo sua felicidade em termos financeiros. Todos nós gostamos de acreditar que ter mais nos fará mais felizes. Tantos homens pensam em termos de lucro; lucro material: avanço profissional, uma conta bancária maior, uma esposa mais bonita. Mas a busca constante do lucro nunca leva à felicidade, apenas à insatisfação quanto ao que temos.

Quando percebemos que não precisamos de mais, então podemos relaxar e ser felizes. A alegria nasce da satisfação com o que somos e o que temos hoje. Um homem que vive a vida com honestidade terá esse sentimento de alegria e liberdade. Seu exemplo ensinará a sua filha uma lição importante sobre as prioridades da vida. Mas, se você não conciliar seus sonhos e desejos com honestidade, integridade e humildade, sua filha também não o fará; assim como o homem com quem ela se casar.

Você quer que sua filha se case com um homem que acredita que a vida que eles têm juntos não é o bastante? Seus sentimentos podem ser disfarçados de protecionismo, mas isso significa que ele estará sempre à procura de mais. Começará a buscar realização longe dela, dos filhos e da vida doméstica. Fará mal à sua filha. Como pai, você não quer colocar sua filha em segundo lugar, atrás de suas ambições. Mas, se ela o vir lutando constantemente por mais (digo além de trabalhar duro e buscar fazer um bom trabalho), vai aprender que a busca por mais seja necessária para uma vida melhor. Se você ensiná-la, por exemplo, que precisa de uma casa maior para ser feliz, um salário maior, mais carros, um barco e viagens caras, ela se casará com um homem que está constantemente fora de casa à procura do mesmo. Pessoas insatisfeitas com os próprios bens podem se tornar insatisfeitas com quem são, e com quem os outros são. Depois que seu genro impulsivo conseguir as outras coisas que ele quer, pode querer mais da esposa: talvez uma esposa mais inteligente, mais calma, mais assertiva ou mais bonita. Não importa o que ele busca em outra mulher, porque pode ser qualquer coisa.

Livre sua filha dessa dor. Mostre a ela a verdade, que a parte mais importante de nossas vidas é o relacionamento com os entes queridos. Esses relacionamentos são o único caminho para a alegria e felicidade profundas. Quando são bons, a vida é boa e sentimos que precisamos de pouco para sermos felizes. É isso que você quer do seu genro, e, se agir dessa forma, sua filha buscará um marido que aja da mesma forma.

Saber que, mesmo que você perdesse todos os bens materiais, a vida ainda valeria a pena, é uma grande força para viver. É viver sem medo. Vivemos com medo de que as coisas nos sejam tomadas, mas não precisamos temer. Nossos alicerces são os relacionamentos fortes que nos sustentam. Eles nos completam. Você não deve se preocupar com a perda dos bens materiais; sua vida não vai desmoronar sem eles. Trate-os como dádivas e concentre-se nos relacionamentos que são o que realmente importa, pois são eles suas maiores dádivas.

Se você viver assim, sua filha vai perceber que ela também é uma dádiva. Você pode até mesmo dizer a ela, de vez em quando. Ela é um presente que mudou sua vida com amor, compaixão e força.

Ensine-a que ela é o bastante. Ela precisa saber disso para escolher um marido que a considere um dom, que a considere suficiente. Viver com "nada a esconder, nada a ganhar e nada a perder", como diz o autor

Ken Davis, é uma verdadeira liberdade. Você quer que sua filha seja livre, sem medo, por isso, mostre-a como. Seja o homem com quem você quer que ela se case pois são boas as chances de que, quando ela crescer, ela o procure (de forma inconsciente) em outro homem. Se você não tem a menor ideia de como é um bom pai, olhe ao redor e busque um bom exemplo. Observe-o, aprenda com ele, imite-o. E, enquanto você pratica, estará mudando a vida de sua filha. Ela vai absorver quem você é, e, um dia, irá recompensá-lo com um genro de respeito.

Encontre equilíbrio para si mesmo e para ela

Pais inteligentes sabem que a diferença entre alegria e desastre, felicidade expansiva ou ansiedade destrutiva na vida de suas filhas pode se dar por uma única decisão, inteligente ou tola. Sua filha de três anos de idade dirige o velocípede para a rua. Sua filha de catorze se separa do grupo de amigos no cinema e vai para o canto sozinha com o namorado. Sua filha de dezenove anos dirige para casa depois de uma festa após "algumas" bebidas.

Sendo pai, você tem de viver com essa tensão. Você quer mantê-la segura, mas quer que ela seja independente. Você quer que ela seja valente, mas não descuidada. Quer que ela ame, mas não que se deixe levar pela paixão. Embora você não possa mudar sua personalidade ou determinar todos os desafios de sua vida, pode apoiá-la, mostrar a direção certa e ajudá-la a amadurecer. E a maneira como sua filha amadurece vai depender do que ela vê quando o observa lutando com as grandes questões da vida, quando você mostra coragem em meio aos desafios. Onde ela pode observar seu exercício de coragem em casa? Em qualquer lugar. Minha cunhada viu seu pai médico entrar nas prisões para realizar autópsias em pessoas falecidas de AIDS quando nenhum outro médico fazia o mesmo. Recentemente, ouvi um pai de meninas gêmeas de quinze anos dizer que elas poderiam ficar bem, e mesmo ser felizes de novo, depois que a mãe faleceu com câncer de mama. Eu vi a angústia em seus olhos, mas ouvi a convicção em sua voz.

Seu casamento pode não ser tudo o que você quer que seja, mas é preciso coragem para mantê-lo unido e colocar as necessidades dos filhos à frente do que você pode (muitas vezes erroneamente) achar que seria sua própria felicidade. Homens corajosos encontram o equilíbrio e fazem a coisa certa. A integridade não está completa sem a humildade. A verdadeira humildade nasce de encontrar esse equilíbrio entre quem é você e o que é o mundo. E é uma grande recompensa que pais humildes sejam companhias maravilhosas. As filhas amam os pais humildes, e se afastam dos soberbos.

Humildade e equilíbrio também têm um papel na hora de discernir um amor saudável de um relacionamento sufocante. Você vai querer protegê-la. Ela precisa que você lute por ela, cuide dela, esteja lá para ela e seja forte. Ela quer que o mundo saiba que, quem se mete com ela, se mete com você. Não a decepcione. Os pais que dão de ombros e se afastam deixam as filhas destroçadas.

Conheço o pai de Allison muito bem. É um homem afável, e um advogado bem-sucedido, que se esforça para ser um bom pai. Eles têm uma casa perto do Lago Michigan, onde Allison fazia festas na praia com frequência. Em seu último ano de ensino médio, fizeram uma festa que seu pai aproveitou como oportunidade de conhecer os colegas de classe da filha. Ele também acreditava, como muitos outros pais, que os adolescentes precisam do seu espaço. Assim, depois que acenderam a fogueira na praia, ele e a esposa ficaram longe e não chegaram a ver os jovens. Não queriam envergonhar Allison. Suspeitavam de que alguns dos meninos estavam com bebidas alcóolicas, mas achavam que não poderiam se meter em muitos problemas na praia.

A fogueira se extinguiu e os jovens começaram a ir embora. Um jovem entrou no carro para levar alguns amigos para casa. Ele havia sido escolhido como motorista e, embora tivesse tomado algumas bebidas, não tinha bebido tanto quanto os outros colegas. No caminho para casa, seu carro derrapou fora de controle e dois dos passageiros morreram. Sua vida, a vida dos pais dos jovens mortos no acidente e a vida dos pais de Allison nunca mais foram as mesmas. Eles foram processados e Allison foi para a cadeia, tudo porque seu pai não queria envergonhá-la. Pais, vocês precisam interferir.

Ouçam seus instintos, e prefiram errar pelo excesso do que pela falta de proteção. É um erro comum dos pais se afastarem das filhas muito rápido e muito cedo. Por favor, não cometa esse erro. Você não está sendo superprotetor por impedi-la de aprender da maneira mais difícil que beber demais é perigoso e põe a vida em risco. Use de sutileza e sabedoria para protegê-la. Esteja por perto. Seja o homem íntegro, com razão e músculos, para mantê-la na direção certa.

Recentemente, falei com um pai (um pai solteiro, chamado Mike) que tinha acabado de voltar de uma viagem ao México. Como muitos pais, ele estava preocupado com as férias de sua filha adolescente. Então, levou a filha e algumas de suas amigas maiores de idade para uma viagem de férias. Após duas noites no resort, é claro que as meninas queriam experimentar a vida noturna. Perguntaram se poderiam ir a um clube local, por algumas horas. Não querendo soar quadrado ou desconfiado, ele autorizou, mas estabeleceu algumas regras básicas. Primeiro, elas precisavam ficar juntas. Segundo, não poderiam sair do clube. Terceiro, apenas dois *drinks* para cada uma. Quarto, elas precisariam voltar antes da meia-noite.

Depois do jantar, as meninas se arrumaram e pegaram um táxi para a cidade. Quinze minutos mais tarde, Mike apanhou um táxi e foi atrás. Ele passeava, cautelosamente, pelas ruas estreitas lá fora, espreitando o clube de vez em quando. Esperou e caminhou. Quando deu onze e meia, caminhou de volta para o ponto de táxi. Nada das meninas. Esperou quinze minutos e ficou preocupado, então foi espreitar o bar. Lá estavam todas elas, rindo alto, com as bochechas rosadas. Sua filha estava conversando com um homem barbudo com cerca de trinta anos. "Que horas sai o último táxi para o resort?", ele perguntou a um taxista. "Meia-noite, no máximo", foi a resposta. Em quinze minutos elas estariam sem carona para casa. Será que ele ia conseguir? Faltando cinco minutos para meia-noite ele foi até o bar e cutucou a filha. Quando ela se virou, ele estava furioso.

— Sabe que horas são? — ele perguntou.

— Estamos indo, estamos indo — ela deixou escapar uma risadinha. — Pai, desculpe. Você sabe que eu não uso relógio.

Ela chamou as amigas e foram todos no último táxi para o resort.

— Eu estava fora de mim — Mike me disse. — Estava louco, tão desapontado, que tive de esperar até a manhã seguinte para falar com elas. Esperei até depois do café da manhã. Estávamos na praia. Perguntei a elas como foi a noite. "Maravilhosa, Sr. Trent", me disse uma delas. Minha filha ficou quieta. Ela sabia que eu estava chateado.

— Beberam apenas dois *drinks*? — perguntei, e todas acenaram positivamente. — Que horas nós saímos? Alguém sabe?

— Sim, lá pelas onze e meia, como o senhor pediu, Sr. Trent

— Papai, está tudo bem! — disse Lizzie. — Fiquei muito envergonhada quando o senhor apareceu lá. Por que você fez isso? — perguntou.

— Meninas, alguma de vocês sabe a que horas o último táxi sairia? — elas me olharam em silêncio. — À meia-noite. A que horas eu tirei vocês do bar? — perguntei.

Novamente, me olharam em silêncio.

— Onze e meia? — uma delas perguntou.

— Não. Faltava cinco minutos para meia-noite — Elas não disseram nada. — O que vocês fariam se perdessem o último táxi?

— Pai — Liz falou. — Conhecemos alguns sujeitos legais por lá, americanos. Um deles chamado Zach disse que estava de carro. Ele e um amigo se ofereceram para nos levar de volta.

Eu explodi.

— Você está falando sério? — repliquei, elevando o tom de voz. — Ia deixar um estranho que acabou de conhecer em um bar te levar para a casa?

— Pai, você não entendeu. Ele era muito legal, é sério.

(Aviso aos pais: sempre que sua filha diz que um cara é "muito legal", ela quer dizer apenas que ele tem um sorriso bonito).

— Acho que o que mais me incomodou — disse Mike — foi que essas meninas não conseguiam entender o que eu dizia. Eu não conseguia convencê-las de que sair do bar com "caras muito legais" que acabaram de conhecer era má ideia. Além disso, elas ignoraram completamente as regras que dei. Também descobri que uma das meninas passou a noite inteira bebendo e dançando com um rapaz casado que estava de férias em nosso resort com esposa e filhos, mas que disse que era solteiro e estava lá a negócios. Elas beberam muito, não foram responsáveis e não pensaram em como iam voltar para casa. E o pior é que minha própria filha estava pronta para depender da carona de um estranho. O que teria acontecido se eu não tivesse ido atrás delas?

O dilema de Mike é muito comum. Ele conhecia bem sua filha, e julgava até que conhecia bem as amigas. Liz é brilhante, uma jovem da Ivy League que nunca se mete em problemas. Onde foi que Mike errou? Ele simplesmente ignorou que o fato de Liz ser inteligente, responsável e aluna de uma boa faculdade não muda seu desenvolvimento cerebral. Ela tem um cérebro de dezenove anos, e não de vinte e cinco. Ela anda na cora bamba entre a diversão e o desastre e não consegue corrigir a rota se pende para o lado errado. Mas, felizmente, tem um pai que confiou nos próprios instintos para protegê-la. Ouvindo esses instintos, ele pode ter salvado a vida dela.

Será que Liz e suas amigas teriam sobrevivido àquela noite sem nenhum desastre? Provavelmente, mas talvez não. A vida dela era muito importante para Mike correr esse risco, e ele tinha razão em não corrê-lo. Falo como médica que viu muitos pais de meninas que aceitaram correr riscos. Mike encontrou o equilíbrio entre confiar e proteger.

A coisa perde o foco quando proteção se transforma em gestão de pequenos detalhes. Os pediatras usam o termo "hiperparental" quando se referem aos pais que sobrecarregam seus filhos com regras e horários. As intenções desses "hiperpais", no geral, são boas: querem que suas filhas se superem e aproveitem todo o mundo de boas oportunidades. O problema é que elas podem sentir-se pressionadas e sufocadas por esses pais, e o relacionamento com eles pode ficar amargo. Portanto, mantenha o equilíbrio, estabeleça limites e mantenha sua filha segura, mas dê a ela liberdade para escolher as atividades de que ela gosta, e certifique-se de que seus dias tenham momentos de ócio.

Por fim, os homens íntegros não deixam suas filhas serem apartadas do mundo real. O mundo virtual existe e não vai deixar de existir, e, por mais que não seja necessário inculcar medo, não deixe que ela "desconecte" da presença humana e volte toda a sua vida para celulares, iPads e tablets. Equilíbrio. Conheci pais que passaram por cima dos *smartphones* com seus caminhões, e conheci outros que incentivavam seus filhos a passarem oitos semanas aprendendo programação em uma colônia de férias. Esteja em contato com sua filha o máximo possível. Façam passeios, jantem fora, joguem golfe ou saiam para pescar. Fale com ela, dê abraços. A internet pode despertar emoções nela, mas não pode consolá-la quando ela está chorando. Você pode estar lá.

E o que isso tem a ver com o futuro marido dela? Tudo.

Ele também precisa de equilíbrio para ter um casamento saudável. Se ela vir seu esforço por encontrar o equilíbrio nos vários âmbitos da vida, ela também vai buscar isso, e desejará isso em qualquer rapaz com quem sair. Por outro lado, se ela não aprender como o equilíbrio se aplica em relação à coragem, ao amor e à fé, ela talvez cometa um erro na hora de escolher o marido. Talvez escolha um homem bravateiro, de coração arrogante e sem fé; e ele pode partir o coração de sua filha.

Ou pode ser um homem que a ama "tanto" que precisa que ela esteja sempre por perto, que escute suas preocupações e o aconselhe sobre seus relacionamentos e trabalho. Um homem que a julgue tão sábia, de fato, que tenha medo de tomar qualquer decisão sem a ajuda dela. Talvez ele esteja se recuperando do alcoolismo ou da depressão. "Ela me faz bem", ele diz, e a necessidade que ele sente dela faz com que ela se sinta maravilhosa.

Pais, cuidado! Homens assim estão por toda parte e as meninas de bom coração adoram esse tipo. Elas se desdobram em cuidados para com o pombinho de asa quebrada e, *tcharan!*, casam-se com ele, arrumam emprego para sustentá-lo até que ele esteja "forte o bastante" para trabalhar e, em pouco tempo, o peso sobre seus ombros está insuportável.

Ou, pior, ele pode vir a machucá-la. A violência contra a mulher em casais de namorados é algo aterrorizante para nós, pais. De acordo com o Programa Nacional de Prevenção da Violência entre Jovens, quase todos os estudantes do ensino médio experimentam alguma forma de abuso físico ou emocional enquanto namoram. Especificamente um em cada onze estudantes do ensino médio foi agredido fisicamente enquanto namorava. Um número semelhante relata ter sido obrigado a ter relações sexuais.

E um espantoso número de 96% dos estudantes relataram ser vítimas de abuso emocional ou psicológico enquanto namoravam. As meninas correm um risco muito maior do que os meninos em cada uma das estatísticas mencionadas.

Tara ia para uma pequena faculdade cristã no Sul. Estava entusiasmada, porque a faculdade tinha um excelente programa para pessoas que queriam ensinar cegos e surdos. Após vários meses de seu primeiro ano, fez amizade com um homem que havia conseguido bolsa integral pelo time de basquete. Ela havia crescido em um subúrbio de classe média, e ele era um rapaz pobre do interior. Era engraçado, agradável e muito respeitoso com ela, e lhe disse que ela era a mulher mais bonita da escola. Ela passava horas no café conversando com ele. Várias vezes ele a chamou para jantar ou ir ao cinema, mas ela recusou, pois queria manter a relação deles em uma amizade. Ele não gostou disso e aos poucos foi ficando cada vez mais agressivo com ela. Tara explicou que naquele momento não queria um namorado; queria se concentrar nos estudos. O relacionamento entre eles ficou tenso, mas Tara sentiu pena dele. Ele teve uma infância terrível, não conheceu o pai e sua mãe estava na cadeia (por assassinato, ela soube mais tarde). Seus irmãos estavam cada um por conta própria e ele vivia preocupado com eles, por isso queria terminar a faculdade e conseguir um bom emprego para sustentá-los. Tara admirava isso. Não cortou relações com ele por achar que estava reagindo de forma exagerada à raiva. "Ele jamais me faria mal; apenas precisa de mim", pensou ela. Ironicamente, também temia cortar totalmente a relação por medo do que ele poderia fazer. Ele era grande, e ela tinha medo de irritá-lo. (Pais, tomem nota: muitas meninas se sentem assim. Têm medo de terminar um relacionamento por medo da reação do rapaz). Finalmente, ela não queria romper o relacionamento pois achava que poderia mudar o rumo da vida dele. (Outro aviso aos pais: isso também é comum entre as boas meninas, elas realmente acreditam que podem fazer os homens pararem de beber, gritar, serem maus e assim por diante).

Quando o ano letivo chegou ao fim, Tara se preparou para ir para a casa. Ao despedir-se de seu amigo, ele ficou bravo com ela. Muitos alunos haviam deixado os dormitórios. No meio da noite, quando se preparava para dormir, ouviu alguma coisa em sua janela. Ele estava lá. Sua colega de quarto havia ido embora. Então ele forçou a entrada do quarto dela e a estuprou. Havia estudantes nos dormitórios ao lado, mas ele tapou a boca dela com uma almofada para que ela não pudesse ser ouvida. Tara ficou grávida, e os cinco anos seguintes de sua vida foram um inferno. Tudo porque ela quis ser gentil e ajudar esse homem.

Alcoólatras e depressivos precisam de ajuda, mas eles podem obtê-la de um médico. Sua filha precisa de proteção e você é o escudo. Você precisa ser o modelo de um relacionamento saudável para ela. Mostre a ela como é um amor saudável, um amor equilibrado, então ela saberá o que é o amor abusivo e desequilibrado, e, se ele entrar na vida dela, ela se afastará antes que as coisas saiam do controle. Mas, se saírem do controle, esteja pronto para ajudá-la, como o pai de Alicia estava ao lidar com Jack.

Se você quer que ela se case com um homem honesto, um homem

que se esforçará para amá-la, corajoso, protetor, que viva a humildade e não um narcisismo arrogante, então mostre sua integridade. Ensine-a a amar a vida, mais do que temê-la. Mostre a ela a integridade, que significa que você não tem nada a esconder. Mostre a ela um amor que coloca a família acima dos bens materiais. Mostre a força de seu caráter e ela irá incorporar essa mesma força em sua personalidade.

A integridade é atraente. Quanto mais sua filha a vir, mais ela vai buscar isso, e irá buscá-la no homem com quem se casar.

CAPÍTULO 8

Mostre a ela quem é Deus

Sua filha precisa de Deus. E ela quer que você mostre quem Ele é, como Ele é e o que Ele pensa a respeito dela. Ela quer acreditar que há mais na vida do que aquilo que ela vê com os olhos e ouve com os ouvidos. Quer saber que existe alguém mais inteligente, mais capaz e mais amoroso do que (inclusive) você. Se você é um pai saudável e normal, deve se alegrar por ela querer acreditar em alguém maior, pois você sabe muito bem que muitas vezes vai falhar com ela. Você esquece o recital dela, falta a suas competições por causa de viagens de negócios ou perde a calma e diz coisas muito duras para ela. Você é apenas um pai normal, bom o bastante, fazendo o melhor que pode. Você precisa de alguém para além de você, alguém a quem sua filha possa recorrer quando você não estiver. Ambos precisam de um pai maior e melhor ao seu lado.

Não digo isso sem motivos. Faço essas declarações como médica com base no que observei, estudei e sei por experiência, e digo isso como alguém que confia nas evidências de estudos científicos com fatos e correlações reproduzíveis. Quando escrevo receitas para meus pacientes, por exemplo, preciso saber que elas vão funcionar. Se eu receitar Zithromax para pneumonia, preciso saber que existe uma forte probabilidade de que o antibiótico cure a infecção. Não posso dizer ao paciente: "boa sorte, espero que funcione, mas não tenho certeza". A Academia Americana de Pediatria ia me pôr para fora.

Portanto, se eu alegar que algo é bom para as crianças, preciso de pesquisas que o revelem. É exatamente o que vou mostrar para vocês. Quando se trata de nossos filhos (o que é bom para eles, o que eles querem), a maioria dos pais foi enganada pela mídia para acreditar em muitas coisas que são completamente falsas, especialmente sobre religião. A mídia frequentemente trata a religião (especialmente as denominações cristãs) como repressiva, antiquada, fora da realidade, ignorante e talvez até prejudicial ao psicológico das crianças. É o que a mídia diz, mas as estatísticas dizem algo muito diferente. Gostaria que você consultasse os dados a seguir com mente aberta. Todos nós, adultos, temos ideias pré-concebidas sobre o que as crianças querem e precisam. Eis o que dizem as evidências.

A religião protege as crianças. Estudos sobre adolescentes demonstram isso com uma consistência extraordinária. A religião é definida aqui como a crença em Deus e uma participação ativa no culto da igreja ou templo, frequência a grupos jovens e envolvimento em atividades religiosas. As pesquisas mostram que a religião (alguns estudiosos se referem à "religiosidade", que acredito ser a mesma coisa):

- Ajuda as crianças a ficar longe das drogas.[1]
- Ajuda a manter as crianças afastadas da atividade sexual.[2]
- Ajuda a manter as crianças longe do cigarro.[3]
- Proporciona orientação moral às crianças.[4]
- Proporciona segurança emocional e psicológica.[5]
- Contribui para seu amadurecimento, à medida em que vão da infância para a adolescência.[6]

---

1   Christian Smith, Melinda Lundquist Denton, *Soul Searching: The Religious and Spiritual Lives of American Teenagers*. Nova York: Oxford University Press, 2005, 218-64.
2   Ibid., 224.
3   Ibid., 222.
4   Ibid., 151.
5   Ibid., 152.
6   Ibid., 153.

- Proporciona limites e os mantêm longe de problemas.[7]
- Ajuda os adolescentes a terem uma perspectiva positiva da vida.[8]
- Ajuda os adolescentes a sentirem-se mais felizes.[9]
- Ajuda a maioria dos adolescentes a superar seus problemas e obstáculos.[10]
- Ajuda os adolescentes a se sentirem melhor consigo mesmos e com a própria aparência.[11]
- Ajuda as meninas a adiarem o início da vida sexual.[12]
- Ajuda as meninas a serem menos rebeldes.[13]
- Torna as meninas menos mal-humoradas.[14]
- Torna as meninas menos inclinadas a matar aula.[15]
- Torna as meninas mais propensas a escolherem filmes com classificação indicativa apropriada.[16]
- Protege as meninas de contato com filmes e vídeos pornográficos.[17]
- Torna as meninas menos propensas a passar muito tempo jogando videogames.[18]
- Aumenta as probabilidades de as meninas conseguirem notas mais altas.[19]
- Diminui as probabilidades de as meninas desenvolverem sintomas de depressão.[20]
- Afeta positivamente a adaptação pessoal à vida adulta.[21]

---

7   Ibid., 151.
8   Ibid., 152.
9   Ibid., 153.
10 Ibid., 151.
11 Ibid., 225.
12 Michael D. Resnick et al., "Protecting Adolescents from Harm: Findings from the National Longitudinal Survey of Adolescent Health", *Journal of the American Medical Association* 278 (1997): 823-32.
13 Smith, Denton, 222.
14 Ibid.
15 Ibid.
16 Ibid., 228.
17 Ibid., 223.
18 Ibid.
19 Ibid., 222.
20 J. W. Sinha et al., "Adolescent Risk Behaviors and Religion: Findings from a National Study", *Journal of Adolescence* (3 de maio de 2006).
21 Smith, Denton, 21.

Outros estudos, voltados principalmente para a população adulta, mas com implicações para crianças, descobriram que a religião:

- Reduz 75% a chance de suicídio.[22]
- Diminuiu as taxas de suicídio com maior eficácia do que qualquer outro fator, sendo mais decisiva que o desemprego.[23]
- Proporciona uma personalidade mais forte.[24]
- Reduz a paranoia.[25]
- Reduz a ansiedade.[26]
- Reduz a insegurança.[27]

Não são apenas ideias, esperanças ou desejos — são fatos. Muitas desses dados estão no excelente *Soul Searching: The Religious and Spiritual Lives of American Teenagers*, de Christian Smith, que recomendo vivamente. É um estudo que abre nossos olhos sobre os desejos e crenças de nossos filhos. Curiosamente, as meninas tendem a ser um pouco mais religiosas do que os meninos, e ambos os sexos buscam mais a religião do que nós estamos oferecendo.

Muitos pais dizem que não querem forçar Deus na vida de sua filha porque ela precisa decidir a própria religião por si mesma. É claro que ela precisa, mas não é essa a questão. Os pais ensinam os filhos a não fumar, ir à escola e respeitar os limites de velocidade. Ensinamos nossos filhos a ter respeito e ser amáveis com os demais. Ensinamos aquilo que acreditamos que eles devem saber sobre matemática, literatura, ciência e história. Quando uma coisa é importante, ensinamos a nossos filhos, mas hesitamos quando a questão é ensinar a respeito de Deus.

---

22 G. W. Comstock, K. B. Partridge, "Church Attendance and Health", *Journal of Chronic Disease* 25 (1972): 665-72.

23 S. Stack et al., "The Effect of the Decline in Institutionalized Religion on Suicide, 1954-1978", *Journal for the Scientific Study of Religion* 22: 239-52.

24 R. L. Gorsuch, D. Aleshire, "Christian Faith and Ethnic Prejudice: A Review and Interpretation of Research", *Journal for the Scientific Study of Religion* 13 (1982): 281-307.

25 Ibid.

26 Ibid.

27 Ibid.

Em parte, acredito que isso acontece porque muitos de nós não fomos educados na religião; simplesmente não sabemos o suficiente sobre Deus e a fé para ensinar.

Mas não se trata de nós; a questão é nossos filhos e o que eles precisam. É preciso que sua filha saiba o que você pensa e acredita, pois isso terá um forte impacto nas crenças dela. E se você sente que precisa começar sua jornada de fé ao lado dela, faça isso. Ela vai amar.

Para esclarecer, quando digo que sua filha precisa de Deus, falo especificamente da tradição judaico-cristã, que é a de mais de dois terços dos adolescentes americanos (52% são protestantes, 23% são católicos e 1,5% são judeus).[28] Quanto à crença em Deus, 84% dos adolescentes entre treze e dezessete anos de idade se dizem crentes, 12% não têm certeza e apenas 3% dizem que não acreditam em Deus.[29]

Isso está de acordo com minha experiência atendendo meus pacientes e com os adolescentes com os quais tenho contato em todo o país. Muitas crianças podem falar muito a respeito da existência de Deus, mas poucos são ateus. Como afirma Christian Smith, "ao contrário das muitas suposições e estereótipos populares, o caráter religioso dos adolescentes nos Estados Unidos é extraordinariamente convencional [...] a grande maioria dos adolescentes americanos não são indiferentes ou rebeldes quando se trata de compromisso religioso".[30] O fato é que sua filha está ansiosa para ouvir o que você pensa sobre Deus, e é bem provável que ela abrace suas crenças.

As crianças nascem com uma intuição de que a vida é mais do que aquilo que elas veem. Quando pergunto às crianças a respeito de sua vida espiritual, elas sabem exatamente do que estou falando. Percebem que são carne e osso, que leem e tocam piano, mas de alguma forma veem em si uma parte invisível, real e maravilhosa que não pode ser definida. Há uma parte de cada um de nós que é a alma, e mesmo crianças muito novas compreendem isso: a dimensão desconhecida, profunda, inexplorada e difícil de definir ou colocar em palavras.

---

28 Smith, Denton, 30-71.
29 Ibid.
30 Ibid., 260.

Acreditar na própria alma faz as meninas se sentirem bem, faz com que se sintam valiosas e ligadas ao eterno. E você, como pai, também é capaz de ver isso.

A SABEDORIA DE UM PAI

Você consegue se lembrar de como é sentar-se ao pé da cama de sua filha de três anos, vendo-a na paz do sono? Você se inclina gentilmente sobre ela para beijá-la na testa e puxar as cobertas sobre seu corpo. Nenhum pai pode expressar em palavras de forma adequada a experiência de observar seu filho dormindo. Ela deve ser vivida. Agora, imagine que você está saindo do quarto dela. Você seria capaz de se virar, olhar para ela e acreditar que a totalidade de sua existência se resume a um amontoado de células?

Certamente não, mas é exatamente assim que um secularista grosseiro vê a própria filha. Ela não é nada mais do que um produto genético do DNA dele e de sua mãe. O sopro de ar através de seu minúsculo peito a mantém viva. Seu tempo com ela é precioso, cheio de sentido, mas é um fenômeno puramente biológico. Seus pensamentos e sentimentos podem ser explicados por disparos neuronais em seu cérebro. Um dia, você morrerá, ela morrerá, e ponto final. A vida começou através da divisão e reentrada do DNA, e, quando eles pararem de funcionar, ela também irá.

Não consigo imaginar um pai que veja a filha assim. Quando você olha para sua pequena adormecida, é confrontado com uma realidade espiritual que não é capaz de negar. Desde o momento em que ela nasceu, você sentiu o espanto da vida dela, o fato de que ela guarda algo misterioso e transcendente, que ela vai além de você e sua esposa. Um homem pode zombar da existência de Deus para seus amigos e colegas de trabalho, mas um pai olha para sua filha e sabe. Muitas vezes vejo pais (especialmente o pai) tímidos em conversar questões espirituais com a filha. Falar de fé é semelhante a falar de sexo — nós nos sentimos paralisados. Ou talvez tenhamos medo, porque não temos todas as respostas. Talvez a fé seja uma luta para nós, mas tudo bem. Você não precisa dar todas as respostas e pode simplificar a questão.

As crianças sempre querem saber sobre Deus. Suas perguntas são intuitivas. Se você não orientar sua filha, ela encontrará as próprias respostas, o que significa que sua autoridade será substituída pela de outra pessoa. É assim que as seitas se formam. Você não pediria para sua filha fazer um prato exótico da culinária francesa para o jantar sem que ela soubesse a receita, e Deus é mais importante do que a janta.

Seja você cristão, judeu ou hindu, quando sua filha pergunta sobre Deus, você precisa dar uma resposta satisfatória. Sua filha quer te ouvir, e, para a maioria dos pais, isso significa transmitir sua própria fé em Deus, que você aprendeu, se não em outro lugar, quando observava sua filhinha dormir.

Por que Deus?

Por que sua filha necessita que você aumente sua fé e compreensão de Deus? Bem, Carl Jung escreveu que, "entre meus pacientes da segunda metade da minha vida [...] não houve nenhum cujo problema, em última instância, não fosse o de encontrar uma perspectiva religiosa da existência. Estou seguro em afirmar que cada um deles adoeceu por ter perdido aquilo que os religiosos de todas as épocas transmitiram a seus seguidores e que nenhum deles que realmente tenha se curado não tenha recuperado sua visão religiosa". Ou, dito de forma mais simples, sua filha precisa de Deus por dois motivos: ela precisa de ajuda e precisa de esperança. Deus envia seu auxílio e Ele promete que o futuro dela será melhor.

Não importa o quão influente você seja dentro de sua área, quão rico e trabalhador, você não pode oferecer a ela mais do que isso. Muitos homens não gostam de encarar essa realidade, mas você não pode proteger sua filha de toda a dor e sofrimento. Quando as pessoas estão realmente feridas, elas clamam a Deus. A reação é natural e instintiva, vejo isso o tempo todo. Mas quando sua filha enfrentar essas situações, ela estará pronta? Ela saberá quem é Deus? Saberá que Ele a escuta? Ou será que ela vai olhar para além e não enxergará nada? Pais secularistas que privam suas filhas de Deus muitas vezes dizem que fazem isso porque suas filhas não precisam de muleta — Deus, segundo eles, é apenas para os fracos.

Mas toda menina precisa de ajuda, e os pais também. Não prive sua filha deste auxílio e desta esperança. Há momentos em que ela precisará disso, quando se sentir sozinha, quando a única pessoa a quem ela puder recorrer é Deus. Estive com pacientes na hora de sua morte, e posso dizer que a morte está envolta em mistério. Segurei um bebê prematuro de um quilo e meio durante quarenta e cinco minutos após não conseguir ressuscitá-lo. Acariciei os pés inchados de uma mulher idosa em coma e senti seu corpo mudar no momento em que ela morreu. Não foram mudanças fisiológicas, a respiração dela era regular, mas algo mudou: ela partiu antes do corpo morrer.

Quando falei com Judy a respeito das lembranças de seu acidente de carro, seu estado de coma e recuperação, perguntei se havia alguém que ela conhecia antes do acidente e que reconheceu como a mesma pessoa após o acidente.

Sua resposta me impactou profundamente: "Sim, apenas uma pessoa: Deus. Antes do meu acidente, eu rezava muito. Fui à igreja e soube quem era Deus e seu Cristo. Quando eu estava coma, senti a presença Dele, Ele estava lá, bem ali comigo. E quando acordei, só reconheci Deus a princípio. Todas as outras pessoas de minha vida pareciam completamente diferentes".

Uma das coisas de que mais gosto na medicina é que ela requer honestidade. Pessoas doentes falam sem rodeios. Percebo que as pessoas que estão gravemente doentes expõem seus pensamentos de maneira mais simples, estabelecem as prioridades de suas vidas e pensam em Deus. A maioria acredita em Deus. Alguns se afastam, mas as crianças sempre acreditam. Por alguma razão, o sobrenatural não as assusta. Seus corações e mentes são bem menos confusos que os nossos, e são muito mais propensos a aceitar a presença de Deus e amar mais prontamente do que nós.

Quando Jada tinha onze anos, foi diagnosticada com um tipo raro de tumor no cérebro. Seus pais e seu irmão mais velho ficaram arrasados. Era uma menina forte, atlética e parecia extremamente saudável, mas quando sua face se contorceu e seu corpo tremeu de convulsões, tiveram certeza que algo estava terrivelmente errado. O pai de Jada era um homem calmo e bondoso, que manteve sua tristeza internamente, de forma que parecesse forte para esposa e filhos. Porém, todos os dias que se seguiram ao diagnóstico, ele sentia que algo morria dentro de si.

Stu não tinha fé em Deus. Ele simplesmente vivia a vida como se Deus não existisse. A família nunca foi à igreja, seus domingos eram dias em família. À medida que sua morte se aproximava, Jada começou a se preocupar com os pais, com seus amigos e até com seu cachorro. E, claro, se preocupava consigo mesma. Às vezes, ficava visivelmente assustada, especialmente com a realidade da morte.

Certa vez, após passar a maior parte do dia na cama, Jada foi dormir à noite, mas estava inquieta. Acordou de madrugada e não conseguia pegar no sono.

Ao amanhecer, ela saiu do quarto e encontrou a mãe e o pai sentados na cozinha conversando. As palavras que ela disse mudou para sempre a vida dos dois.

— Mãe, pai, vocês não precisam mais se preocupar comigo. Um anjo veio ao meu quarto ontem à noite e disse que vou ficar bem. Estarei no céu e serei muito feliz. Estou falando sério, não temos mais que nos preocupar. O anjo me disse que um dia vocês também estarão lá comigo.

Stu ficou boquiaberto. Imediatamente, pensou que Jada estava tendo delírios por causa do tumor ou dos remédios. Não disse nada, mas quando Jada saiu da sala, percebeu que seu comportamento havia mudado, que mesmo sua postura estava diferente. Pela primeira vez em meses, ela parecia feliz.

Como qualquer outro pai, Stu estava cético sobre o que havia acontecido. Ele e a esposa ignoraram o acontecimento, desejando tal segurança, mas incapazes de acreditar nela.

Jada morreu cerca de um ano depois de ter contado aos pais sobre o anjo. No entanto, em nenhum momento entre o acontecimento e sua morte ela duvidou da verdade de seu encontro. Chegou mesmo a reiterar isso com frequência a seus pais e disse que eles se reencontrariam novamente e que Deus, o anjo e o céu eram reais.

O grande mistério da vida é a existência e a ação do sobrenatural. Jada era louca? Se ela fosse a única criança a falar assim, eu acharia isso. Mas não. Presenciei outro filho dizendo à mãe, em uma ala oncológica, que não havia problema ela ir para casa e dormir à noite. "O anjo vem", ele disse, "e me ajuda e faz companhia enquanto você está fora". Ouvi isso quinze anos antes da história de Jada.

E há muitos outros casos. Como médica, acredito em tais testemunhos porque as descrições físicas, os sentimentos e a paz e confiança que deles resultam são os mesmos.

Os médicos presenciam muita dor e tristeza. Fico de frente com os limites de homens e mulheres, e não há muito o que qualquer um de nós possa fazer por nossos pacientes. Nosso intelecto é limitado, nosso conhecimento é escasso. Como disse Thomas Edison: "não sabemos um milionésimo de 1% sobre nada".

Uma vantagem que os pacientes jovens têm é que eles não tentam racionalizar e controlar tudo. Eles permitem que o instinto assuma o controle e, quando o fazem, conectam sua dimensão espiritual com o transcendente.

Sua filha precisa de fé em Deus porque a vida a levará inevitavelmente a um lugar onde nem você nem ninguém poderá ajudá-la. E, quando ela chegar lá, ou estará sozinha ou depositará sua confiança em um Deus amoroso. Então, quando ela experimentar isso, sabe o que ela vai fazer? Quando nem suas próprias habilidades, nem a ajuda de qualquer um estiver mais disponível, o que ela vai pensar e sentir? Será que vai rezar? Ela saberá a quem se dirige na oração? As atitudes dela nesses momentos cruciais da vida dependem de você.

Você é capaz de ensiná-la a recorrer a Deus quando ela estiver precisando desesperadamente de ajuda?

Aos olhos de uma jovem menina, você e a mãe dela são o começo e o fim da linha quando o assunto é amor, ajuda e socorro. Além de vocês, ela não vê mais nada. Muitas meninas que se sentem emocionalmente rejeitadas, abandonadas ou mesmo apenas mal compreendidas por um período de suas vidas, precisam encontrar segurança em algum lugar. Por isso procuram algo forte, amável e seguro em que possam se agarrar. Muitas se voltam para Deus, mas outras se voltam para o que não é saudável (drogas, sexo, bebidas e mesmo seitas perigosas) porque se sentem desesperadas.

Muitas meninas saudáveis também precisam de algo diferente em que se apoiar à medida que amadurecem emocionalmente e psicologicamente. É um processo normal e saudável. Durante a primeira infância, sua filha se apega facilmente a você se você lhe oferece amor e proximidade. À medida que ela entra na adolescência, começará a se afastar para ver o que pode fazer por conta própria, mas ainda precisará de uma âncora enquanto se aventura em um novo território. Quando você não estiver mais presente para fazer esse papel, ela precisará de algo mais. Muitos pais (e adolescentes) querem que esse algo mais seja Deus.

Os adolescentes querem fé porque, creio eu, a fé em Deus lhes dá esperança. Sua filha precisa de esperança — todos nós precisamos. Há tanta dor e cinismo no mundo que muitos de nós nos tornamos insensíveis e fatalistas. Ouço os adultos dizerem: "qual o propósito disso tudo?". As crianças, porém, não estão exaustas. Elas se entregam à esperança com mais facilidade do que nós — não devemos negar-lhes a esperança simplesmente porque somos velhos rabugentos.

Tive o privilégio de conhecer um casal judeu que sobreviveu a Auschwitz. Ao longo de mais ou menos doze encontros, eles me deixaram uma compreensão extraordinária de Deus. Quando os conheci, notei seus sotaques e as tatuagens que carregavam no corpo. Fiquei acanhada ao notar as tatuagens, desejando perguntar um milhão de coisas, mas ao mesmo tempo temerosa de ouvir as respostas sobre os horrores que os homens podem infligir uns aos outros. Aprender lendo livros nos permite um distanciamento, mas aqueles sobreviventes eram de carne e osso.

Uma tarde, conversavam a respeito de Deus. Raramente contavam histórias específicas sobre Auschwitz, mas falavam facilmente de Deus. No início, fiquei chocada. Como eles poderiam falar de um Deus bom? Como um Deus bom poderia permitir um sofrimento tão horrível? Mas eu não disse nada, e eles continuaram conversando com meus pais, que são católicos.

— Heda — ouvi minha mãe dizer — preciso admitir que não acredito que minha fé seria capaz de sobreviver a uma situação como essa. Como você consegue acreditar que Deus a ajudou? Se Ele a ajudou, por que não ajudou todos os outros?

A resposta dela foi impressionante:

— Deus não fez os campos de concentração nem matou os judeus. Seu erro foi dar livre-arbítrio aos homens e inteligência para descobrir como torturar pessoas. Eu sabia que Ele odiava Auschwitz mais do que eu. Muitos de nós tínhamos fé, precisávamos de esperança. Quer fôssemos sair vivos dali ou não, precisávamos saber que de alguma forma a vida poderia ser melhor. Seria no céu? Não sabíamos o que pensar, mas Deus me deu esperança e isso me manteve viva. Eu não podia me dar ao luxo de gastar energia sentindo raiva Dele.

A esperança manteve esse casal vivo no campo de concentração.

É provável que nenhum de nós precise passar pelo que ela passou, mas todos nós vamos sentir dor e solidão. Quando isso acontecer com sua filha, ela vai precisar de fé e esperança. Sabemos que os adolescentes precisam de fé e esperança. O suicídio é a quarta maior causa de morte entre os adolescentes.[31] E uma informação a mais muito séria: para

---

31 Centro de Controle de Doenças, *Morbidity and Mortality Weekly Report*, 9 de junho de 2006, 1-108.

cada adolescente que comete suicídio, outros, entre cinquenta e cem adolescentes, já tentaram.[32] Um ótimo estudo revelou que 33% dos estudantes de ensino médio já pensaram em se matar.[33] A Associação Americana de Psicologia estima, com base em diversos estudos, que a incidência de depressão entre adolescentes varie entre 9% e 30%. Todos esses adolescentes depressivos precisam de esperança. Adolescentes com doenças terminais também precisam de esperança. Nós, médicos, muitas vezes podemos perceber o momento exato em que um paciente em fase terminal perde a esperança. Depois disso, a morte chega muito rapidamente.

Há mais a se dizer sobre a esperança. No processo de amadurecimento as meninas cometem muitos erros, como todos nós. Parte de seu trabalho como pai é ensiná-la a lidar com os próprios erros. Quando ela comete um erro, o que deve fazer? Se afogar autocomiseração, negar o erro, ou tentar escondê-lo? Nenhuma dessas alternativas é saudável. Ela precisa ser capaz de reconhecer o próprio erro e mensurá-lo. Se foi um pequeno erro, ajude-a a vê-la como pequeno. Se foi um grande erro — bem, ela também precisará enfrentá-lo.

A fim de aprender com os erros e seguir de forma emocionalmente saudável, três coisas precisam acontecer. Primeiro, ela deve admitir que errou. Algumas crianças fazem isso muito melhor do que outras. As crianças pequenas têm dificuldades porque grande parte da sua imaginação se mistura com a realidade. Seja paciente com sua filha se ela tiver dificuldades em admitir que errou, mas continue ensinando-a a reconhecer, pois é uma habilidade que ela precisa desenvolver.

Em segundo lugar, ela deve pedir perdão a você, a quem quer que ela tenha prejudicado, e até mesmo a si própria. Este último gesto é extremamente importante para meninas adolescentes sensíveis. Uma das minhas pacientes ficou deprimida por dezoito meses porque não conseguia se perdoar de um grande erro.

---

32   Armand M. Nicholi, Jr., ed., *The Harvard Guide to Psychiatry*. Cambridge, MA: The Belknap Press of Harvard University Press, 1999, 622-23.

33   A. M. Culp, M. M. Clyman, R. E. Culp, "Adolescent Depressed Mood, Reports of Suicide Attempts, and Asking for Help", *Adolescence* 30: (1995) 827-37.

Em terceiro lugar, ela precisa recomeçar, seguir em frente. Tenho visto várias vezes meninas, minhas pacientes, que querem se arrepender e seguir em frente, mas não sabem como fazer isso. Elas não sabem recomeçar. Isso é o que Deus pode oferecer: o perdão, uma maneira de apagar o passado e voltar ao ponto de partida. Raramente usamos a palavra misericórdia, mas é uma palavra bonita, e todos sabemos o que ela significa. É perdão e graça para quando estamos perdidos. Milton descreve a misericórdia de Deus no *Paraíso Perdido*: "Através de céus e terra / minha glória sobrepor-se-á / mas a Misericórdia / por primeira e última, brilhará". Perdão, misericórdia, e um novo começo são coisas que todos nós merecemos. Portanto, por favor, proporcione-as a sua filha; isso lhe dará esperanças no futuro. Se você tem um jeito melhor de lhe dar esperança, vá em frente, mas eu não sei de outro caminho, e ainda não conheci ninguém que saiba.

POR QUE VOCÊ?

Você não é apenas o primeiro homem da vida de sua filha — é a primeira figura de autoridade na vida dela, e seu caráter está sobreposto de maneira invisível à imagem de Deus que sua filha tem. Se você for digno de confiança, amoroso e bondoso, sua filha se aproximará de Deus muito mais facilmente. Ele não irá assustá-la. Ela será capaz de entender que ele é bom, pois sabe como é a bondade de um homem.

Pesquisas sobre a influência da personalidade do pai na visão que as filhas têm de Deus confirmam isso. Em um estudo, pesquisadores encontraram uma correlação direta entre as imagens que os filhos têm de Deus e seus pais.[34] E as meninas tendem a ver mais semelhanças entre Deus e seus pais do que os meninos.[35] Um estudo liderado pela professora Jane Dickie do Hope College descobriu que os pais tiveram forte influência na percepção de suas filhas de Deus como provedor.[36]

---

34 Jane R. Dickie et al., "Parent-Child Relationships and Children's Images of God", *Journal for the Scientific Study of Religion*, 1997, 36 (1): 25-43.
35 Ibid.
36 Ibid.

Em outras palavras, ser um bom pai também é instruir suas filhas sobre Deus.

Heather tinha um grande interesse por Deus. Quando eu a conheci, pouco antes de ela ir para a faculdade, perguntei-lhe o que ela achava de sair de casa.

— Estou bem ansiosa, mas também muito triste — ela disse.

Senti que ela queria dizer mais, então perguntei o que ela esperava e o que achava que ia deixar para trás.

— Estou empolgada com a ideia de viver por conta própria na cidade. Além disso, acho que será divertido estudar coisas que nunca vi antes. Estou planejando aprender espanhol e estudar ciências políticas. Veja, quero aprender espanhol o suficiente para ir fazer trabalho voluntário em um orfanato em outro país. Sabe, em algum lugar onde as crianças realmente precisem de ajuda.

Eu sabia que aquela jovem confiante e bem-disposta faria exatamente isso.

— Como surgiu esse interesse em trabalhar em um orfanato? — perguntei. — Seus pais a levaram para conhecer algum? Vocês viajavam muito?

— Não, nós não viajamos muito. Não tínhamos muito dinheiro, e além disso, meu pai sempre trabalhou muito e não tirou muitas férias. Ele era meio chato, eu acho.

— Então, por que o espanhol e por que um orfanato?

— Olha, Dra. Meeker, sei que você achar isso meio louco e pode não fazer muito sentido para você, mas sabe, todas as manhãs, meu pai e eu éramos os primeiros a acordar em casa. Eu levantava logo depois dele. De qualquer forma, quando eu descia as escadas, sempre o via sentado sozinho na sala de estar. Ele estava rezando. Eu sabia, porque ele ficava de olhos fechados. Às vezes ele lia a Bíblia ou um livro religioso. E eu sabia que não deveria interrompê-lo.

Meu pai tem uma fé muito forte. Por isso levantava tão cedo todas as manhãs para rezar e ler a Bíblia. Meu pai é um homem feliz, mas ele não é um desses caras que fala com todo mundo. Algumas vezes ele conversava conosco a respeito de Deus, mas gostava principalmente de viver o que aprendeu em sua leitura bíblica matinal. De qualquer forma, todos os dias enquanto ia à escola eu me sentia feliz sabendo que meu pai sentando em sua cadeira na sala de estar havia, com certeza, rezado por mim naquele dia. Não consigo descrever o quanto isso fazia com que eu me sentisse bem. De alguma forma, sei que ajudar as pessoas pobres, especialmente as crianças pobres, o deixaria feliz. Veja, ele quer que eu faça o que quiser, mas eu quero mesmo é ser como ele. Ele faria isso. Sabe, Dra. Meeker, eu quero saber isso que meu pai sabe sobre Deus, e eu acho que trabalhar em um orfanato pode ser uma boa maneira de fazer isso. Agora eu tenho certeza que você me acha louca.

— Não, Heather. Na verdade, compreendo perfeitamente — respondi. Heather não me disse que seu pai a levava à igreja (embora eu soubesse que eles frequentavam regularmente a igreja metodista local), ou que ele a fazia ir ao estudo bíblico ou grupo de jovens. Ela o observava sentado em sua cadeira na sala de estar. E foi isso. Isso era tudo o que ela precisava ver para ser mudada, e ele realmente mudou sua vida. Ele era de verdade, assim como sua fé. Era quieto, humilde e buscava Deus. Era todo o necessário para mover o interior de Heather para que ela buscasse o mesmo. Consegue enxergar o poder que os pais têm na vida de suas filhas? Aposto que o pai de Heather não faz a menor ideia do impacto que ele teve na vida de fé dela.

Observe também que Heather estava entusiasmada em fazer algo para Deus porque ela não tinha medo Dele. O pai dela era genuíno e gentil e assim era Deus, ela pensava. Quando a filha tem um bom relacionamento com o pai, ela se une a Deus com muito mais naturalidade. Se, por outro lado, você a critica com muita dureza, faz comentários sarcásticos ou é cruel com ela, ela se afasta de Deus. Tenho visto diariamente em minha prática que meninas com bons pais escolhem bons maridos, e meninas com bons pais depositam sua confiança e fé em Deus.

O QUE FAZER?

Quer você creia em Deus, ou não, sua filha vai recorrer a você para obter respostas; e, se você crê, ela vai querer saber como Ele é. As meninas dizem que seus pais são a principal influência em sua fé. Por isso, prepare-se.

Antes de mais nada, você precisa se perguntar: "No que eu acredito?". Saia da zona de conforto, seja corajoso e tome um posicionamento. Se você não tem certeza, vá descobrir. Leia a Bíblia. Leia livros relacionados à sua busca, quer sejam obras populares como as de C.S. Lewis, livros simples como *Em defesa da fé*, de Lee Strobel, ou clássicos como *A imitação de Cristo*, de Thomás de Kempis, *Pensamentos*, de Blaise Pascal, e os romances de Dostoiévski. Nada é capaz de ampliar os limites do intelecto humano como a fé; nenhum outro tema suscitou reflexões tão profundas quanto a crença em Deus. Então, comece pelo caminho que as maiores mentes humanas percorreram: a busca por Deus. Comece de onde você se sentir mais confortável. Encontre uma boa igreja por perto, ou leve sua filha ao templo. Dê a ela algo substancial que ocupe a sua mente. Ela está faminta por compreensão e conhecimento, e, se você não oferecer essas coisas, garanto que ela encontrará formação espiritual em algum lugar.

Curiosamente, adolescentes querem religião, mas não querem que as pessoas façam proselitismo.[37] Eu entendo isso, sou da Nova Inglaterra. Deixamos as pessoas em paz e nos dedicamos aos nossos próprios assuntos. Além disso, muitos proselitistas mais tagarelas fizeram um mau serviço. Há hipocrisia e manipulação, a sensação de uma proposta que não é a verdade, e as crianças rejeitam isso com razão.

Mas seus filhos confiam em você e querem te ouvir. Eles sabem que você não tem uma agenda oculta. Sabem que você é honesto e que o seu coração quer o melhor para eles. Você tem mais autoridade

---

[37] Smith, Denton, 75.

aos olhos de sua filha do que qualquer pastor, padre ou rabino. Há um peso maior sobre seus ombros, e isso é bom.

Você também precisa saber que as crianças respeitam a tradição, mas, sem sua orientação, elas irão com a moda. Por exemplo: a nova tendência para os jovens é acreditar em algo chamado "Deísmo Terapêutico Moralista". A ideia é que Deus existe, mas que Ele não interfere na vida de ninguém; o objetivo da vida é ser feliz e estar bem consigo mesmo, e, quando as pessoas morrem, vão todas para o céu.[38] As crianças optam por essa "religião leve" porque não receberam de seus pais uma boa dose de religião de verdade. Elas não podem escolher de verdade se nós não lhes proporcionamos formação religiosa. Isso só os deixa ignorantes de sua herança judaico-cristã, que inspirou muito da melhor arte, música, literatura e filosofia em todo o mundo. Isso é muito triste, porque em toda a América nossos filhos não estão apenas dizendo que querem ouvir sobre essa herança judaico-cristã, mas também que os ensinemos a teologia tradicional. Pesquisas mostram que os adolescentes gostam de tradições e comunidades religiosas convencionais.[39] Isso faz sentido. As crianças preferem o que é familiar e, como a maioria das pessoas, respeitam e aproveitam aquilo que resistiu ao teste do tempo. A prática religiosa tradicional e as comunidades religiosas dão às crianças uma sensação de segurança e continuidade.

Elas não receberão essa instrução em escolas públicas. Não receberão na grande mídia. E muitos pais (e até mesmo muitas igrejas) deixaram as crianças por si mesmas. Não abandone sua filha dessa maneira. Ela quer saber quem é Deus, quer saber como Ele é. E quer aprender com você.

Santo Agostinho disse que há um vazio no coração de todo homem que só Deus pode preencher. Minha experiência com meninas confirma isso. Muitas que não recebem apoio para compreender Deus estão inquietas.

Para ajudar sua filha a encontrar Deus, você precisa agir. Não aprendi sobre medicina (nem você sobre sua área de atuação) apenas nos livros.

---

38 Ibid., 162.
39 Ibid., 27.

Fui residente em um hospital, conversei com médicos, enfermeiras e pacientes. Ao procurar Deus, vá à igreja. Converse com amigos, pastores, rabinos. Obtenha as informações que você precisa e tome sua decisão. Pode ser uma decisão em andamento, pode estar sujeita a mudanças e pode levar anos para que você descubra, mas comece agora, porque você precisa de respostas para sua filha. É a decisão mais importante que você pode tomar.

Sei que são questões profundamente pessoais que muitos homens prefeririam evitar, mas questões profundas moldam vidas e moldarão a vida de sua filha.

Alguns se debatem com a questão e decidem que Deus realmente não existe. Se você escolher o ateísmo, esteja preparado para defendê-lo diante de sua filha. Ela irá te pressionar para obter respostas, porque a maioria de seus amigos acredita em Deus e ela vai querer saber por que você pensa diferente.

Se você crê na existência de Deus, não pare por aí. Pergunte-se: que diferença faz se Deus existe? Quando perguntam às crianças se elas se sentem próximas de Deus, a maioria das que frequentam a igreja regularmente dizem que sim. Sua filha vai querer esse sentimento de relação com Deus e será influenciada pela forma como você vê seu próprio relacionamento com Ele: se isso te leva a servir ao próximo, se o leva a frequentar a igreja, se o incentiva a rezar e ler a Bíblia diariamente, se lhe proporciona um sentimento de paz e esperança, se lhe dá forças para lidar com as tribulações. A beleza da paternidade é que cada um ensina aos próprios entes queridos à sua maneira, de acordo com a própria personalidade.

O pai de Betsy a ensinou uma profunda lição sobre Deus e a fé enquanto morria. Ele tinha uma variante rara de doença pulmonar e estava sufocando. Durante a vida, havia sido um homem jovial e trabalhador que se orgulhava muito do que fazia e de prover Betsy e os demais filhos. Perto da morte, ele voltou-se para ela e, em meio ao chiado que fazia ao respirar, lhe disse: "Querida, não se preocupe comigo. Eu amo meu Senhor e sei que Ele me ama. Isso é tudo o que você realmente precisa saber. Por isso, estou feliz em partir. Estou pronto para vê-lo". O pai de Betsy lhe deu a paz e um presente para ajudá-la a superar a inquietação e a tristeza.

Seja honesto, mas esteja disposto a seguir em frente. Não se contente em acreditar que Deus existe. Sua filha quer mais, então, dê mais a ela. Conheça mais sobre Deus, faça disso uma jornada intelectual. Que isso também seja um objetivo de mostrar sua fé nas suas atitudes: ser mais paciente, bondoso, senhor de si e amável. E lembre-se do que a ciência diz que a fé pode fazer por sua filha: adolescentes com mais prática religiosa vão muito melhor na vida do que adolescentes sem religião.[40]

Quer você perceba ou não, você ensinará à sua filha sobre Deus e a fé. Você já faz isso. Ela procurará respostas e um modelo de fé em você. Novamente, as pesquisas mostram de maneira clara que os pais são as influências mais importantes na vida das filhas em matéria de religião e espiritualidade.[41] E, por mais que você se afaste dessas questões, você, como pai, não preferiria que sua filha fosse até você e admirasse sua fé e como você a demonstra do que fosse até um namorado, vizinho ou a alguma outra autoridade? Provavelmente sim, e sua filha também. Não torne a questão mais complicada do que ela precisa ser. Se você não é estudioso da Bíblia, pastor ou rabino, encontre um e peça a ele que o ajude a ensinar sua filha. Quando você aprender a orar, ela aprenderá. Quando você mudar, ela mudará. E quando você amar a Deus de verdade, ela também o fará. Nada tornará vocês mais próximos do que isso.

---

40   Ibid., 263.
41   Ibid., 261.

CAPÍTULO 9

Ensine-a como lutar

Meu marido é um excêntrico de carteirinha. Ele odeia viajar e adora passar horas cortando lenha. Quando era universitário em Dartmouth, fez um iglu para dormir aos finais de semana (apenas no inverno, claro). Ele compete em qualquer tipo de maratona que possa encontrar: ciclismo, esqui, corrida, e até mesmo canoagem. Chegou a terminar algumas ultramaratonas. Costura primorosamente e fez casacos de lã para nossas filhas ficarem aquecidas enquanto elas estudam as árvores com ele. Normalmente, ele dorme cerca de cinco ou seis horas por noite, e muitas vezes lê Dostoiévski cedo pela manhã. Ele é praticamente contra regar nosso gramado, por isso todo verão nossa grama marrom seca me envergonha quando recebo os amigos. Ele dirige para o trabalho em uma caminhonete amassada com um adesivo escrito BARF (um tipo de detergente usado em lavanderias da Armênia). E, em mais de uma ocasião, já teve pacientes que se ofereceram para comprar-lhe sapatos novos.

Somos sócios da mesma clínica e muitas vezes os amigos perguntam como conseguimos ser parceiros comerciais e, ao mesmo tempo, marido e mulher. Acho essa pergunta desconcertante. Certamente, dividir a responsabilidade dos pacientes é mais fácil do que a das crianças. Podemos discordar sobre tratamentos para a asma ou pneumonia sem que a coisa esquente. É uma simples diferença de opinião profissional.

Mas... se devemos dar palmada nas crianças? Aí é uma verdadeira discussão. Trabalhar profissionalmente, lado a lado, é realmente muito fácil. Seu domínio está claramente delimitado, assim como o meu. Mas quando nos reunimos para resolver o que deve ser feito com nossos filhos, as coisas não são tão claras. Não é como se nosso filho fosse paciente dele e nossas filhas, minhas, ou vice-versa. São nossas crianças, ambos temos opiniões sobre como devem ser criadas, e nossos desejos, crenças e emoções interferem na posição que assumimos. Somos ambos teimosos e cabeças-dura, e com uma prática conjunta, quatro filhos e três mensalidades universitárias para pagar, você pode imaginar algumas de nossas conversas, especialmente se levar em conta que eu e ele pensamos e discutimos nossas pesquisas e opiniões sobre a educação de nossos filhos *ad nauseam*.

Depois que nos casamos, logo decidi que alguns dos hábitos do meu marido precisavam mudar. Por exemplo, ele se exercitava demais. Por outro lado, passava horas em casa resolvendo pendências do trabalho. Em ambos os casos, ele fazia com que eu me sentisse sozinha. Então, fiz um plano.

Durante nossos primeiros dez anos de casados, eu o estudei (sou cientista, afinal de contas) e identifiquei o que eu achava que ele precisava mudar. Compilei uma lista robusta (que não escrevi). Depois, nos dez anos seguintes, me dediquei a ajudá-lo na mudança dessas características, uma de cada vez. Essa "necessidade" de exercícios o tempo todo? Não, acho que não. Não com quatro filhos e uma casa para cuidar. E essa tendência de levar trabalho para casa? Aqui não. Se ele teve tempo para escutar com calma todos os seus pacientes (muitos deles, minhas amigas) durante o expediente, então, quando chegar em casa, certamente pode deixar o telefone de lado, desligar o computador, deixar os livros médicos na prateleira e conversar comigo.

Ganhei algumas batalhas e perdi outras. Finalmente, entrando na terceira década de nosso casamento, joguei a toalha e decidi deixar o homem em paz. E agora eu me sinto envergonhada de tanto incômodo que causei, pois tudo parece muito egoísta. Repeti algumas frases que você provavelmente já ouviu inúmeras vezes como "preciso mais de você comigo"; "preciso de mais ajuda com as crianças"; "quero que você se comunique melhor". A maioria das mulheres tem tais pensamentos, que ficam remoendo dentro de nós. Queremos vidas mais fáceis e pensamos "se ele fizesse isso, minha vida seria muito melhor. Se, ao menos, eu pudesse fazê-lo entender, minha vida seria legal".

Há quinze anos, repreendi meu marido por ser egoísta. Não funcionou. Sua rotina aos sábados me irritava. Ele subia da garagem (seus tênis para pedalar faziam um barulho irritante no piso) e perguntava: "Você se importa se eu der uma volta de bicicleta?". Era uma pergunta ridícula porque seus companheiros de ciclismo, igualmente trajados, estavam na entrada da garagem esperando por ele.

Há dez anos, eu suplicava que ele ficasse em casa e me ajudasse com as crianças. Não funcionou. Há cinco, eu disse a ele, de maneira calma e amorosa, que ele desfrutaria muito mais de sua vida se não quisesse apenas satisfazer os próprios desejos. Também não funcionou. Agora, aos sábados de manhã, eu simplesmente digo: "Boa viagem!" e nós dois somos mais felizes.

Quando o homem quer andar de bicicleta, ele sobe na bicicleta. Ele é assim, exatamente quem ele é, e, imagine, ele é mais do que o suficiente. É um bom homem, um homem muito bom. O que eu achava que "precisava" da parte dele, já tinha. Abri mão de minha obsessão em mudá-lo. Meu marido sabia como separar o joio do trigo, e muitas mulheres podem perder isso de vista.

É verdade que as mulheres são mais atentas aos próprios sentimentos do que os homens, e nossos sentimentos podem se tornar caprichos que nos fazem querer sempre mais de nossos maridos. Podemos acordar pensando "meu dia seria muito melhor se eu tivesse um marido um pouco mais atento".

Mas os homens também têm sentimentos que podem se tornar igualmente frustrados. Quantas vezes você já pensou: "Não aguento mais minha esposa me deixando de lado por causa da obsessão com as crianças. Ela age como se eles não tivessem um pai".

As mulheres tendem a querer relacionamentos mais intensos. Os homens tendem a querer paz e sossego longe do trabalho, e ambos muitas vezes sentem como se estivessem sendo enganados.

O desencanto, a frustração e a angústia são parte da experiência humana, mas nossas vidas melhoram quando compreendemos as paixões internas que nos movem e impulsionam nossas emoções. Você não precisa de psicanálise ou terapia para compreender essas paixões. Tudo o que você precisa é identificar as poucas paixões que movem nossos comportamentos e isso basta para alterar de forma drástica a maneira como você tem vivido.

Por que isso é importante para um pai? Porque você precisa entender que as emoções de sua filha são movidas por impulsos que, se forem obedecidos cegamente, podem levá-la à autodestruição. Seu trabalho, como homem e pai, é ajudá-la a manter as emoções sob controle. É algo realmente muito simples, mas é preciso uma grande quantidade de força e perseverança para se pôr em prática. E você precisa fazer isso, porque o fará melhor do que a mãe dela. A mãe pode se compadecer e ter um vínculo, mas você pode orientar. Você enxerga sua filha de forma mais realista e objetiva do que ela própria é capaz. Não é possível exagerar o quanto sua filha precisa de sua orientação e autoridade. A partir do momento em que ela começa a andar, suas emoções, a menos que tenham bons freios, são uma ameaça ao seu bem-estar emocional.

Estou exagerando? Vejamos se é o caso enquanto damos uma olhada no cérebro dela. Porém, há algo que você pode constatar imediatamente a partir de sua própria vida. Nossas paixões nos levam a fazer coisas (ou ao menos cogitar fazê-las) que sabemos que não devemos fazer. Você vive com suas próprias lutas interiores e intensas. Você aprendeu a lidar com suas paixões, a mantê-las sob controle. Às vezes você acertou, às vezes errou feio. A questão é que você entende tais lutas internas, e sua filha, não. Ela sente essa tensão, mas não sabe o que fazer a respeito. Às vezes ela nem consegue entender quais são suas emoções e desejos em conflito.

Portanto, primeiro você precisa treiná-la para avaliar os próprios impulsos: Eles são bons ou maus? Eles a levam a ser mais forte ou mais fraca? E então deve ajudá-la a identificar esses pensamentos, emoções e desejos que devem ser eliminados, um de cada vez. Ajudá-la a ter mais clareza nos próprios pensamentos, e a simplificá-los.

Uma vez que você tiver feito isso, ensine-a a lutar. Faça com que ela saiba que vocês estão do mesmo lado, que você irá defendê-la de uma cultura tóxica e inimiga das mulheres.

Ensine desde cedo

Antes que as crianças pequenas pensem, elas já sentem. Os instintos, que são uma forma de sentimento, fazem com que elas chorem quando têm fome ou se machucam. Você reage, porque não gosta de ouvir sua filha chorar. A partir do momento em que ela nasce, sua filha está programada para responder aos sentimentos. Quando ela começa a se equilibrar sobre as perninhas rechonchudas, pensamentos começam a se formar, sua vontade começa a se mover e ela começa a fazer coisas para causar reações em você. Observe a linguagem corporal dela.

Ela tem um ano de idade e está andando. Decide subir as escadas por conta própria e sabe que não deveria (você já disse "não" muitas vezes antes), mas ela sobe o primeiro degrau. E o que ela faz depois? Se vira e olha diretamente para você, esperando sua resposta. Ela se agacha e prepara o segundo passo, pensando "posso ou não?". Ela é muito pequena para pensar em prós e contras, mas, deixada por si mesma, fará o que quiser. E ela quer mesmo subir, então começa. Seu comportamento é determinado pelos desejos. O que você faz? Bem, ou você a encoraja indo atrás dela ou você diz "não" e pega ela. Você decide. Você sabe melhor do que ela o que é bom para ela.

Bem, ainda que você não queria ouvir isso, o que é verdade quando ela é uma criança pequena ainda é verdade quando ela tem dezesseis ou dezessete anos. Ela quer fazer o que quiser (ou o que outros disseram que ela deve fazer) e ainda não desenvolveu totalmente sua capacidade de pensar de forma razoável e abstrata. Se você tem adolescentes, conhece a lógica da adolescência. Talvez eles queiram dirigir muito rápido em uma avenida para ver como é. Eles não se imaginam batendo contra um muro a 120 quilômetros por hora.

Desde o momento em que sua filha começa a pensar no que quer fazer, você precisa levá-la a questionar o próprio comportamento, para que, quando ela for adolescente, venha naturalmente até você e pergunte: "Pai, isto é o que quero fazer, mas o que você acha que devo?" Sua filha pode conhecer seus próprios sentimentos, mas, em última instância, quando se trata de tomar uma decisão, você sabe o que é melhor.

Ajude sua filha a encontrar o equilíbrio entre sentimentos, razão e vontade. Não fale apenas, mostre com seu próprio comportamento como esse equilíbrio pode ser encontrado. A razão, a experiência e nossa consciência moral nos ajudam a decidir o que devemos fazer. Como pai, seu trabalho é proporcionar uma bússola moral à sua filha, ser a voz da razão quando ela fala de sentimentos e mostrar-lhe o poder da força de vontade, que lhe permite viver de acordo com a razão e a consciência. Você precisa aceitar que muitos impulsos de sua filha precisarão ser confrontados. Muitos pais acreditam, de maneira equivocada, que os adolescentes têm capacidade cognitiva para "fazer boas escolhas" sozinhos. Mas eles são muito mais movidos pelos sentimentos do que pela razão. Você não deve apenas decidir, mas ensinar sua filha desde cedo a consultá-lo para as decisões. Ela não vai conseguir alcançar aquilo que almeja se não aprender a respeitar sua ajuda, porque é você quem irá determinar os objetivos dela, e você deve ensiná-la a direcionar seus sentimentos para fins úteis.

No jardim de infância, sua filha pode chutar a cadeira de uma colega ou ficar reclamando com a professora. Conclusão: quando ela está irritada, ela chuta. Quando ela quer alguma coisa, queixa-se com a professora. Ela está fora de controle, mesmo parecendo uma mocinha durona. Sua filha precisa que você a ajude a separar o que ela sente de como age, mesmo que tenha sido provocada. Ensine-a, uma e outra vez, que ela nem sempre deve agir de acordo com os próprios sentimentos. Faça com que ela pratique. Se ela aprender isso, se dará melhor com os outros. E, o que é tão importante quanto isso, ela se sentirá mais no controle de si mesma.

Algumas meninas aprendem dos pais, com a melhor das intenções, que seus sentimentos são importantes e que elas precisam de liberdade para "escolher seu próprio caminho". Para essas meninas, o desastre está anunciado. Pense em sua filha adolescente. Os rapazes ligam para ela (no celular, é claro, para que você não possa ouvir a conversa). Eles enviam mensagens. Ela se diverte com toda essa atenção, e sente-se mais adulta. De repente, ela "precisa" ir ao cinema ou passear no shopping aos sábados com certo amigo. Ela conversa com ele ao telefone por horas. Ele tem alguns amigos "descolados" (bebem ou usam drogas), mas ele é realmente um bom rapaz — ela insiste. Você está um pouco preocupado e quer saber por que ela insiste em sair com um cara tão esquisito. Sentindo-se culpado por pensar assim, você o convida a ir até sua casa para conhecê-lo (nota aos pais: sempre conheça as paqueras de suas filhas. Sempre).

Ele não parece tão mau, tirando o fato de a cueca do Bob Esponja estar muito acima de seus jeans, caindo do traseiro. "Será que não é desconfortável?", você se pergunta, silenciosamente. Mas quando vê sua filha interagindo com ele, ela parece diferente. Ela ri muito e tem atitudes sensualizadas. Toca-o, agarra-o. Por que ela o agarra? Porque, quando ela está com ele, suas emoções se apoderam dela e seu autocontrole desaparece. Por isso, vigie como um falcão. Mesmo que você a tenha ensinado bem, suas emoções e "necessidades" do momento ainda podem subjugá-la. Se você a ensinou a decidir com base no que ela está sentindo, você está em maus lençóis. Pior ainda, ela está.

Quando ela for um pouco mais velha, a faculdade será um novo desafio e você precisa saber o que acontece em um campus universitário hoje em dia. Mesmo que você tenha cursado faculdade, você provavelmente ficará chocado com o clima moral atual. Um dos meus pacientes é calouro da Universidade do Michigan. Ele me disse que os calouros são informados durante a orientação que podem receber, por dia, sete camisinha de graça. Depois, eles precisam pagar.

Não menciono isso para debater se sexo antes do casamento é certo ou errado, mas para dizer que as faculdades, hoje, lidam com apetites sexuais descontrolados (sete camisinhas gratuitas por dia?). Não surpreende que o consumo de álcool por menores de idade seja um problema sério nos campi, mas alguns pesquisadores agora comparam o nível de atividade sexual com a atividade sexual em bordéis. Recentemente, a Brown University foi notícia por conta de uma sala cheia de estudantes (não apenas cinco ou dez) parcial ou totalmente nus dançando bêbados. Muitos tinham bebido tanto que precisaram ir para a emergência local. Seus pais pagam, anualmente, 40 mil dólares.

No campus, a noção de certo e errado, tratando-se de sexo, álcool e muitas vezes drogas, está morta.

Quando o desejo governa os jovens, o que temos é autodestruição. O mais cruel nisso é que muitos de nós, adultos, ficamos de braços cruzados, damos de ombros e dizemos coisas como: "bem, os jovens são assim mesmo". Não vá por aí, não faça isso com sua filha. Não a coloque nessas situações onde seus sentimentos intensos, complicados e passionais estarão sujeitos a tanta pressão, e especialmente não a coloque nessas situações se você não a ensinou a ser firme e não ceder aos impulsos.

Seja aliado dela. Ensine-a que quem se deixa levar pelos sentimentos são as mulheres superficiais. Você quer que ela tenha profundidade emocional, sabedoria, força física e agilidade mental. E nada disso pode ser feito sem desenvolver a mente e disciplinar a vontade.

Seja esperto ao escolher as batalhas. No geral, se o que ela come, o penteado que escolheu ou o seu gosto musical te incomodam, você pode deixar para lá (a menos que façam parte de um problema maior, como um distúrbio alimentar ou envolvimento com grupos ruins). Guarde sua energia para as questões mais profundas que você precisa enfatizar: honestidade, integridade, coragem e humildade.

À medida que ela cresce, seus desejos serão mais intensos. É por isso que você precisa começar cedo. Mas nunca é tarde demais, especialmente do ponto de vista dela. Ela quer sua orientação, quer que você fale com ela sobre suas decisões, mesmo que diga que não. Se não forem negados, os desejos dela podem destruí-la. Não deixe que isso aconteça sob sua responsabilidade.

Ensine as regras claramente (sem desculpas)

Até o final da adolescência, ou mesmo até os vinte e poucos anos, o cérebro de sua filha, bem como sua capacidade de pensamento racional, não estarão totalmente desenvolvidos. A chave para se comunicar com ela, além de ouvir, é ser muito claro sobre o que você diz e o que quer. Mensagens indiretas não têm nenhum efeito. Ter muitas opções é algo com que a maioria das crianças não consegue lidar. É claro que eles dirão exatamente o contrário, mas não acredite. Embora sua filha possa dizer que quer mais opções, ela não pode lidar com essas escolhas tão bem quanto você. Na verdade, muitas opções e pouca orientação podem fazer com que ela se sinta confusa e impotente.

Dê a ela um conjunto de regras morais claras. Para fazer isso, você precisa ter as diretrizes morais claras em sua mente, e de preferência também em sua vivência. Se não quiser que ela minta, não peça que ela diga para a pessoa do outro lado da ligação que você não está em casa. Se quiser que ela se dirija com respeito aos demais, veja como você fala. Não deixe insultos e palavrões correrem soltos em sua casa. Se você não quiser que ela beba muito, beba com moderação.

Adolescentes são ótimos em nos forçar para fora da zona de conforto, pois querem saber as regras básicas para viver. Querem a verdade, querem saber o que você pensa e observam o que você faz.

Não fique achando que, se você for rigoroso, sua filha irá se rebelar ou perder a própria identidade. Tenho visto repetidas vezes que as filhas respeitam os pais que defendem os próprios valores morais. Ela quer um pai com convicção e liderança. Ela pode rejeitar suas crenças quando for mais velha, mas pelo menos saberá em que posição você se encontra. Não vá por caminhos perigosos dizendo: "bem, isso depende de como você se sente, ou de como você vê as coisas". Dê a ela algo com que ela possa concordar ou discordar. Isso a incentiva a pensar, decidir ou agir. Sua própria clareza moral dará forças a ela para que um dia ela caminhe com as próprias pernas. A falta de clareza moral de sua parte pode fazer com que ela vá com a maioria, ou que acredite que seus próprios pensamentos e sentimentos, sem discernimento prévio, estão automaticamente certos.

Um dos erros mais graves que nós, pais, cometemos é confundir as fronteiras entre certo e errado para nossas filhas. Não importa o que diga a cultura hegemônica, na sua casa, com a sua filha, você *não* pode misturar as coisas e justificar sua má conduta. Você *não* pode normalizar o erro e o mal; não pode tolerar a ofensa, o abuso e a desonestidade. Não pode permitir que sua filha arrisque seu futuro por não contrariá-la em questões sobre álcool, sexo e drogas, só porque esse é o caminho mais fácil.

Quando um pai suspeita que sua filha de dezesseis anos está bebendo nas festas, mas deixa para lá porque não consegue vigiá-la o tempo todo e "pelo menos ela não dirige", se suspeita que sua filha de quinze anos faz sexo com o namorado, mas não quer falar com ela sobre isso porque "pelo menos ela não está grávida", se deixa sua filha de seis anos sair dizendo "cala a boca" porque é "engraçado e não faz mal nenhum", se defende a filha de dezessete anos que é pega fumando maconha porque "tudo mundo faz isso"; pode parecer que em todos esses casos a filha saiu ganhando. Na verdade, ela perdeu, pois em cada um dos exemplos seu pai a decepcionou. Ser pai é liderar, tomar decisões, intervir em nome de sua filha, instruir e forma seu caráter para que ela saiba o certo e o errado, para que ela saiba quando dizer não, e para que ela seja forte o suficiente e resista à tentação. E tudo isso exige que você tenha clareza moral.

Sua filha precisa conhecer seu padrão moral, porque todos os outros estão tentando vender os deles. Aqui estão alguns dos mais comuns que você terá que combater.

"Preciso ser bonita"

Não preciso dizer aqui o quanto o marketing do glamour é nocivo. Você vê e percebe isso, não dá para escapar. Sua filha também não consegue escapar. Enquanto você paga suas compras, ela lê revistas de moda. "Elas não fazem mal", você pensa, se consolando. Mas você é mais inteligente do que isso. Essas revistas realmente moldam a forma como um grande número de jovens se enxerga. Então, como pai, o que você pode fazer?

Muita coisa. Perceba que, já no ensino fundamental, ela é treinada para querer ser perfeita. E embora estar bonita seja algo bom, você (e não as revistas) precisa estabelecer os padrões. Se você tem dúvidas, posso dizer que tratei pacientes anoréxicas com nove anos de idade.

Muitas meninas começam a fazer dietas no sétimo ano. Certamente, no ensino médio, elas já prestam muita atenção no número que vestem. A aparência exterior é tudo. Se ela for gordinha, se sentirá feia. Se for alta, se sentirá estranha. Se ela for baixinha, se sentirá menos bonita, pois todas as modelos são altas.

No ensino médio, ela vai querer clarear os dentes, pintar o cabelo (várias vezes), vai gastar uma fortuna no salão e pode até querer fazer cirurgia plástica. Se você vive na cidade grande, conhece bem essa nova loucura, cujos pais são os grandes culpados. Agora é bem comum que pais bem intencionados deem às suas filhas uma cirurgia plástica de presente pela formatura do ensino médio. Com frequência essas meninas escolhem aumentar os seios antes de ir para a faculdade.

Gostaria que essa loucura falasse por si só, mas aparentemente não é o caso. Basta dizer que ela comunica para sua filha uma mensagem completamente falsa, faz dela uma pessoa superficial, mina quaisquer valores sadios que ela possa ter e deixa em aberto a questão: quantas cirurgias plásticas são necessárias para torná-la bonita? Ela deveria estar pensando em se destacar na vida acadêmica, nas artes ou nos esportes, e não em como pode realizar as fantasias sexuais dos rapazes jovens.

Estou defendendo que as meninas se vistam com desleixo e sejam aquelas coitadinhas que não são convidadas para o baile? Claro que não. Mas uma coisa é tentar ser mais atraente; outra coisa é transformar jovens lindas em prostitutas de luxo. E é para isso que a cirurgia plástica prepara as garotas quando elas vão para a faculdade.

O desejo de sua filha por ser mais bonita é bom se você, como pai, ajudá-la a direcionar isso. Os padrões não devem ser os da MTV, mas os seus. Não deixe que ela acredite que precisa ser desse ou daquele jeito, segundo a moda do momento. Ela é quem é e não precisa de nenhuma cirurgia plástica. Ela já é bonita.

Quando estava no segundo ano na Universidade Vanderbilt, Jackie foi passar as férias de Natal em casa. Quando seu pai a levou para casa, ficou perturbado com algo que viu em seu rosto. Seus olhos estavam mais escuros, cinzentos, e as sobrancelhas estavam mais salientes do que o normal. Quando ela tirou o casaco, ele ficou chocado. Seus seios tinham desaparecido e os pequenos ossos dos ombros apareciam por trás da camisa de algodão. Tom nunca tinha visto Jackie com esse aspecto. Ela sorriu e ele a abraçou, com todo o cuidado. Ela parecia um passarinho recém-nascido. Até mesmo seus braços e pescoço estavam cobertos com uma pelugem fina.

Talvez tenha sido o estresse de Vanderbilt que a deixou com esse aspecto, pensou Tom. Não, pensou de novo, foi seu divórcio. Ou talvez tenha sido sua luta contra a depressão seis anos atrás. Seria algo genético? Ou pode ser que fosse o resultado de suas faltas como pai. Tom passara longas horas em sua empresa de contabilidade e muitas vezes se sentia culpado por não estar em casa o bastante enquanto Jackie e seus irmãos cresciam.

Durante as férias de Natal, o temor de Tom cresceu. Talvez ela esteja com câncer ou AIDS. Muitas possibilidades passaram por sua mente. Telefonou para colegas, amigos e até mesmo a ex-esposa. Ele viu sua linda filha levantar-se cedo todas as manhãs e se exercitar por uma hora e meia acompanhando um vídeo na televisão. Se ofereceu para levá-la para almoçar, depois jantar, e ela recusava. Estava mal-humorada. Dizia que a faculdade ia bem, mas de alguma forma ele percebeu que ela estava mentindo.

— Por que você não come? — ele perguntou, certo dia.

Ela respondeu, aos gritos:

— Não tente me controlar. Você é um doido controlador, pai! Não vê que sou adulta? Minha mãe me trata como adulta, por que você não consegue? Eu não devia ter vindo para o Natal, bem que a mamãe me avisou!

O coração de Tom foi apunhalado e sua mente parou de funcionar. Ele não sabia o que pensar ou fazer. Ligou para uma amiga médica, e ela lhe disse que Jackie provavelmente tinha distúrbio alimentar.

Depois que Jackie passou por um tratamento médico intenso de vários meses, estive com ele e sua filha. Ela estava calma e razoável. Ele estava tranquilo.

— Pai, você não entendeu. Eu *me sinto gorda*. Sei que você não pensa assim, mas acontece. Os pensamentos e a sensação de que eu sou gorda continuam voltando — ela respirava fundo.

— Jackie — disse Tom, com firmeza — diga-me, por favor, como é isso.

— O quê?

— Esses pensamentos, me diga o que eles dizem. Quero ouvi-los.

— Ele sabia quais eram os pensamentos porque os tinha escutado um milhão de vezes, mas essa não era a questão.

— Pai, você sabe. Eles dizem que sou feia. Se eu perdesse alguns quilos, os homens me convidariam para sair. Ah! Eu não me importo com isso, só não consigo parar de sentir que perder mais alguns quilos fariam com que eu me sentisse melhor.

— Obrigado — respondeu Tom. — Esse pensamento não é seu. É a doença falando. Você pode deixá-los de lado? Pode matá-los? Não são você, querida. São as vozes em sua cabeça que estão mentido.

Jackie olhou para baixo, chateada. Ela não discutiu. Em seu coração, ela sabia que seu pai estava certo. Ela confiava nele. Ele era inteligente e gentil, mesmo que tivesse cometido grandes erros. Era o pai dela, e, aos vinte e dois anos, ela o escutava.

— Eu sou linda, eu sou linda — ele repetia.

Jackie sabia o que vinha a seguir. Ela não queria dizer isso. Ela poderia acreditar, mas, de algum jeito, a fome havia se tornado uma amiga que ela tinha medo de perder.

Tom esperou em silêncio.

— Eu sou... ok — disse Jackie, com calma.

Mês a mês, o trabalho de Tom era encontrar maneiras de combater os demônios na cabeça de Jackie. Ele estava determinado a vencer.

Jackie voltou para a Vanderbilt e hoje está se saindo muito bem. O pai dela curou sua anorexia? Não sozinho, mas o envolvimento dele foi parte fundamental do tratamento.

A melhor maneira de evitar que a anorexia atinja sua filha é ajudá-la a lidar com a própria autoimagem, conversar com ela frequentemente e, se você descobrir que ela tem maus pensamentos, combatê-los e derrotá-los.

"Preciso ser sexy"

Em um *check-up* de rotina, inclinei-me para examinar o abdome de uma paciente de doze anos. Ela olhou para mim e disse:

— Dra. Meeker, essa coisa em volta do seu pescoço é *sexy*!

Embora eu não devesse, fiquei um pouco atordoada.

— Que coisa?

— Esse negócio preto que você usa para ouvir meu coração. É muito *sexy*.

O mais preocupante foi que a mãe da menina nem se abalou com o que ela disse. Sentou-se em um canto e ficou lendo revista.

Hoje em dia, "sexy" é sinônimo de legal, bonito, interessante, atraente ou simplesmente "ok". Palavras podem ser *sexy*, capas de livros podem ser *sexy*, até mesmo as toalhas de mesa podem ser *sexy*.

Você e eu ouvimos essa palavra com tanta frequência que ela pode se esvaziar do seu significado. É apenas mais uma palavra. Mas nós somos adultos e temos cabeça de adulto.

Todos os dias as meninas veem partes do corpo de mulheres bonitas sendo expostas: decotes enormes, seios proeminentes, longas pernas nas fendas dos vestidos e pés em salto alto. A propaganda tem apelo sexual, os programas de TV são incessantemente voltados para o sexo, as músicas que escutam e os videoclipes que assistem são mais explícitos em imagens sexuais do que qualquer coisa experimentada pelas gerações anteriores.

Na cabeça de uma menina americana de dez anos (se ela for mais velha, certamente), ser *sexy* é algo que se espera dela.

Em algum momento da adolescência de sua filha, ela terá de lidar com o desejo de estar *sexy* para suas amigas e namorados. Ela precisa da aprovação dos colegas e anseia pela vida legal retratada na TV e nas revistas. As vozes na cabeça dela dirão que, se ela não for *sexy*, não é nada.

Você não quer que sua filha vá para a escola com a renda vermelha do sutiã saltando para fora da camisa branca desabotoada, mas nossa cultura *pop* diz que essa é a coisa certa a se fazer. Portanto, você precisa ensiná-la — de forma delicada, mas firme — o contrário do que a cultura diz. Não a faça se sentir mal com o desejo de se sentir atraente. Apenas mostre que a modéstia também é atraente, além de valorizá-la mais. Ajude-a a compreender o que as roupas que ela veste comunicam aos meninos, bem como a maneira como ela se porta. Que ela saiba que você quer o melhor para ela, ao contrário da indústria da moda. E ela vai te amar por isso.

"Preciso ser independente"

Mulheres fortes são independentes. Elas pensam por conta própria, ponderam todas as alternativas e tomam as próprias decisões. Os bons pais querem que suas filhas "saibam andar com as próprias pernas" e aprendam a pensar.

Em teoria, isso é ótimo, mas corremos o risco de esquecer que todos dependemos de alguém — e sua filha depende de você.

Muitas jovens absorveram o ideal feminista de que as mulheres não precisam dos homens. Sim, nós precisamos. Precisamos de pais, maridos, namorados, protetores e provedores. Do contrário, corremos o risco de contradizer as verdades mais elementares da natureza humana. Precisamos de outras pessoas, e as mulheres precisam de mais do que apenas outras mulheres.

Portanto, enquanto a cultura *pop* ensina à sua filha que ela precisa ser independente, você deve garantir que isso aconteça como um desenvolvimento psicológico natural e saudável (como pode e deve ser), e não de maneira artificial. As crianças devem aprender (e conquistar) sua independência.

É durante a adolescência que muitos pais erram a mão. Todos nós fomos treinados para acreditar que os adolescentes são "impossíveis". Dizem-nos que a adolescência é normal e saudável mesmo que sua filha passe por uma fase de mau humor, raiva e fora de controle. Basta dar a ela "espaço".

Como médica que trabalha com adolescentes, sei que tudo isso está totalmente errado. Nem tudo na adolescência é biologicamente normal. Sim, sua filha vai mudar durante a puberdade, mas estas mudanças são físicas. Toda a imagem que temos de rebeldia adolescente não vem das questões biológicas em sua filha — vem, sim, da influência do marketing atual. É um "produto" que você e sua filha não devem comprar.

A ideia de que os pais devem deixar seus adolescentes terem o próprio espaço só facilita a venda desse produto para a sua filha, e é a causa dos problemas que temos por "problemas da adolescência". Sua filha de treze anos precisa de você ainda mais do que sua filha de seis. Esteja lá para ela.

"Preciso ter mais"

Pensamento simples de entender, mas amplamente ignorado. Os pais simplesmente acham difícil dizer não às crianças quando elas dizem:

"mas pai, por favor, eu preciso...". Começa com brinquedos, depois são celulares, um televisor no quarto, roupas de marca — você já viu esse filme. O problema não é *ter* coisas. O problema é achar que as coisas trazem felicidade. Antigamente os pais sentiam, por instinto, o perigo de mimar as crianças. Hoje em dia os pais precisam que alguém os recorde que ceder ao "eu preciso" cria um ciclo vicioso de procura sem fim por coisas materiais em prol de uma felicidade passageira. Isso traz ganância, ansiedade e mesquinhez.

Sua filha precisa mesmo de mais brinquedos, bicicletas, roupas e sapatos para ter uma vida melhor? Claro que não. Você sabe disso, e ela precisa aprender. Então, aja tendo isso em vista.

"Não consigo dizer não"

Se sua filha é sensível, sincera e muito boazinha, você tem um problema sério pela frente. Todo pai quer que a filha tenha essas qualidades, além de disciplina e inteligência. São boas aspirações, mas uma coisa você precisa saber.

Essas meninas simpáticas querem agradar os outros. Meninas sensíveis dão duro para ter a aprovação dos pais. Chegam ao extremo para conseguir atenção, amor e aprovação. Perceba isso, e garanta que sua filha saiba o quanto ela te faz feliz. Mas o problema é o seguinte: se ela for realmente muito doce, terá dificuldades em contrariar os amigos, dificuldades em dizer "não", e eles poderão tirar proveito disso.

Uma boa menina precisa aprender a ser gentil, mas firme, e a dizer não com sinceridade. Ensine-a a agir de acordo com o que é melhor para ela, pratique com ela como dizer "não", e deixe claro que mais importante do que ser simpática é viver de acordo com as regras morais que ela aprendeu. Imagine cenários com ela, para que ela visualize o que fazer e como agir. Se ela for dormir na casa de amigas e elas começam a assistir *Atração fatal*, ela precisa sair do quarto e ligar para você. Você sabe que isso vai ser difícil para ela. Ela não vai querer fazer isso, mas mostre a ela que as pessoas a quem ela mais tem de agradar são você e a mãe dela, não os amigos, que podem não ter as melhores ideias, nem os pais desses amigos, que podem ter um padrão moral diferente. Ela precisa defender, educadamente, os próprios padrões — aqueles que você transmitiu.

Andrea tinha dezoito anos e preparava-se para concluir o ensino médio dali a dois meses. Seus pais iam passar o fim de semana fora da cidade e deixaram que ela ficasse em casa na companhia de uma amiga. A amiga de Andrea ligou para um rapaz e o chamou para vir, e logo cerca de trinta jovens estavam na casa de Andrea bebendo e fazendo farra. Andrea sentiu-se culpada e temerosa, e pediu que as pessoas saíssem. Eles não quiseram sair e aumentaram o volume da música. Um garoto estava tão bêbado que caiu da escada e danificou o corrimão. Outro começou a brincar com uma bola de pilates na sala de estar e quebrou a janela.

Então a polícia chegou. A maioria dos jovens se dispersou antes que a polícia batesse à porta. Andrea não. Ela ficou, abriu a porta e contou a eles tudo o que havia acontecido. Ela tinha bebido? "Só um pouco", ela disse. O bafômetro mostrou que ela dizia a verdade. Mas agora ela e mais cinco amigos tinham passagem pela polícia.

A escola descobriu e ela foi expulsa da equipe de corrida. A faculdade que ela ia ingressar no outono também descobriu. Ela passou seu ano de caloura sob observação.

Seus pais não deveriam tê-la deixando sozinha em casa. Andrea era muito gentil e boazinha para ficar desacompanhada.

Os pais com frequência me dizem: "minha filha é uma jovem muito boa. Ela sabe o que é certo e o que é errado, e que beber é um problema. Se ela estivesse em uma festa, não tenho dúvidas de que faria a coisa certa".

Mas vejo jovens realmente muito bons que se metem em problemas o tempo todo porque não sabem dizer não, porque seus pais não os prepararam paras as situações com as quais eles se deparam; em suma, porque seus pais esperavam que um adolescente tomasse uma decisão como um adulto. Mesmo as melhores meninas querem agradar os amigos. Devemos contar que, o que quer que os amigos façam, sua filha fará.

Por fim, lembre-se: boas meninas morrem em acidentes de carros. Boas meninas engravidam. Boas meninas se apaixonam pelos meninos errados. Ensinar a sua filha a dizer não pode salvá-la.

CAPÍTULO 10

Mantenha a conexão

Você enlouqueceu? — eu disse a meu marido. Ele me ignorou. Caminhando pelo quarto de nossos filhos, sussurrou: — Venham aqui! Tenho algo para mostrar. Era uma e meia da manhã.

Fiquei no andar de cima. Ele levou nossos filhos, um por um, lá para fora, para a varanda. Lá, no cimento, eles repousaram seus pequenos corpos cansados durante a hora seguinte, olhando a aurora boreal que iluminava o céu. Mesmo em junho, a noite já era fria o bastante para que eu pudesse ver a respiração que saía de suas narinas minúsculas. Queria repreender meu marido por colocar as crianças em risco de pneumonia, mas fiquei quieta.

Ninguém falou muito durante aquela hora da noite. Simplesmente assistimos, tremendo, aquelas ondinhas verdes e vermelhas brilhantes no céu noturno. Então, todos nós subimos as escadas e voltamos para nossas camas quentinhas.

Tive dificuldades para dormir depois. A aurora boreal era linda, mas e a lição de casa dessas crianças que iam dormir durante a aula? Fiquei nervosa por mais meia hora antes de pegar no sono.

Não me lembro as notas de nossos filhos naquele ano, muito menos como eles lidaram com a aula no dia seguinte. Não lembro porque isso não importa. O que importa é que todos os nossos quatro filhos se lembram do entusiasmo extraordinário de seu pai em compartilhar algo maravilhoso com eles. Eles se lembram de estarem sentados no frio, ao lado do pai, e que aquilo foi incrível.

Psicólogos, médicos e pesquisadores gastam tempo e dinheiro incalculáveis pesquisando o que mantém as crianças no caminho certo (longe de drogas, gangues, bebedeira e sexo). E o que os dados indicam repetidas vezes? O que os pais já sabem: *você* é a chave para uma vida feliz e plena para sua filha.

Conexão de pais: mães e pais que ficam juntos e mães e pais que gastam tempo com seus filhos. E ninguém é mais importante para a filha do que seu pai.

Você não precisa ter lido todas as pesquisas de psicologia para saber o que fazer. Nossas meninas estavam conectadas ao pai enquanto passavam frio naquela noite fria de junho.

Tudo o que sua filha precisa é que você passe tempo com ela. Pense em você como o porto seguro de sua filha. Ela precisa de um lugar para parar e se reestabelecer, reorientar-se e lembrar quem ela é, onde ela começou e para onde está indo. Ela precisa de um lugar para descansar e recarregar as forças. Você é esse lugar.

Trabalhar, brincar e planejar

Os pais gostam de fazer coisas fora de casa, então aqui vai uma dica: leve sua filha com você. Ensine-a a mexer no motor, leve-a para pescar ou caminhar, ir ao museu, ou jantar fora. Você não quer transformá-la em um menino, mas deixe-a passar tempo com você quando estiver fazendo o que gosta. Isso facilita que vocês se abram e compartilhem coisas um com o outro. Ela vai se acostumar com você entusiasmado, fazendo o que gosta. O bom das atividades ao ar livre é que a conversa flui naturalmente. E hoje, especialmente, quando tantas crianças vivem na internet e no celular, uma conexão de verdade, pessoal, é mais importante do que nunca.

Os Estados Unidos são um país imensamente solitário, repleto de pessoas famintas por um relacionamento real. Vejo 90% das crianças (e dos pais) que sofrem depressão sentindo-se profundamente sozinhos. Aparelhos eletrônicos sofisticados não bastam. Nada substitui a presença real de outra pessoa ao vivo.

Os especialistas dizem que a maior parte do que comunicamos a outra pessoa não vem do que dizemos, mas de nossa linguagem corporal. E as mulheres são muito mais sensíveis à linguagem corporal do que os homens. Por isso, quando estiver com sua filha, concentre-se nela. Não a leve para jantar e fique olhando para os lados. Ela vai notar, e não vai perceber seu envolvimento e compromisso da mesma forma que sentiria se você lhe desse atenção.

Peter e Elizabeth adoravam exercícios ao ar livre. Quando Elizabeth estava no quinto ano, ela começou a correr em pistas de atletismo. Quando Peter voltava do trabalho, levava a filha para um passeio no bosque ou para uma corrida na pista do colégio. Quanto mais Elizabeth se destacava na pista, mais orgulhoso seu pai ficava.

Houve uma corrida em uma pista no alto de uma colina com vista para uma grande estrada. Minha filha também estava competindo. A certa altura, olhei para a estrada e, a cerca de 800 metros de distância, vi um grande ciclista de cabelos grisalhos. Depois de um tempo, percebi que era Peter.

Ele estava sem capacete e vestido como se estivesse vindo do trabalho, com uma camisa branca de mangas arregaçadas, gravata esvoaçando amarrada ao pescoço, e as barras da calça por dentro das meias pretas. A camisa estava molhada de suor enquanto ele pedalava pela colina íngreme.

Finalmente, ele chegou à pista, estacionou a bicicleta e, sem pentear o cabelo desarrumado ou ao menos soltar as barras da calça de dentro das meias, correu para a pista.

Elizabeth não estava correndo. Estava sentada de pernas cruzadas no gramado lateral da pista assistindo à competição dos colegas de classe.

Quando ela o viu, levantou-se e correu em sua direção. Ele aumentou a passada e acelerou a velocidade. Então ele desceu de seu 1,80m para ficar na altura dela, agarrou-a pela cintura e a jogou para o alto. Ela soltou um gritinho enquanto voava como uma boneca de pano acima da cabeça dele. Ele a pegou, balançou-a e a apertou forte contra si. Então ela correu de volta para a pista. Sua corrida era a próxima.

Sem usar palavras, Peter fez uma grande conexão com Elizabeth. Foi mais fundo em seu relacionamento. Não foi a corrida que tornou o relacionamento deles mais fortes, e sim passar o tempo juntos. Mais forte do que nunca quando Peter, encantado com a presença de Elizabeth, jogou-a no ar. Ele não perguntou como ela estava se saindo na competição. Não se importou em parecer ridículo em seu traje adaptado de ciclista. De forma silenciosa e imediata, comunicou que a achava maravilhosa. E foi isso, essa foi a conexão.

A maioria das mães não ergue cinquenta quilos no ar. Nós conversamos com elas. A maioria das mães não leva as meninas para pescar ou mexer em motor de carro aos fins de semana. Os pais, sim. Então, façam isso. Ambos precisam se afastar das tarefas domésticas e dos deveres. Vocês precisam passar tempo juntos se divertindo.

A ADOLESCENTE SOLITÁRIA

Atualmente, os pais querem que seus filhos tenham celulares para que possam estar sempre em contato. Queremos que eles tenham e-mails para que possam mandar notícias quando estiverem na faculdade.

Como a música estimula o desenvolvimento cognitivo, colocamos músicas para tocar quando as crianças são pequenas e damos iPods para elas quando estão mais velhas. Depois, elas ganham *smartphones*.

A maioria dos lares americanos de hoje tem um computador para cada estudante ou trabalhador da casa, porque dependemos muito da internet e das ferramentas de texto. Muitas meninas têm televisores em seus quartos e as mais velhas têm não só televisores, mas também *notebooks*, celulares e aparelhos de som. Os quartos das meninas se tornaram paraísos eletrônicos confortáveis e sedutores que as levam a "conectar-se" com seus amigos por várias horas.

As crianças estão mais imersas em eletrônicos do que nunca. Assim é a vida. Mas isso implica riscos psicológicos muito sérios. Mesmo que as meninas pensem que estão usando essas ferramentas para se conectar, quando usam um computador, um telefone celular ou um iPod, na verdade elas estão sozinhas. Não estão cara a cara com ninguém. Embora o relacionamento virtual seja de verdade, ele é profundamente limitado e até perigoso.

Pense no celular de sua filha. Se ela é uma menina normal de 14 anos, no momento em que sai da escola, ela pega o ônibus e começa a conversar com a amiga pelo celular. Conversam sobre assuntos particulares e, muitas vezes, bobagens. Em vez de ver a amiga, sua mente traz à tona imagens dela que podem acompanhar seu discurso. Se sua amiga ri, ela evoca essa imagem; se elas discutem, ela imagina a amiga carrancuda. Ela sente como se estivessem juntas, mas não estão.

Então ela vai para casa e começa a enviar mensagens instantâneas. Mais algumas amigas ficam *on-line* e conversam. Ela fala, mas ninguém ouve sua voz. Não há qualquer inflexão verbal, e é quase impossível para ela visualizar os amigos. Ela se comunica, mas somente através de palavras mal escritas e abreviações. É claro que as palavras são muito poderosas. Elas podem despertar a emoção e podem direcioná-la, mas somente se forem bem comunicadas, e se comunicar bem não é o que acontece entre adolescentes trocando mensagens instantâneas.

Agora ela se desconecta e vai para o quarto relaxar ou fazer dever de casa. Coloca os fones de ouvido para ouvir música no iPod. A música filtra o que ela escuta e ela não se comunica com mais ninguém.

Depois do jantar, ela acessa seu e-mail. Envia mensagens que desaparecem e depois reaparecem na tela de outra pessoa. Ela está se comunicando, mas, novamente, sozinha.

Se sua filha é uma menina normal, ela passará entre seis e oito horas por dia com aparelhos eletrônicos de algum tipo. Os pais muitas vezes não se importam, porque, se seus filhos estão usando esses aparelhos, isso permite um tempo para os pais longe das crianças para pagar contas, dar um telefonema ou ler o jornal. Assim, embora tais ferramentas o ajudem a ter tempo para suas coisas, elas também diminuem drasticamente o tempo que você passa com seus filhos. E só isso já prejudica o relacionamento com sua filha.

Nesse meio-tempo, sua filha está fortalecendo relacionamentos que não são verdadeiras conexões com pessoas de carne e osso. O e-mail é menos real que as mensagens; as mensagens, menos reais que as ligações no celular; e os celulares são menos reais do que conversar cara a cara.

A maioria das meninas americanas ama trocar mensagens. As meninas não apenas conversam mais do que meninos, elas digitam mais. Em mensagens de texto, as palavras vêm acompanhas de pontos de interrogação, exclamações e carinhas sorridentes. A linguagem das mensagens pode ser engraçada, divertida e interessante para os adolescentes, mas está muito distante do contato humano real. Depois de um tempo você talvez descubra que sua filha terá dificuldades para conversar com você dentro do carro, em casa ou em um restaurante, porque estar cara a cara é algo poderoso e assustador, e ela está muito acostumada ao anonimato do mundo virtual. Quando ela vê seu rosto, não há como escapar de seus pensamentos e sentimentos. A vida real torna-se excessivamente estimulante para seus sentidos. As vozes são barulhentas. O toque é estranho. Os olhares perscrutam e oprimem suas expectativas. Você é uma figura distante e assustadora.

Não permita que isso aconteça. Não há necessidade de proibir as ferramentas digitais, mas faça com que o tempo *on-line* seja moderado, e tenha um equilíbrio com o tempo com você. As ligações telefônicas não bastam. Vocês precisam estar juntos, isso é fundamental para um desenvolvimento emocional, intelectual e físico saudável. Você precisa reconhecer que sua filha está sendo treinada para se relacionar de uma forma muito diferente da sua. É clichê dizer que os homens têm mais dificuldades com intimidade do que as mulheres. Não tenho tanta certeza da verdade disso, pelo menos, não em relação a pais e filhas. Você passa horas conversando cara a cara; ela passa horas em *chats* online. Você é capaz de reconhecer o que é real, ela nem sempre consegue.

Como você precisa competir com as conversas virtuais, músicas virtuais e relacionamentos virtuais, tire a menina das telas o máximo que puder. Lembre-se de que, levando tudo em conta, você comunica melhor que os celulares, e-mails ou chats. Eles não podem confortá-la em um hospital ou levá-la ao altar em direção ao futuro marido. Só você.

Além de roubar o tempo com você, os eletrônicos também oferecem outro risco para sua filha. Eles desencorajam a sinceridade. As mensagens de texto ganharam toda uma vida própria por causa disso. Especificamente os jovens mentem com uma regularidade que não o fariam cara a cara. Não fazem isso porque são maus, mas porque é divertido. Usam muita linguagem grosseira pelo mesmo motivo. Assim, as meninas escrevem aos meninos coisas que jamais diriam pessoalmente. Muitas praticam "sexo virtual" com um ou mais amigos, até mesmo colegas de classe com quem trocaram apenas umas poucas palavras. As telas do computador retiram a inibição.

A maioria das meninas odeia grosserias, mas fala de forma chula nas mensagens porque palavrões, meias-verdades, mentiras, fingir ser outra pessoa e linguagem pornográfica fazem parte do mundo virtual, o que, para os adolescentes, parece divertido e inofensivo. Mas você sabe mais, e sabe que o que começa na tela de um computador pode acabar em problemas reais.

Portanto, mantenha sua filha no mundo real, seja sincero com ela, espere dela sinceridade e não deixe que os computadores fiquem entre vocês.

Sobrevivendo ao estresse

Ninguém fica procurando situações de estresse, mas sobreviver juntos a períodos estressantes cria laços poderosos. Se há estresse em sua vida (e qual vida é livre de estresse?) use-o para criar laços com sua filha, aproximando-se dela. Um problema para resolver, um projeto para os dois (mesmo coisas simples, como armar a barraca do acampamento ou consertar um motor com defeito) pode ser ótimo. Veja o que aconteceu com Elliott e Hillary.

Quando Elliott tinha setenta anos de idade ele se aposentou de sua próspera carreira como cirurgião geral. Não gostou da aposentadoria. Não queria jogar golfe nem pescar. Não gostava de trabalhos domésticos. Então, entediado, pediu à filha de quarenta e seis, Hillary, que também era médica, para acompanhá-lo em uma viagem de voluntariado médico à Nicarágua. Ela concordou.

Quando os dois chegaram à Nicarágua, Elliott estava radiante. Hillary estava nervosa com os banheiros sujos, água intragável e insetos irritantes, mas Elliott não se importou. Ela se preocupava em como ele iria lidar com o calor, se iria pegar alguma doença tropical ou se iria quebrar um braço ou uma perna e precisaria ser levado às pressas (de alguma forma) para os Estados Unidos. Mas Elliott não se preocupava com nada.

Após alguns dias coletando suprimentos e viajando pelo interior do país, montaram, com sua equipe, uma clínica para atender os pacientes. Se alguma cirurgia fosse necessária, eles os levariam ao hospital mais próximo e fariam a operação.

Uma mulher tinha um tumor no útero, do tamanho de uma laranja. Dois jovens tinham hérnia inguinal, outro tinha uma massa testicular. Elliott adorava usar seu espanhol enferrujado e diagnosticar os pacientes. Ele estava entusiasmado.

Isso foi antes de ele ver o "hospital". Hillary e uma enfermeira experiente em anestesia o acompanharam. Enquanto subiam a estrada de terra até o hospital, Elliott respirava com dificuldade. O edifício estava abandonado. Não havia eletricidade, embora houvesse água encanada. O motorista do ônibus gentilmente o levou por uma entrada sem portas até uma sala de oito metros quadrados com uma única janela. Uma mesa de operação, feita de aço, jazia no meio da sala. Uma grande luminária pairava sobre ela. Não tinha lâmpada e o vidro estava quebrado. Elliott começou a suar.

Na porta, o primeiro paciente (um jovem com hérnia) esperava. Hillary viu o rosto do pai. Ela respirou fundo e disse:

— Vamos lá, pai, você consegue. As hérnias são simples. Você sempre me disse isso. Nós vamos conseguir. — Ela fez um gesto para enfermeira, que começou a montar seu ponto de medicamentos e oxigênio portátil.

— Está imundo. E as infecções? Esse pobre rapaz vai morrer de alguma infecção.

— Não, pai. Um passo de cada vez. Tenho medicação intravenosa, líquido intravenosos e alguns analgésicos. Eu cuidarei disso, você só opera.

Hillary pediu ao rapaz para esperar mais alguns minutos enquanto eles preparavam tudo. Ela limpou a mesa e puxou os instrumentos esterilizados, trajes e cortinas de sua bagagem. Ela percebeu que estava tremendo. A sala estava quente e úmida.

Mas eles seguiram em frente. Elliott operou a hérnia de seu primeiro paciente. Depois, operou outra. Depois removeu o tumor da mulher e a massa testicular do homem. De poucos em poucos minutos, limpava o suor da testa em sua manga. Isso violava os padrões de esterilização, mas ele não tinha escolha. Precisava enxergar. Não tinha ar-condicionado, e várias vezes Elliott achou que fosse desmaiar. Hillary o observava e observava os pacientes. Após três dias de cirurgia e doze pacientes (metade deles desenvolveu infecção ou teve dores incontroláveis), Elliott já tivera o bastante.

Foi jantar com o resto da equipe, engolindo sua vagem enlatada com batatas. A água limpa era escassa.

— Estou cheio disso — anunciou. — Sinto muito. Não posso mais fazer isso. Não posso mais operar. Meus pacientes estão tendo infecções e eu estou causando mais mal do que bem.

Elliott era texano, da cabeça aos pés. Começou a chorar.

Mas a equipe lhe disse que não desistisse. Hillary, em particular, encorajou o pai, dizendo que, embora ela não fosse cirurgiã, sabia o suficiente do assunto para ajudá-lo, especialmente quando ele estivesse cansado e precisasse se sentar.

Assim, Elliott, operando lado a lado com sua filha, terminou suas duas semanas de trabalho voluntário. Ao fim, estava fisicamente e emocionalmente exausto. No avião de volta para os Estados Unidos, estava cansado demais para conversar.

Desde a morte de seu pai, Hillary diz que essa viagem tornou o relacionamento deles extraordinariamente forte. Quando era adolescente, havia dado problemas a seus pais. Mas ela sabia que seu pai era um homem bom, um homem muito bom, e especialmente depois do trabalho em conjunto deles na Nicarágua ela se sentia privilegiada por ter passado a vida com ele. Ela havia testemunhado a doação máxima do pai para ajudar os outros. Ela o tinha ajudado, e ele a queria lá, ao seu lado. "Ele me conhecia e me amava. O que mais eu poderia pedir de um pai?"

Você é capaz de conectar-se com sua filha? Certamente. Simplifique. Seja parte do cotidiano dela. Peça a ajuda dela nas tarefas, leve-a ao cinema ou façam um trabalho voluntário juntos; mas, o que quer que seja, volte sua atenção para ela. Esteja em sintonia, escute-a e não deixe que o trabalho e suas preocupações o distraiam. No fim das contas, ela é mais importante que qualquer outra coisa.

Posfácio

Todo dia é um desafio. A rotina de trabalho é árdua. E o que nos faz continuar é a esperança de que, no fim do dia, a vida seja um pouco melhor, mais feliz, mais calma e mais alegre, que nossas preocupações passem, que nossa busca interior por "algo a mais" seja aliviada.

Em muitos dias ficamos desapontados. Estamos presos a esse "algo" inatingível que nos fará mais completos. Mas, quanto mais procuramos por ele, mais distante ele se torna, porque o que estamos procurando está logo ali. Não é o seu trabalho ou seus hobbies. Não é mais dinheiro ou sexo. É a sua família, esposa e filhos, e Deus. Eles são o verdadeiro centro de nossas vidas. Os homens que descobrem isso encontram o que buscam. Os que não descobrem nunca estão verdadeiramente felizes ou satisfeitos.

O problema é que é muito fácil perder a perspectiva. Há um milhão de distrações e tentações. Elas nos puxam e podem nos fazer perder o caminho de vista.

E não apenas para nós, adultos — nossos filhos também podem facilmente se desviar. Todos os dias sua filha enfrenta tentações semelhantes. Todos os dias ela precisará de sua orientação e exemplo para entender por que a vida é um dom e como ela deve fazer uso desse dom.

A leitura deste livro não vale a pena a menos que você coloque suas ideias na prática. Portanto, aqui vão algumas dicas finais para orientar seu plano de ação.

Perceba quem é você para ela

Quando ela é um bebê, os olhos dela procuram seu rosto. Os ouvidos dela escutam sua voz e tudo dentro dela busca a resposta para uma única pergunta: "Papai, você está aqui?". Se você estiver lá, o corpo dela se desenvolve melhor. O QI começa a se elevar, e seu desenvolvimento segue o rumo natural, mas, mais importante, ela percebe que a vida é boa porque você a ama. Você é o primeiro contato dela com o amor; você é o próprio amor.

Quando ela for ao jardim de infância, pensará em você e poderá até mesmo falar de você. Se outro colega de classe fizer um comentário desagradável, sua filha vai dizer ao valentão que é melhor ele ter cuidado porque você, herói dela, pode ir até a casa dele dar-lhe uma surra. Para ela, você pode fazer qualquer coisa, especialmente protegê-la.

No ensino fundamental, seus desafios e seu mundo se expandem, mas a pergunta que ela te propõe ainda é a mesma: "Papai, você ainda está aí?". Quando tiver treze anos e usar batom, ou quinze competir em um concurso de redação, ou dezessete e morar na casa de uma amiga porque não suporta você, uma única pergunta irá assombrá-la: "Pai, você está aí?". Ela precisa saber que a resposta é sempre sim. Quanto mais você a deixa se perguntando, mais ela se irá buscar essa resposta, e poderá ir a extremos para tentar obtê-la de você.

E quando ela tiver seu primeiro filho, ou for diagnosticada com câncer de mama aos trinta anos, ou seu marido a abandoná com as crianças, a pergunta irá permanecer: "Pai, por favor, você está aí?".
Se ela souber que você está lá, confiável e cheio de amor, você terá transmitido esta grande lição: a vida é boa. Os bons homens a tornam boa.

Abra os olhos e enxergue o mundo dela
(é diferente do seu)

Ser pai não é fácil. Você enfrentará uma série de desafios, e a maioria deles virá da cultura em que ela está inserida, e não de qualquer coisa que você tenha feito.

Antes de tudo, a escola irá afastá-la de você. A escola é algo ruim? Claro que não, mas algumas das experiências na escola podem trabalhar contra seu relacionamento com ela. Ela vai ouvir coisas que você não quer que ela escute. Ouvirá comentários depreciativos sobre o que você acredita. Pode até mesmo ouvir críticas a seu respeito. Ela terá educação sexual, o que pode fazer mal a ela e, quando isso acontecer, ela pode vir a ter vergonha e se esconder de você. Seus amigos e colegas de turma podem tentar afastá-la de você. Essa é a vida no século XXI: o que um pai pode fazer?

Muita coisa, mesmo. Você pode não ser capaz de mudar a cultura popular inteira sozinho ou reformar os currículos escolares, mas o que você diz e faz, o exemplo que dá e a liderança que proporciona podem manter sua filha no caminho certo (ou trazê-la de volta para o caminho certo). Sua influência é muito importante. E, mesmo que você sinta que é tarde demais, que ela está muito longe de você, corra ao encontro dela. Não importa sua idade ou a idade dela, ela ainda é sua filha, você ainda é o pai dela.

Lute pelo corpo dela

De longe, o maior perigo para sua filha do marketing agressivamente sexualizado que, sem controle, pode dar a ela uma impressão muito distorcida de si mesma. No ensino fundamental ela será encorajada a ser *sexy*, a consumir conteúdo sexualizado na televisão ou internet. Música, roupas, jogos, videogames e revistas que ela espia enquanto faz compras estão encharcados de sexo. Por que tais imagens são tão devastadoras? Porque, a partir dos sete anos de idade, o sexo (o que quer que isso signifique para ela) estará em sua jovem mente. E se ela começar a fazer sexo durante a adolescência, coloca a saúde mental em um risco tremendo. Eu preferiria, de verdade, que meus pacientes (e meus próprios filhos) fumassem durante a adolescência, em vez de fazer sexo. Pense nisso. Se uma menina de dezesseis anos fumar até os vinte e depois parar, seus pulmões e seu sistema cardiovascular irão se recuperar e ela poderá ficar completamente saudável pelo resto da vida. Se ela for sexualmente ativa durante esses mesmos anos, por outro lado, ela tem uma chance razoável de contrair uma DST. Algumas das quais ela pode se recuperar, outras não. Uma vez ela contrai herpes (tipo 1 ou 2) ela a adquire para o resto da vida. Ou ela pode ser infectada com HPV e desenvolver câncer cervical. E então há a possibilidade real de problemas de fertilidade causados por uma infecção em seus órgãos reprodutores. Muitas DSTs não apresentam quaisquer sintomas até que seja tarde demais.

Não deixe que isso aconteça com sua filha. Proteja sua mente e seu corpo. Lembre-se que estabelecer regras não tem nada a ver com confiança, especialmente durante a adolescência. Estabelecer regras significa estar vigilante para protegê-la e é uma questão que tem mais em conta o aspecto biológico e emocional dela, e a sua responsabilidade como pai. O cérebro dela não está totalmente desenvolvido. Os cientistas agora sabem muito mais sobre o cérebro adolescente do que nós sabíamos há uma década, e o que aprendemos mostra que a autoridade dos pais é crucial. Sabemos que, independentemente da personalidade, inteligência ou boas notas de uma menina, ela não tem a maturidade intelectual de um adulto, e pode ser facilmente atraída pelos problemas. Mas você pode mantê-la longe disso. Portanto, conheça os namorados dela. Não a deixe por aí sozinha à noite com eles. Se for errar, erre pelo excesso de proteção e você ainda assim irá acertar, porque, mesmo que você se sinta menos racional do que os pais das amigas dela, lembre-se, eles são ingênuos demais. Comparado a eles, você pode parecer rígido, mas é menos provável que você tenha problemas com seus filhos no futuro. Proteja-a e defenda-a, e ela vai saber que você a ama.

Lute pela mente dela

Ela vai fazer dieta, pensar em carboidratos e no tamanho dos seios, cintura pequena e braços macilentos. Ela vai se perguntar se ter músculos é bom ou ruim. Você não, mas ela sim. Ela pode até tornar-se obsessiva ao pensar no próprio corpo, e esses pensamentos põem sua autoestima em perigo. Você precisa estar ciente de que eles estão na cabeça dela, e precisa ajudá-la a combatê-los. Precisa ensinar a ela que ela tem valor porque é humana, que ela já é bonita e que muito do que vê na televisão, no cinema e nas revistas é mentira e ilusão. Tenha essa conversa com sua filha e você vai ficar surpreso em como ela reage bem e como isso vai melhorar o relacionamento de vocês. Aos olhos dela, você é um herói. Entre todas as pessoas, você é quem sabe como lutar, porque é o pai dela, então entre na batalha e ajude-a.

Nunca deixe a cultura pop roubar sua filha de você. Ensine-a a prioridade da família, a importância da humildade e o quanto é bom ajudar os outros. Ensine-a a olhar além de si mesma.

Lute pela alma dela

E então há a fé. Sua filha vai se perguntar a respeito da morte e do sobrenatural. Vai querer fazer perguntas. Algo dentro dela fará com que busque conhecer a existência de Deus, se Ele é real e como Ele é. Por isso, ajude-a. Não desista. Assim como você a ensina a andar de bicicleta, a saber o certo e o errado, a ficar longe das drogas, ensine sobre Deus. Sua filha é um ser espiritual e quer respostas. Mais que isso, é fato que a fé faz bem para ela. Isso é demonstrável em muitos estudos. Portanto, vá fundo. Leve-a a igreja, ensine-a a orar, conheçam o Antigo e o Novo Testamento. Entender a Deus é a jornada intelectual e espiritual mais importante que alguém pode fazer. Não a deixe fora disso.

LUTE PELO RELACIONAMENTO DE VOCÊS

O que sua filha mais quer de você é seu tempo. Não se preocupe em passar tempo com ela. Muitos pais acham que precisam entreter suas filhas para que o tempo juntos seja especial. Isso é em parte verdadeiro, em se tratando de pais divorciados. Mas sua filha não precisa (ou quer) de eventos ou passeios especiais. Ela só precisa estar com você, ao seu lado fazendo as tarefas, lavando o carro, vivendo a vida. Portanto, basta estar junto dela. Peça a ela que varra o quintal com você, vá as compras ou troque o óleo do carro. E diga que você conta com a ajuda dela. Se ela tiver quinze anos e quiser ir ao shopping em um sábado à tarde, em vez de ir com ela ou não deixá-la ir, faça com que ela fique e o ajude com algumas coisas da casa. Ela precisa de mais tempo com você do que com os amigos. Por isso, fique por perto.

Sua filha quer sua orientação em assuntos como qual instrumento tocar ou que esporte praticar, para qual faculdade ir, o que fazer em relação a sexo e drogas. Se estiver próxima de você, é muito mais provável que tome boas decisões. Se não, o cenário não está nada bom.

Portanto, mantenha o relacionamento: fale com ela, passe tempo com ela e aproveite o tempo juntos, porque ela cresce a cada dia. Você pode enriquecer extraordinariamente a vida de sua filha e ela pode presentear sua vida de maneira incomensurável.

Um dia, quando ela estiver crescendo, algo entre vocês dois vai mudar. Se você tiver feito bem o seu trabalho, ela vai escolher um outro homem bom para amá-la, lutar por ela e ter um relacionamento íntimo. Mas ele nunca irá te substituir no coração dela, porque você esteve lá primeiro. Essa é a grande recompensa por ser um bom pai.

Bibliografia

ADLER, Mortimer J., ed. *The Great Ideas: A Syntopicon of Great Books of the Western World, Vol. II.* New York: Encyclopedia Britannica, Inc., 1971.

ALLEN, David, MD. *Shattering the Gods Within.* Chicago: Moody Press, 1994.

BENGTSON, Vern L. "Beyond the Nuclear Family: The Increasing Importance of Multi-Generational Bonds." *Journal of Marriage and Family* 63 (fevereiro, 2001): 1.

BLACKMAN, Maurice. "Adolescent Depression." Publicado originalmente em *Canadian Journal of CME*, maio, 1995. http://www.mentalhealth. com\mag1\p51-dp01.html.

BRADLEY, Robert H., et al. "The Home Environments of Children in the United States Part 2: Relations with Behavioral Development through Age 13." *Child Development* 72 (novembro, 2001).

CAVANAGH, C. Kate. "The Father-Daughter Relationship." *Annals of the American Psychotherapy Association* 5 (maio – junho 2002): 28 (1).

Centro de Controle e Prevenção de Doenças. Centro Nacional para Prevenção de HIV e DST, para *Visions of HIV/AIDS Prevention.*

"Young People at Risk: HIV/AIDS Among America's Youth." http://www.cdc. gov\hiv\pubs\facts\youth.htm

COLLINS, Stuart, et al. "High Incidence of Cervical Human Papillomavi-rus Infection in Women During Their First Sexual Relationship." *British Journal of Obstetrics and* Gynecology 109 (2002): 96–98.

Cox, Melissa R., ed. *Questions Kids Ask About Sex: Honest Answers for Every Age.* Grand Rapids, MI: Revell, 2005.

CRABB, Larry. *Connecting Healing for Ourselves and Our Relationships.* Nashville: W Publishing Group, 1997.

CULP, A. M., M. M. Clyman, R. E. Culp, "Adolescent Depressed Mood, Reports of Suicide Attempts, and Asking for Help." *Adolescence* 30 (1995): 827–37.

DEATER-DECKARD, Kirby, David W. Fulker, Robert Plomin. "A Genetic Study of the Family Environment in the Transition into Early Adolescence." *Journal of Child Psychology and Psychiatry* 40 (julho, 1999): 769.

DELAMATER, John & William N. Friedrich. "Human Sexual Development." *Journal of Sex Research* 39(1) (fevereiro, 2002): 10(5).

DICKIE, Jane R., et al. "Parent-Child Relationships and Children's Images of God." *Journal for the Scientific Study of Religion* 36 (março, 1997): 25–43.

DICKINSON, Amy. "Dads and Daughters: Strengthening This Special Relationship Can Strengthen a Girl's Self-Esteem Too." *Time* (13 de maio de 2002).

DOHERTY, William J., PhD, Edward F. Kouneski, MA, e Martha Farrell Erickson, PhD. "Responsible Fathering: An Overview and

Conceptual Framework." Universidade de Minnesota (setembro, 1996).

ENG, Thomas R., William T. Butler, eds., Comitê de Prevenção e Controle de Doenças Sexualmente Transmissíveis, Instituto de Medicina. *The Hidden Epidemic*. Washington, D.C.: National Academy Press, 1997.

FABES, Richard A., et al. "Personality and Social Development Parental Coping with Children's Negative Emotions: Relations with Children's Emotional and Social Responding." *Child Development* 72 (maio– junho, 2001): 907.

"Facts in Brief: Teen Sex and Pregnancy." Relatório Nacional de Desenvolvimento Familiar (1995), e Relatório Nacional sobre Adolescentes (1995). Nova York: Instituto Alan Guttmacher, 1998.

FLEMING, D. T., et al. "Herpes Simplex Virus Type 2 in the United States 1976 to 1994." *New England Journal of Medicine* 337 (1997): 1105– 60.

FORTENBERRY, J. Dennis. "Unveiling the Hidden Epidemic of Sexually Transmitted Diseases." *Journal of the American Medical Association* 287 (2002): 768–69.

GRAYDON, John. "Depression." Biblioteca de Avanços em Audiologia Psiquiátrica, Universidade de Michigan, 30, no. 16 (2002).

GREENLEE, Robert, Taylor Murray, Sherry Bolden, Phyllis A. Wingo. "Cancer Statistics 2000." *CA: A Cancer Journal for Clinicians* 50 (2000): 7–33.

Guidelines for Comprehensive Sexuality Education, Kindergarten– 12th Grade, 2ª edição. National Guidelines Task Force. Nova York: Conselho de Instrução e Educação Sexual dos Estados Unidos da América, 1996.

GUTZWILLER, Joeanne, PhD, J. M. Oliver, PhD, Barry M. Katz, PhD. "Eating Dysfunctions in College Women: The Roles of Depression and Attachment to Fathers." *Journal of American College Health* 52, n. 1: 27–32.

HALLFORS, Denise D., PhD, et al. "Which Comes First in Adolescence: Sex and Drugs or Depression?" *American Journal of Preventative Medicine* 29 (2005): 163–70.

HERTEL, Bradley R., Michael J. Donahue. "Parental Influences on God Images Among Children: Testing Durkheim's Metaphoric Paral-lelism." *Journal for the Scientific Study of Religion* 34 (junho, 1995): 186–99.

HORN, Wade F., PhD, Tom Sylvester. *Father Facts*, 4ª edição. Gaithersburg, MD: National Fatherhood Initiative, 2002.

_____. *Father Facts: research notes*. National Fatherhood Initiative, http://www.fatherhood.org.\fatherfacts_rsh.asp.

HUSTON, Aleatha C., Ellen Wartella, Edward Donnerstein. *Measuring the Effect of Sexual Content in the Media*. Menlo Park, CA: Fundação Henry J. Kaiser para a Família, maio 1998.

JONES JESSOP, Dorothy. "Family Relationships as Viewed by Parents and Adolescents: A Specification." *Journal of Marriage and the Family* 43 (fevereiro, 1981): 95–107.

KELLY, Joe. "Dads and Daughters: Grass Roots Advocacy." *Pediatric Nursing* 27 (July 2001): 391.

KEMPIS, Thomas. *Imitação de Cristo*. Nova York: Dorset Press, 1952.

KENNY, Maureen E., Laura A. Gallagher. "Instrumental and Social\ Relational Correlates of Perceived Maternal and Paternal Attachment in Adolescence." *Journal of Adolescence* 25 (2002): 203–19.

KNAFO, Ariel, Shalom H. Schwartz. "Parenting and Adolescents' Accuracy and Perceiving Parental Values." *Child Development* 74 (março, 2003): 595.

KNOX, Sarah S., PhD, et al. "Measuring Parenting from an Epidemiologic Perspective." Workshop Nacional de Estudos da Infância, 4 de outubro de 2004. http://www.nationalchildrensstudy.gov\events\workshops\measuring_parenting_102004.cfm.

KUNKEL, Dale, et al. "Sex on TV: Content and Context." Menlo Park, CA: Fundação Henry J. Kaiser para a Família, 1999.

LARSON, David B., MD, MSPH, Susan S. Larson, MAT. "The Forgotten Factor in Physical and Mental Health: What Does the Research Show? An Independent Study Seminar." Rockville, MD: Instituto Nacional de Pesquisa em Saúde, 1994.

LEVINE, Michael, PhD. "10 Things Parents Can Do to Help Prevent Eating Disorders." Associação Nacional de Distúrbios Alimentares, 2005. http:// www.nationaleatingdisorders.org.

LICKONA, T., Davidson, M. S*mart & Good High Schools: Integrating Excellence and Ethics for Success in School, Work, and Beyond*. Cortland, NY: Center for the 4th and 5th Rs (Respect and Responsibility); Washington, D.C.: Character Education Partnership, 2005.

LYNN, David B. "The Husband-Father Role in the Family." *Marriage and Family Living* 23 (agosto, 1961): 295–96.

MANSFIELD, Harvey. *Manliness*. New Haven e Londres: Yale University Press, 2006.

_____. "The Manliness of Men." *American Enterprise* 14 (2003): 32–34.

McGuire, Shirley, et al. "Perceived Competence and Self-Worth During Adolescence: A Longitudinal Behavioral Genetic Study." *Child Development* 70 (novembro–dezembro 1999): 1283–96.

Moore, Mignon R., P. Lindsay Chase-Lansdale. "Sexual Intercourse and Pregnancy among African American Girls in High-Poverty Neighborhoods: The Role of Family and Perceived Community Environment." *Journal of Marriage and Family* 63 (novembro, 2001): 1146.

Morbidity and Mortality Weekly Report Surveillance Summaries, Vol. 53 (21 de maio de 2004): 1–20. http://www.cdc.gov/mmwr/.

Mueller, Walt. *Understanding Today's Youth Culture*. Wheaton, IL: Tyndale House Publishers, Inc., 1994.

Centro Nacional de Prevenção em HIV e DSTs, Centro de Controle de Doenças, Departamento de Saúde e Serviços. "Tracking the Hidden Epidemics." http://www.cdc.gov.

Instituto Nacional de Alergias e Infecções, Instituto Nacional de Saúde, Departamento de Saúde e Serviços. "Workshop Summary: Scientific Evidence on Condom Effectiveness for Sexually Transmitted Disease Prevention," 20 de julho de 2001.

"New Study Finds Kids Spend Equivalent of Full Work Week Using Media." Press Release, Fundação Henry J. Kaiser Family para a Família, 29 de novembro de 1999.

Nicholi, Armand M. Jr., ed. *The Harvard Guide to Psychiatry*, 3ª edição. Cambridge, MA: The Belknap Press of Harvard University Press, 1999.

O'Malley, William J., SJ. *God: The Oldest Question*. Chicago, IL: Loyola Press, 2000.

Parmelee, Dean X. *Child and Adolescent Psychiatry*. St. Louis, MO: Mosby Publishing, 1996.

Pascal, Blaise. *As provinciais; Pensamentos; Tratados Científicos*. Chicago, IL: Encyclopedia Britannica, Inc., 1971.

Smith, Christian, Melinda Lundquist Denton. *Soul Searching: The Religious and Spiritual Lives of American Teenagers*. Nova York: Oxford University Press, 2005.

Strobel, Lee. *The Case for Faith: A Journalist Investigates the Toughest Objections to Christianity*. Grand Rapids, MI: Zondorvan, 2000.

"The National Longitudinal Study of Adolescence," 1997: 1–35. http:// www.cpc.unc.edu\addhealth.

Tozer, A. W. *The Pursuit of God: The Human Thirst for the Divine*. Camp Hill, PA: Christian Publications, Inc., 1982.

Volkmar, Susan. "Child-Father Interaction May Predict Suicide Reattempts." *Clinical Psychiatry News* 33 (agosto, 2005): 63.

Walboomers, J. M., et al. "Human Papillomavirus Is a Necessary Cause of Invasive Cervical Cancer Worldwide." *Journal of Pathology* 189 (1999): 12–19.

Wald, A., A. G. M. Langenberg, K. Link, et al. "Effect of Condoms on Reducing the Transmission of Herpes Simplex Virus Type 2 from Men to Women." *Journal of the American Medical Association* 285 (2001): 3100–06.

Wenk, Dee Ann, et al. "The Influence of Parental Involvement on the Well-being of Sons and Daughters." *Journal of Marriage and Family* 56 (fevereiro, 1994): 229–34.

Yancey, Philip. *Soul Survivor: How 13 Unlikely Mentors Helped My Faith Survive the Church*. Nova York: Galilee and Doubleday, 2001.

Yeung, W. Jean, et al. "Children's Time with Fathers in Intact Families." *Journal of Marriage and Family* 63 (fevereiro, 2001): 136.

Zhou, Qing, et al. "Personality and Social Development: The Relations of Parental Warmth and Positive Expressiveness to Children's Empathy-Related Responding and Social Functioning: A Longitudinal Study." *Child Development* 73 (maio–junho, 2002): 893.

Agradecimentos

Gostaria de agradecer às pessoas maravilhosas que me ajudaram a tornar este livro um grande livro. Primeiro, a Doug e Judy pela forma extraordinária como vivem suas vidas. Sua inspiração contagia e sua fé é um exemplo.

Também gostaria de agradecer ao pessoal maravilhoso da Regnery. Obrigada, Marji Ross, por todo o incentivo e pelo exemplo de como vive uma mulher forte. A Karen Anderson, obrigado pelo entusiasmo, pela inteligência e por auxiliar o início de minha carreira como escritora. Ao meu editor, Harry Crocker, obrigada por ser tão sábio, paciente e um homem tão bom. A Paula Currall e Kate Morse, obrigada por sua ajuda com a edição final. A Angela Phelps, obrigada por todo entusiasmo e cuidado meticuloso. E agradeço a minha excelente assistente de pesquisas, Jill Pardini.

Por fim, agradeço à minha amiga Anne Mann por sua dedicação, paciência incrível e amor.

Educar filhas FORTES numa sociedade líquida

O trabalho dos pais jamais foi tão difícil quanto nos dias de hoje. Nossa cultura impõe às meninas modelos nada saudáveis; chega a enganá-las a respeito das consequências da atividade sexual precoce e a confundir as adolescentes para que questionem o próprio "gênero". Pediatra há mais de trinta anos, mãe e avó, Meg Meeker já viu de tudo. Sabe, portanto, exatamente o que é capaz de transformar nossas filhas em mulheres fortes, felizes e saudáveis. Mesclando sua vasta experiência com uma boa dose de bom senso, ela explica neste livro os onze passos necessários para que nossas filhas atinjam todo o seu potencial.

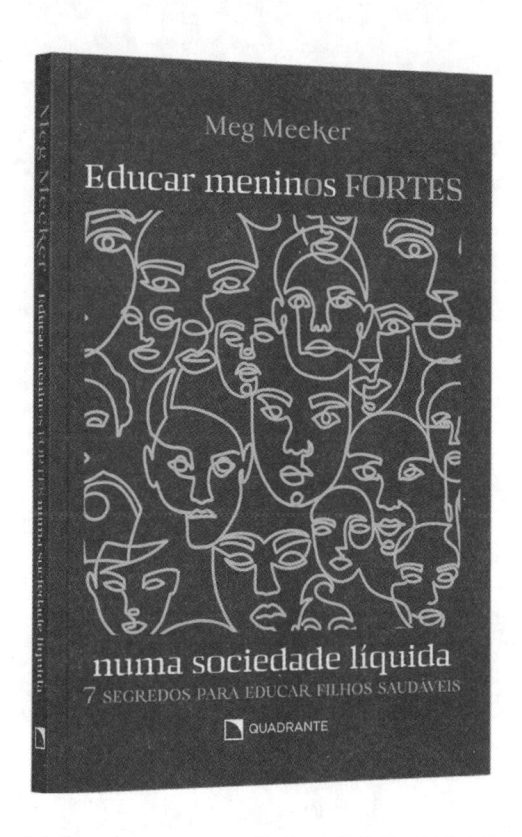

Educar meninos FORTES numa sociedade líquida
7 segredos para a educar filhos saudáveis

Muito embora os meninos sejam sempre meninos, atualmente não vivem numa cultura que valoriza tanto sua natureza intrépida, curiosa e aventureira, dada a subir em árvores, construir fortes, brincar de lutas e levar a força do próprio corpo a seus limites — muitas vezes, para desconcerto dos pais. Não é difícil, portanto, entender a importância destas páginas, em que uma das maiores autoridades em educação de crianças e jovens dos Estados Unidos se volta para a seguinte pergunta: como fazer dos meninos de hoje os homens maduros, confiantes e sérios do amanhã? Os sete segredos que a dra. Meeker oferece nestas páginas podem ser cruciais para a vida de nossos filhos e, precisamente por isso, da sociedade como um todo.

Anotações

Direção geral
Renata Ferlin Sugai

Direção de aquisição:
Hugo Langone

Direção editorial:
Felipe Denardi

Produção editorial:
Juliana Amato
Karine Santos
Ronaldo Vasconcelos

Capa:
Karine Santos

Diagramação:
Gabriela Haeitmann

ESTE LIVRO ACABOU DE SE IMPRIMIR
A 28 DE SETEMBRO DE 2024,
EM PAPEL WOODFRREE CREAMY 68 g/m².